Richard Kandt

Caput Nili

Eine empfindsame Reise zu den Quellen des Nils - Band 1

Richard Kandt

Caput Nili

Eine empfindsame Reise zu den Quellen des Nils - Band 1

ISBN/EAN: 9783959136730

Auflage: 1

Erscheinungsjahr: 2015

Erscheinungsort: Treuchtlingen, Deutschland

Der Verfasser (1897).

CAPUT NILI

Eine empfindsame Reise
zu den Quellen des Nils

von

Richard Kandt

Wagen Sie „empfindsam!" Wenn eine mühsame
Reise heißt, bei der viel Mühe ist, so kann ja auch
eine empfindsame Reise heißen, bei der viel Emp=
findung war.
Gotth. Ephr. Lessing an Th. Bode (1768.)

Band I

Dritte Auflage
Zwei Bände mit 24 Lichtdrucktafeln und 2 Karten

Dietrich Reimer (Ernst Vohsen) in Berlin 1914

Frau Melanie Voß

in alter Liebe und Verehrung

zu eigen.

Inhaltsverzeichnis.

Prolog.

Im Vatikan. — Geschichte der Nilquellforschung. — Speke. — Baumann. — Graf
Goetzen. — Reisepläne. — Abschied.

Sansibar und die Deutsch=Ostafrikanische Küste.

Die Sansibariten. — Jubiläum der Queen. — Soldateska von Sansibar. — Das
deutsche Klubhaus. — Stumpfsinn in Reinkultur. — Straßentreiben. — Elfenbein=
handel.
Der Hafen von Daressalam. — Eine trostlose Landschaft. — Aden. — Ankunft in
Deutsch=Ostafrika. — Daressalam. — Erste Eindrücke. — Krankenhäuser. — Das
Beamtentum. — Der geheimnisvolle Zauber Afrikas. — Ein Widerruf. — Die
Uhren von Daressalam. — Korso. — Messen. — Alte Afrikaner. — Karawanen,
ein notwendiges Übel. — Abschied von Daressalam.
Mein Schreibtisch. — Der Markt von Tabora. — Aufziehen der Wache. — Die
Fife sisters in Tabora. — Die Märkte von Bagamojo. — Die Mission. — Regierungs=
schule. — Vater und Sohn. — Europäische und afrikanische Wilde. — Ein Gerichts=
tag. — Rumalisa. — Ein Querulant. — Mein grünes Holz.

Auf der großen Karawanenstraße.

Tauschwaren. — Plackerei. — Zusammenstellung der Karawane. — Die Kingani=
Sümpfe. — Das erste Fieber. — Die Wasserverhältnisse. — Der erste Häuptling. —
Übergriffe der Träger. — Nachtszene. — Ameisenangriffe. — Krankenträger. —
Ein afrikanisches Idyll. — Bei der alten Simbamene.
Bei Kingo von Morogoro. — In der Mission. — Insektenplage. — Eine Kugel
kommt geflogen. — Kilossa. — Lagerszene. — Mein Koch. — Weiberzuwachs. —
Zersprengte Karawane. — Der Gombosee. — Vor Sonnenaufgang. — Mpapua. —
Ein tief=tragisches Schauri. — Der musikalische Igel.

Tabora.

Die Ugalla=Sindi=Expedition.

Intermezzo.

Vom Blatternlager nach Tabora.

Vegetationsbilder.

palme. — Affenbrotbaum. — Kandelabereuphorbie. — Schirmakazie. — Leber=
wurstbaum. — Sanseviera. — Dornbusch. — Lagerplätze an der Karawanenstraße.

Von Tabora nach Uschirombo.

Zum Alexandra=Nil.

Verzeichnis der Lichtdrucke.

(Der Güte von Hauptmann a. D. Schloifer verdanke ich Bild Nr. 2.   D. V.)

Kartenbeilage:
Große Karawanenstraße Bagamojo=Tabora 1 : 4 000 000.

Zur dritten Fahrt.

Als ich vor einigen Wochen auf dem schönen Landsitz meines Verlegers im Schatten früchteschwerer Kirschbäume stand und wehmütig — denn ich hatte zu viel Kirschen gegessen — über den blühenden Garten und bewegte Kornfelder hinweg auf den anmutigen tiefgebetteten See sah, auf dessen Uferhügeln hohe Kiefern, flammend im roten Golde der scheidenden Sonne, phantastischen Palmen glichen, von unbekannten Küsten ins märkische Land verpflanzt, da überraschte er mich mit der Frage, ob ich für dieses Buches neue Fahrt ein Vor= und Geleitwort geschrieben habe. Denn, sagte er, ich müßte den Lesern erklären, warum ich mich jahrelang gesträubt habe, es noch einmal in die Welt zu schicken und warum ich es nun doch täte.

Ich dachte: Ich liebe keine Vorworte; ich liebe sie nicht, weil sie fast stets Bettelbriefe um die Gunst des Publikums sind oder ein Plädoyer für mildernde Umstände oder eine Orgie der Eitelkeit. Immer sucht der Autor zu rechtfertigen, warum er dies Buch oder warum er es so geschrieben. Aber ein Buch muß sich selbst rechtfertigen. Wenn das Werk den Meister nicht lobt, lobt der Meister das Werk. Deshalb bin ich gegen Vorworte.

Aber laut sagte ich: Als dies Buch geschrieben wurde, gab es keine 50 Kilometer Bahn in Ostafrika, heute 2000, betrug der Handel keine 15 Millionen, heute über 80, lebten 1500 Europäer dort, heute über 6000, brauchte ein Brief zu mir nach Ruanda 3 Monate, heute 5 Wochen und so fort und so fort. Hundert Gründe gibt es für einen, um zu er= klären, warum ich mit den letzten Exemplaren meines Buchs für immer von ihm Abschied nehmen wollte. Daß ich es nun aber doch nicht tue? Genügt es denn nicht, daß sich ein tollkühner Verleger findet, der — im Vertrauen, daß in diesem Buch etwas lebt, was von Mode und Zeit unabhängig ist — es wagt, noch einmal in deutschen Landen ein paar Tausend Leser für ein Werk zu werben, dem er selber schon so lange Treue hält?

Aber als ich die unbestochene Miene meines Freundes sah, versprach ich ihm, in stillen Ferientagen an der Ostsee ein paar Geleitworte zu schreiben.

* * *

XII

Und nun bin ich hier, geliebtes Meer, das ich 25 Jahre entbehrt, bei Dir, du deutscheftes Gewässer, an dessen Ufern der Schüler einst seine bunten Träume träumte und das er immer gleich liebte, ob du in Sommergluten zittertest oder in harter Winternot Eisschollen an den Strand warfst, bin hier und atme mit seligen Lungen deine herbe salzige Luft und werde nicht müde, deinen uralten Gesängen zu lauschen, aus denen die Ewigkeit der Schöpfung tönt und die Vergänglichkeit des kleinen Menschenwesens.

*　　*　　*

Ich liege am Strande und blättere in meinem Buch, in das ich seit 10 Jahren, durch eine sonderbare Scheu gebannt, nicht mehr hinein=gesehen habe. Aber meine Gedanken zerstreuen sich und immer wieder wird mein Blick von den Zeilenreihen abgelenkt und schweift ins Nahe und Weite. Die wenigen Gäste, die vor Beginn der Schulferien in dem ländlich=stillen Ort gleich mir Erholung und neue Kraft suchen, haben sich vor der abendlichen Kühle in den Schutz der Gartenbäume und Glas=veranden zurückgezogen. Einsam liegt das Ufer und verlassen Strand=körbe, Sandburgen und Badekarren. Reglos steht das Laub der Buchen und der flach verschnittenen Linden in der unbewegten Luft und schlaff hängen an den Masten der Segelbote und den Stangen der Strand=burgen die Fähnchen und Wimpel und hoffen sehnsüchtig auf die nächt=liche Brise. Nur ganz tief über den Boden huscht bisweilen vom Lande her ein leichtfüßiger Windstoß und tänzelt auf das Meer hinaus, das flach und wie Perlmutter schillernd ihm als Tanzboden dient. Aber weiter draußen wird es zu leuchtendem Opal, und ruht gelassen in all seiner Herrlichkeit, ein köstliches Ruhebett, wie geschaffen für die Umarmungen der Götter und Göttinnen, die in seinen Abgründen einst lebten. Und auf so leichten Sohlen tänzelt der Wind, daß sein Fuß das Meer kaum ritzt und daß ihn nur das Spiel der Lichter und Schatten verrät, die gleich feinen Rauchwölkchen über die weißen und roten Segel der Jollen und Jachten ziehen. Aus unerschöpflichem Reich=tum gießt die Sonne das Gold ihrer letzten Strahlen über sie aus und hat doch noch genug, um den Kamm des Scharbeutzer Buchenwaldes, der wie das ungeheure dunkle Grab eines ausgestorbenen Riesen=geschlechts gewölbt ist, mit einer goldenen Spange zu umklammern und die roten Dächer der Timmendorfer Häuschen in feurige Lohe zu tauchen. Aber nicht lange mehr, dann wendet ihr göttliches Auge sich

von uns ab und die Nacht sendet ihre ersten Boten. Düster=violette
Schatten lagern sich am Horizont und Dämmerung verhüllt die niedrige
Küste von Mecklenburg und die roten Sandhänge der Lübecker Bucht.
Gleich gesanglosen Märchenvögeln ziehen weit draußen still und feierlich
stolze Dreimaster ihre Furchen, flinke Dampfer eilen den schwedischen
Küsten zu und am Ausgang der Travemünder Bucht ballt sich dichter
schwarzer Rauch über einem Schwarm von Torpedobooten, kleinen
rußigen Teufeln, die schon seit gestern die weite Bucht mit dem Lärm ihrer
Flöten und Dampfpfeifen erfüllten. Aber jetzt hört man sie nicht.
Schweigend ruhen Meer und Luft und Land. Nur manchmal schlägt
schläfrig eine kleine Welle an den Strand und wirft tote Butten und
Feuerquallen und dicht geballte Algen auf den Sand. Überall liegt von
der Sonne braun gedörrter Tang und sättigt die Luft mit herbem
Duft, der Erinnerungen an andere ferne Küsten wachruft. Fliegen=
schwärme bedecken ihn, willkommene Nahrung für die zahlreichen
Schwalben, deren fahle Leiber den Boden fast berühren. Das Zirpen
der Grillen, das Locken der Schrecken, so charakteristisch für die Abende
in afrikanischer Landschaft fehlen hier ganz. Nichts ist hörbar, als ab
und zu zerrissene Glockenklänge aus einer Herde schwarzweißer Kühe,
die zwischen dunklen Knicks auf den Sierksdorfer Wischen weiden und
aus dem Fischerdorf weitab die langgedehnten Klänge einer Zieh=
harmonika. Sonst Schweigen und tiefer Friede. Wahrlich, du bist schön,
meine Heimat und indem meine Hände sich klammernd in den Sand
bohren, ist mir, als strömte aus der heiligen Muttererde neue Gesund=
heit in meinen Leib und neue Kraft in meiner Seele Schwingen.

*　　*　　*

Und wieder liege ich im Sande und blättere in meinem Buch. Und
lese bald hier, bald dort eine Seite. Und manchmal vergesse ich, daß ich
selber dies alles geschrieben. So fremd wird einem das eigene Leben,
wenn ein halbes Menschenalter vergangen ist. Bisweilen denke ich:
Wie gut ist es Dir ergangen, daß Du noch das alte Afrika gekannt
hast, und die Zeit vor Eisenbahn und Dampfschiff. Die Barrabarra —
die große Karawanenstraße nach Tabora und zu den Binnenseen
— welche Rolle spielte sie doch in unsern Gedanken und Gesprächen.
Wie wurde jeder beneidet, der sie entlang gezogen war und
nun in feierlichem Aufputz in Daressalam oder Bagamojo landete.
Es gab damals eine Art Marschkoketterie, die verlangte, daß man
seinen zerschlissensten Anzug trug und mit verwildertem Vollbart, den

seit Monaten keine Schere entweiht hatte, auf dem Rücken eines ab=
getriebenen Maskatesels seinen Einzug hielt. Und immer gingen ein
paar Jungen voraus, die auf schlanken Stangen Graupapageien trugen
oder Affen an Ketten mit sich zerrten. Aber hinter der zerfransten Fahne
folgte erst, was den meisten Neid erregte, Elfenbein und Geweihe und
Bündel mit Speeren und Pfeilen und Schilden. Ein Trommler wirbelte
rasend auf der von ferner Gegend mitgebrachten Trommel, die Träger
schrieen und schlugen mit Stöcken gegen die Kisten auf ihren Schultern und
die Weiber, die aus allen Hütten der Eingeborenen=Stadt herausstürzten,
trillerten und kreischten wie Besessene. Ja, die Barrabarra. Was mag
wohl heute noch von ihr übrig sein, von ihr, deren Erhaltung der Ehrgeiz
aller Stationschefs und der Schrecken aller Steuerarbeiter war? Liegt sie
wohl schlummernd im Sonnenbrand? verödet und verlassen, grasüber=
wachsen und von Schlingpflanzen übersponnen? Träumt sie wohl manch=
mal von all den Tausenden, von deren Schritten sie jahrein, jahraus
widerhallte und denen sie Ziel und Richtung wies? Denkt sie wohl
manchmal all der namenlosen Toten, die von Krankheit und Hunger
hinweggerafft, an ihrem Rande elend starben? Und deren Knochen
schon längst gebleicht, zerstört und verweht waren, als in einem fernen
Dorfe eine Mutter noch glaubte, daß sie einen Sohn habe, eine Frau
nicht wußte, daß sie Witwe sei?

Und ich blättere weiter und werde still und nachdenklich, wenn ich
lesend in das Land komme, das mir zur zweiten Heimat wurde. Mein
erster Besuch beim König von Ruanda. Und ich lese, wie mir da=
mals die fremdartigen Eindrücke den Schlummer raubten und wie
ich oft vor das Zelt trat und in die schweigende Nacht hinaussah
und hinüber zu den Hütten des Königs mit den hunderten kleiner
Wachfeuer ringsum, von denen sich die Silhouetten kauernder Wächter
seltsam fremd abhoben. Am nächsten Tage aber schrieb ich in mein
Tagebuch: „Ob auch er wohl in die Nacht hinausstarrte und sich
Rechnung ablegte über die Bedeutung, die das Eindringen der „roten
Männer" in die Abgeschlossenheit seines Landes für die Zukunft der
Jahrhunderte alten Herrschaft seines Stammes haben wird?"

Das ist nun genau 16 Jahre her. Ich aber muß einer andern Nacht
denken, die nur drei Jahre zurückliegt. Am Nachmittage hatte ich ernst
und eindringlich dem König zum ersten Male davon gesprochen, daß
es nun Zeit wäre, sich und sein Volk auf den nicht allzufernen Tag
vorzubereiten, wo die Regierung des Kaisers, die er bisher nur in un=

deutlichen Umrissen in einem sternenweiten Nebellande thronend sah, eine jährliche Steuer von ihm fordern würde. Er hatte bei meinen Worten nachdenklich die Stirn gerunzelt und geschwiegen. Des Nachts aber ließ er einen seiner Untertanen wecken, der schon mehr als ein Jahrzehnt in meinen Diensten stand, und erwartete ihn in einem abgelegenen Hofe der Residenz — um nicht erkannt zu werden —, in ein schwarzes Gewand gehüllt. Stundenlang ging er dort mit ihm auf und ab, seinen Rat erbittend, ob es nicht doch eine friedliche Möglichkeit gebe, diesem Tribut zu entgehen, der seinem Volke allzudeutlich zeigen würde, daß die „letzte Säule afrikanischer Despotenherrlichkeit", wie Graf Götzen das Watussi-Königtum in Ruanda einst genannt hatte, in ihrer Grundmauer erschüttert sei.

Und wieder schweift mein Geist zu jener Nacht vor 16 Jahren zurück und die Blindheit der Menschen lastet schwer auf mir, wenn ich daran denke, wie wenig damals einer von uns beiden ahnen konnte, daß grade ich es sein würde, der einem harten Pflichtgebot folgend die Axt an diesen stolzen Baum legen sollte. Und seltsam ergriffen wiederhole ich das Wort aus jenen Tagen: „Wahrlich, die Wege, die das Schicksal uns führt, sind sonderbar."

*   *   *

Nun habe ich die letzten Seiten gelesen, die voll sind von dem Glück dessen, der im Schoße der mütterlich-gütigen Natur ruhend wieder zum Kinde wird, lächelnd über das wunderliche Treiben der „großen" Menschen — und lege das Buch aus der Hand. Rings um mich ist heute der Strand vom Lärm und Jubel der Kleinen erfüllt, die selig der ersten schulfreien Tage sich freuen. Auf mich aber senkt sich eine stille Traurigkeit und mitten in dem fröhlichen Treiben wird mein Herz zu einer Insel der Wehmut.

Denn ich denke: Bücher gibt es, die sind der Geist dessen, der es schrieb, oder sein Blut oder sein Herz, sind manchmal sein Hohes und Edles und manchmal sein Schlimmstes und Niedrigstes. Aber dies Buch ist mehr und ist weniger, — wie Ihr es nehmen wollt. Denn es ist meine Jugend, ist, was unwiderbringlich dahin ist. Unwiderbringlich. Wißt Ihr nun, warum ich mich ein Jahrzehnt lang scheute, hineinzusehen? Wißt ihr nun, warum ich mich Jahre lang gegen den Wunsch meines Verlegers wehrte, es auf neue Wanderung hinaus zu senden?

*   *   *

Und nun hat es sich doch gefügt, mein Buch, daß du noch einmal hinausmußt in die Fremde, wie ein Schiff der Unbill von Wetter und Fluten ausgesetzt. Nur mit Widerstreben nahmen wir dich noch einmal ins Dock, um allzu alt und morsch gewordenes zu entfernen, anderes neu zu nieten und zu hämmern. Aber während der Arbeit zeigte sich bald, daß du im großen ganzen bleiben mußtest, wie du warst, und daß zu viel altes Deinem Leibe zu entnehmen, zu viel neues ihm einzupflanzen, Deinem Organismus die Harmonie geraubt hätte, die ihm ebenso nötig ist wie lebenden Gebilden. Unserm Reeder aber danken wir es beide, daß er nichts gespart hat, um Deinem Äußeren ein schlicht=schönes Kleid zu geben.

So ziehe denn hinaus, ein „glückhaftes Schiff", neue Meere und neue Küsten suchend. Menschenherzen sollen Deine Häfen sein, in Men=schenherzen Deine Anker ruhen.

Mögen die Winde dir gnädig sein!

Des walte ein gütiges Geschick.

(Haffkrug a. d. Ostsee, Juli 1914)

Ein Wegweiser.

Dieses Buch gibt nicht die Früchte meiner Arbeit, sondern meiner Muße.

Es ist eine Sammlung von Tagebuchblättern und Briefen, die ich in den Jahren 1897 bis 1902 teils an Freunde, teils für die Öffentlichkeit geschrieben habe. Was bis dahin in Zeitungen und Zeitschriften zerstreut war, wurde hier geordnet und in Reih und Glied ausgerichtet.

Über das, was diese Briefe geben, will ich mich nicht äußern. Aber über das was sie nicht geben, will ich einiges offen und ohne Scham sagen.

Sie wollen vor allem keine chronologisch genaue Schilderung meiner Reisen sein: „An diesem Tage marschierten wir fünf Parasangen." Manche Abschnitte, die sich über Wochen erstreckten, sind in ein paar Sätze zusammengeschnürt, und andere ganz fortgelassen; dafür kann einer einzigen Stunde ein langes Kapitel gewidmet sein, ohne daß sich in ihr irgend ein aufregendes Erlebnis abspielte.

Fachwissenschaftliche Betrachtungen habe ich möglichst ferngehalten; schlichen sie sich doch ein, so wurde darauf geachtet, daß sie in möglichst verdaulicher Form serviert wurden. Um dies zu verstehen, muß man wissen, wie diese Briefe entstanden sind; muß man wissen, daß ich sie mir erfunden habe, um von der Arbeit, der meine wissenschaftliche Tätigkeit diente, wie durch einen Abzugskanal alles persönliche abzuleiten.

Ich halte es geradezu für einen argen Fehler vieler sonst sehr tüchtiger Reisewerke, daß sie Persönliches und Sachliches in einen Mischkrug geworfen haben. Dadurch enttäuschen sie sowohl die Leser, die belletristische, wie die anderen, die wissenschaftliche Interessen haben. Zum mindesten erschweren sie ihnen den erhofften Genuß. Gerade das aber wollte ich vermeiden.

Ich habe beim Niederschreiben dieser Briefe nur zwei Geboten gehorcht, nur zwei „Tafeln über mich gestellt"; erstens: mir jedes Genre außer dem langweiligen zu erlauben und zweitens: wahr zu sein auch auf Kosten des Unterhaltsamen. Ob ich das erste erfüllt habe, mögen andere beurteilen; das zweite aber ist stets mein „Roma intangibile" gewesen. Doch davon nicht mehr als dies eine Wort; denn die Wahrheit soll

II*

wie eine heimlich Geliebte sein; man soll sie lieben, aber nicht von ihr schwatzen.

Nach „Objektivität" habe ich nicht gestrebt. Briefe müssen Kinder des Augenblicks sein, und wenn ich jeden Einfall erst monatelang hätte auf Eis legen sollen, dann hätte ich überhaupt jede Freude am Brief=schreiben verloren. Es gibt eine anämische Weisheit, die spricht: „Und das heiße mir aller Dinge unbefleckte Erkenntnis, daß ich von den Dingen nichts will: außer daß ich vor ihnen daliegen darf, wie ein Spiegel mit hundert Augen." Vor dieser blutleeren Tugend habe ich keinen Respekt: schon deshalb nicht, weil ich zu häufig fand, daß sie die Tugend eines Defektes ist, etwa wie die Alkoholenthaltsamkeit mancher Abstinenzfanatiker die Tugend ihres schwachen Magens. Oder wie es mir nicht sonderlich imponieren würde, wenn der Obereunuch des Großtürken von seiner Keuschheit viel Rühmens machen würde.

In Summa:

> Ich bin kein ausgeklügelt Buch,
> Ich bin ein Mensch mit seinem Widerspruch.

(Berlin 1904.)

Haffkrug a. d. Ostsee, Juli 1914)

Prolog.

Brief I.

„Wer vom Pöbel ist, der will umsonst leben;
wir andern aber, denen das Leben sich gab, —
wir sinnen immer darüber,
was wir am besten dagegen geben."
(Also sprach Zarathustra.)

Wenn ich in wenigen Wochen Abschied von unserer abendländischen
Kultur nehmen werde, die die große Masse, geneigt, ihre An=
schauungen über fremde Völkerschaften nach deren Vertretern in
Castans Panoptikum oder den Schaubuden der Provinzmessen sich zu
bilden, auch gerne die Kultur schlechtweg nennt, so wird einer meiner
letzten Gänge den Schätzen des Vatikans gewidmet sein. Wie oft, wenn
ich den Kopf voll hochfliegender Pläne, des Weges und der Menschen
achtlos, durch die Straßen der Siebenhügelstadt schlenderte, wie oft
merkte ich da überrascht, daß ich unbewußt meine Schritte in die Nähe
der Wunderbauten gelenkt hatte, die das freiwillige Gefängnis des
„Vaters der Christenheit" bilden. Da trat ich dann gern unter die
hochgewölbten Bogen und, legitimiert durch ein „lascia passare" des
päpstlichen Majordomus und durch zahllose Besuche den Tempelhütern
eine vertraute Erscheinung, schlüpfte ich durch die Reihen der Schweizer=
garde, womöglich abgewandten Antlitzes, um nicht durch den ge=
schmacklosen Putz und die giftig=grellen Farben ihrer Kleidung mir die
weihevolle Stimmung zu verderben. Es war immer der gleiche Platz,
an dem ich landete, wenn meine Sinne an der Fülle erhabenster Schön=
heit sich gesättigt hatten. Mit verbundenen Augen hätte ich die
Marmorbank gefunden, auf der ich stundenlang sitzen konnte, in die
Betrachtung eines Bildwerkes versunken, bei dessen Anblick meine
Gedanken in ferne heiße Süden sich verloren, „in fernere, heißere
Süden, als je Bildner sich träumten". Nur selten störten mich die
Fremden, da die meisten nur ein paar flüchtige Augenblicke dem
gleichen Bildnis ihr Interesse schenkten, um dann sich anderen Kunst=
werken zuzuwenden, die in der rotgebundenen Touristen=Kunstkladde
eines größeren Sternes sich erfreuten. Mancher blieb auch längere Zeit
stehen und ergötzte sich an den sechzehn kleinen Genien, die um und

auf dem langhingeſtreckten Körper des kraftvollen Mannes herum=
klettern und ebenſo anmutige wie natürliche Poſen einnehmen. Wer
nicht aus den Attributen der mächtigen Figur, aus der Sphinx, an die
ſie ſich lehnt, aus dem Krokodil zwiſchen ihren Füßen, aus dem von
Früchten überquellenden Füllhorn in der Linken, aus dem Ährenbündel
in der Rechten ihre Bedeutung erkannte, der konnte ſich aus dem
Katalog die Belehrung holen, daß der Steinkoloß, vor 300 Jahren in
der Nähe von S. Maria ſopra Minerva ausgegraben, den Altvater Nil
mit den 16 Zollmaßen des ſinkenden und ſteigenden Fluſſes darſtelle.

Der Altvater Nil! Was war mir dieſer Stein, was konnte er mir
ſein, daß ich oft ſtundenlang in ſeiner Nähe weilte, jeden Zug des
merkwürdigen, ſchmerzlich ſinnenden Antlißes ſtudierte und alles
andere um mich, Menſchen und Dinge, vergaß, wenn ſein Zauber auf
mich zu wirken begonnen hatte? Wie hätte der heilige Vater gezürnt,
wenn er gewußt hätte, daß ich auf dem geweihten Boden ſeiner
Reſidenz eine heidniſche Kultusſtätte mir errichtet hatte, ich — einſt als
Gaſt einer franzöſiſchen Pilgerſchar und ſpäter als Leſer einer Miſſions=
zeitſchrift — ein zwiefach von ihm Geſegneter. Denn ein Kultus war
es, den ich mit dieſem Steinkoloß trieb. Für mich war dieſer Marmor
nicht tot; für mich lebte dieſer Gott, wie nur je ein Gott lebte, und die
Hoffnung, den Schleier von ſeiner geheimnisvollen, ſagenumwobenen
Herkunft zu lüften, bildete den ehrgeizigen Traum meiner Tage und
Nächte. Ein köſtlicher Duft wie aus einem Märchenlande ſtrömte mir
aus den Früchten und Blumen ſeines Füllhorns und gaukelte mir
Bilder einer erfolggeſegneten Zukunft vor; aus dem kalten Felſen
ſtrahlte mir die begeiſternde Wärme, deren ich bedurfte, um alle
Hinderniſſe wegzuräumen, die einer Verwandlung meiner Luftſchlöſſer
in Stein und Wirklichkeit noch im Wege ſtanden.

Die geheimnisvolle, ſagenumwobene Herkunft des Nils! Seitdem ich
die Geſchichte der Nilquellforſchung kannte, ſeitdem ich wußte, wieviel
Helden und Märtyrer ſeit den Tagen Neros und noch weiter zurück
bis hinauf in unſere Zeit der Idee des „caput Nili quaerere" ihre
Kraft und ihr Blut geopfert hatten, verſtand ich den Leidenszug in dem
Antliß meines Gottes, die tiefe Falte ſeine Wangen hinab und den
ſchmerzlich verzogenen Mund. Es gibt kaum eine andere Forſchungs=
geſchichte, die ſich an Intereſſe mit der Nilquellenforſchung meſſen
könnte; keine, die in ein ſo ehrwürdiges Alter zurückreicht; keine, die
ſo beeinflußt wurde von politiſchen und kulturellen Veränderungen;

keine, die von so verschiedenartigen Elementen gefördert wurde. Ihre
Geschichte von ihren ersten Anfängen bis in die Gegenwart verfolgt,
würde nicht nur aus einer Aufeinanderfolge interessanter Reisebeschrei=
bungen bestehen, sondern wäre geradezu eine Geschichte des mensch=
lichen Geistes, seiner Höhen so gut wie seiner Tiefen.

Wie weit die Nilquellforschung zurückreicht, ist nicht bekannt; jeden=
falls in graue Vorzeit. Schon in den Puranas der alten Hindus sollen
sich Andeutungen über den Nil und das Mondgebirge finden; Asamon,
ein ägyptischer Geograph, soll nach Lauth schon von dem Zusammen=
hange des Nils mit einem See gewußt haben, und die Angaben von
Herodot, Diodor, Aristoteles über die Nilsümpfe und Pygmäen verweist
Baumann jedenfalls mit Recht auf alte ägyptische Quellen. Auch die
Mitteilungen des Alexandriners Ptolemäus über den Ursprung des
Nils aus zwei Seen und deren Zuflüssen aus dem Mondgebirge
schöpften sicherlich aus uralten ägyptischen Überlieferungen.

Es würde über den Rahmen dieser Zeilen hinausgehen, die auf die
Erschließung des Nils gerichteten Versuche durch die Jahrhunderte zu
verfolgen. Ihre Kunde drang nur selten über einen kleinen Kreis von
Gelehrten hinaus, und ihre Resultate waren infolge mangelhafter
Forschungsmethoden meist sehr unbefriedigend. Zuverlässigeres Ma=
terial erhielt man erst, als durch die Gründung der British African
Association for promoting the Discovery of the Interior Parts of
Africa im Juni 1788 eine Zentrale für alle auf die Erforschung des
Nils gerichteten Bestrebungen geschaffen wurde. Auch der Aufenthalt
der Franzosen in Ägypten wurde von einigem Wert für die geogra=
phische Wissenschaft, sowie die durch Pückler=Muskau, Prudhoë u. a.
gesammelten Mitteilungen einiger Teilnehmer an den Kriegszügen
und Sklavenjagden, die Ibrahim Kaschef und Kurschid Bey 1828 die
Flußufer entlang in das Gebiet der Dinkaneger gemacht hatten.
Sklavenjagden und Wissenschaft! Welche Gegensätze!

Als Kuriosum erwähnen wir noch die Wanderfahrt eines badischen
Hufschmiedes, Namens Heimbürger, der tief in das Innere des Sudans
eingedrungen sein wollte. Ein Seitenstück fand diese dreißig Jahre
später in der abenteuerlichen Reise des italienischen Handwerkers Carlo
Piaggia, der die Welt mit Lügenberichten über neue von ihm entdeckte
Seen in Sensation versetzte.

Bis zum Jahre 1840 machte die Erforschung des Nils, namentlich
des mächtigsten Quellstromes des Bahr=el=Abiad, relativ geringe Fort=

schritte. In dies Jahr fällt die erste von dem Kalifen Mehemed Ali ausgeschickte Expedition unter einem türkischen Seekapitän, zu der Mehemed auf einer Inspektionsreise in die neu eroberten nubischen Länder veranlaßt worden war. Es schmeichelte seiner Eitelkeit, die Nilquellenfrage zu lösen, auch hatte man seine Begehrlichkeit durch Erzählungen von dem Goldreichtum der zu durchziehenden Gebiete wachzurufen gewußt. Die wissenschaftlichen Erfolge dieser Reise waren gleich Null. Besser instradiert war eine zweite von Mehemed aus= geschickte Expedition unter d'Arnaud und Sabatier, die bis in die Nähe des vierten nördlichen Breitengrades vordrang.

Nachdem durch die bald darauf folgende Erschließung des Bahr=el= Abiad für den Handel zahlreiche europäische und türkische Handelsleute die neuentdeckten Gebiete aufgesucht hatten und durch oft über= schwängliche Schilderungen des natürlichen Reichtums jener Ländereien den Kontinent in Erstaunen versetzt hatten, verging kein Jahr, in dem nicht irgend ein neues Unternehmen ins Werk gesetzt wurde. Es wäre zu ermüdend, auch nur die Namen all der Tapferen aufzuzählen, die alles, was dem Menschen teuer ist, aufs Spiel setzten, um einen Gewinn für die Wissenschaft zu erzielen. Fast schrittweise mußte das Terrain erobert werden; jeder Fußbreit Erde wurde mit Schweiß und Blut gedüngt; jeder Erfolg bedeutete ein ungeheures Opfer an Kraft, Ver= mögen und Menschenleben. Die größte Ausbeute brachte die Expe= dition Theodor von Heuglins, die sich in ihrem Verlauf mit einer anderen von zwei mutigen Damen, Frau Tinné und ihrer Tochter geleiteten, vereinte. Aber wie teuer wurden auch diese Errungenschaften bezahlt. Frau Tinné sowie zwei von Heuglins Begleitern sollten die Heimat nicht mehr wiedersehen.

Mit dem Ausbreiten der Handelsbeziehungen Hand in Hand gingen die Versuche, die Völker der neuentdeckten Gebiete dem Christentum zu gewinnen. Manch wertvolles geographisches Material verdankt man der österreichischen Mission, die zehn Jahre lang (1850—60) in Gondokoro sich hielt, bis sie aufgelöst wurde, weil das mörderische Klima einen Apostel des Christentums nach dem andern hinwegraffte und das unerhörte Treiben vieler europäischer Händler jede Tätigkeit der Missionare lahm legte. Der Name eines der schamlosesten dieser Menschen — God made him and therefore let him pass for a man — verdient, der Verachtung der Nachwelt noch möglichst lange erhalten zu bleiben. Es ist der Franzose de Malzac, unter dessen Schandtaten noch nicht einmal die greulichste war, daß er einen berberinischen Diener, den er bei seiner „Lieblingssklavin" gefunden, an einen Baum band und als Revolverscheibe benutzte. — — — — — — — — — —

— — Mit den Jahren 1862—64 für ewige Zeiten verknüpft ist der Name Spekes, der den Ukerewe=See entdeckte und damit die For= schungen nach dem caput Nili um einen ungeheuren Schritt vorwärts brachte. Auch die Frage, ob dieser See die eigentliche Quelle oder nur ein Durchgangsgewässer des Nils bilde — wie der Bodensee für den Rhein — wurde bald in letzterem Sinne von Speke durch Entdeckung des Kagera an der Westseite des Sees entschieden, und mit Stolz durfte der kühne Forscher von Ägypten aus sein berühmtes Telegramm an die Royal Geographical Society senden: The Nile is settled. Mit diesen Erfolgen war die Frage der Nilquellen sehr vereinfacht; galt es doch jetzt nur noch das Quellgebiet des Kagera zu erforschen. Den ersten Versuch nach dieser Richtung machte Stanley; er verfolgte den Strom ein großes Stück aufwärts, mußte aber, ohne sein Ziel erreicht zu haben, umkehren. Nun ruhte die Forschung bis zum Jahre 1892, d. h. bis zu jenem Augenblick, wo Baumann auf einen Zufluß des Kagera, den Ruwuwu, stieß, und ihn fast bis zu seinem Ursprunge, den Missosi ja Mwesi, dem Mondgebirge (!!!)[1] verfolgte. „Eins ist sicher," schreibt Baumann in seinem Reisewerke, „daß die letzten Schleier des Nil= problems gelüftet sind, daß das caput Nili quaerere von nun an end= gültig der Vergangenheit angehört."

Noch nicht volle fünf Jahre sind seitdem ins Land gegangen, und wieder rüstet sich eine Expedition, beseelt von der Idee des caput Nili quaerere. Solange niemand an der Stelle stand, wo der Ruwuwu in den Kagera einmündet, so lange ist die kategorische Erklärung Bau= manns, daß er als erster Weißer an der Quelle des Nils stand, depla= ziert; denn was er über die Größenverhältnisse von Ruwuwu und Kagera behauptet, entspricht offenbar mehr seinen Wünschen und vor= gefaßten Meinungen als der Wirklichkeit. Graf Goetzen, welcher zwei Jahre später jene herrlichen, durch ein überaus gesundes Klima aus= gezeichneten Gegenden durchzog, sah von den Dulenge=Bergen in nächster Nähe des Kagera, den er kurz vorher überschritten hatte, „in südöstlicher Richtung das einmündende Tal eines Nebenflusses, der als Ruwuwu bezeichnet wurde. Der größere Kagera kam direkt von

[1] So übersetzte irrtümlich Baumann. In Wahrheit war Mwesi der Name des Häuptlings jenes Gebiets.

Weſten her und ſollte oberhalb unſeres Standortes den Nyavarongo und den Akanyaru in ſich aufnehmen."

Und am 17. Mai notiert er: „Schirangawe hat uns von einer Höhe eine ſeeartige Waſſerfläche in der Ferne gezeigt, wo der Nyavarongo mit dem Akanyaru zuſammenfließen ſoll. Die Frage bleibt offen, ob der Kagera aus Nyavarongo und Akanyaru entſteht oder ob beide nur als Neben-flüſſe anzuſehen ſind und zwar als Nebenflüſſe des Waſſerlaufes, den wir von den Dulenge-Bergen aus zu unſeren Füßen erblickt hatten."

Durch dieſe Beobachtungen Goetzens konnten die Zweifel, die Bau-manns Angaben bei vielen Geographen hervorgerufen hatten, nur verſtärkt werden. Und wenn heute „eines ſicher" iſt, ſo iſt es dies, daß die Nilquellenfrage durch die Baumannſche Reiſe ihre Löſung nicht gefunden hat. Sie wird ſie nicht eher finden, als bis die Größenverhält-niſſe von Kagera, Ruwuwu, Njawarongo und Akanjaru in Regen- und Trockenzeiten miteinander verglichen wurden. Erſt dann wird es einen Zweck haben, nach der Quelle des Nils zu ſuchen. Mein Plan iſt mir daher klar vorgezeichnet. Ich muß, wenn ich, von Süden kom-mend, auf den Ruwuwu ſtoße, dieſen ſtromab verfolgen bis zu ſeiner Einmündung in den Kagera, dann dieſen hinauf bis zu den Mün-dungen von Akanyaru und Njawarongo und dann erſt die Quelle des Stromes erforſchen, der von allen der waſſerreichſte iſt. Und dies wird, wie ich aus hier nicht näher zu erörternden Gründen ſchließe, nicht der Ruwuwu, ſondern der Njawarongo ſein.

Über die Länder, die ich dabei durchziehe und die bis auf einige kleine Striche noch terrae incognitae ſind, über die von jeder Kultur europäiſchen oder ſelbſt arabiſchen Urſprungs unberührten Völker, die dort wohnen, über die Schwierigkeiten, auf die ich zu rechnen habe, über die Mittel, mit denen ich ihrer Herr zu werden hoffe, mögen die ſpäteren Briefe Aufſchluß geben. — — — — — —

— — Wenn ich in wenigen Wochen von der abendländiſchen Kultur Abſchied nehmen werde, ſo ſoll einer meiner letzten Gänge den Schätzen des Vatikans gewidmet ſein. Noch einmal will ich durch die Reihen der Schweizergarde ſchlüpfen und ſtill meinen alten Platz einnehmen. Und ſcheidend werde ich aus dem toten, kalten, ſtarren Stein die lebendige, glühende Kraft mit mir nehmen, die mich trotz Klippen und Untiefen zum Ziele führen ſoll — ſo Gott will und mein guter Stern.

Berlin, im April 1897.

Sanfibar und
die deutfch=oftafrikanifche Küfte.

Brief II.

Bagamojo. Ich hatte noch nicht den Boden von Bagamojo be=
treten — ich fchwebte nämlich noch auf den Schultern zweier
Bootsleute, als ich vom Lande her ganz deutlich das Kommando „Das
Gewehr über!" erfchallen hörte und ehe ich, aufs Trockene gebracht,
noch recht Zeit hatte, mich nach dem Kommandeur umzufehen, folgte
auch fchon ein langgezogenes „Gewehr ab!" Diesmal aber dicht über
meinen Häupten. Ich wandte meinen Kopf nach oben und fiehe da:
auf der Veranda des Zollhaufes faß ein grauer Papagei und fchrie
fich die Kehle wund, wie nur je ein preußifcher Unteroffizier am Tage
der Rekrutenbefichtigung. Ein Wonnefchauer durchriefelte mich; jetzt
war ich ficher, wieder auf deutfchem Boden zu fein. Übrigens werden
viele mein Entzücken, wieder auf deutfchem Grunde zu fein, begreifen,
wenn fie wie ich, gezwungen waren, einige Tage als Fremder in
Sanfibar zu verweilen. Ich kann die Begeifterung einiger Reifender
und vor allem der dort lebenden Deutfchen für die „Perle des In=
difchen Ozeans" nicht recht verftehen, wenigftens nicht, fo weit die
„Stadt" Sanfibar in Frage kommt. Am allerwenigften aber verftehe
ich das hoheitsvolle Naferümpfen, das das Geficht jedes Deutfch=
Sanfibariten ziert, wenn man fich erlaubt, in feiner Gegenwart einen
Vergleich zwifchen den deutfchen Küftenplätzen und Sanfibar zu ziehen.
Wenn fich Sanfibar mit feiner mir verhaßten Mifchlingsraffe bis zu
meiner Heimreife nicht fehr verändert hat, was nur durch ein Wunder
gefchehen könnte, fo werde ich es vorziehen, mir die „Perle" aus der
Perfpektive eines Promenadendecks anzufehen.

Ich liebe die Völker fehr, die es verftehen, im Kampfe um ihr
Dafein ihre Individualität zu bewahren und mit jeder neuen Blut=
mifchung nach einer kurzen Übergangszeit des Schwankens in ihren
Enkeln das Bild ihrer Ahnen retten, und ungefchwächt ihre alten
Tugenden und Lafter gebären. Wer vermöchte heute in den unge=
bändigten, krafttrotzenden Stämmen Nordafrikas noch die Spuren

der Zeit zu finden, in der der faszinierende Einfluß römischer Kultur
so mächtig auf sie wirkte, daß die lateinische Sprache zum geistigen
Besitz selbst des kleinen Mannes wurde? So mächtig, daß ein Sproß
ihres alten Fürstengeschlechts den rauhen Klang seines Barbaren=
namens nicht mehr ertrug und seinen Ehrgeiz darin suchte, nach
Römerart den Namen zu führen und in freiwilliger Abhängigkeit von
der Gnadensonne Roms Licht und Wärme zu empfangen? Aus diesem
Gefühle heraus unterschreibe ich jedes Wort, das die Antipathie gegen
die Mischlingsbevölkerung von Sansibar Stanley in die Feder diktiert
hat. „Sie sind weder schwarz noch weiß, weder gut noch schlecht, weder
zu bewundern noch zu hassen. Sie sind alles zu jeder Zeit; sie kriechen
beständig vor den großen Arabern und sind immer grausam gegen die
Unglücklichen, die unter ihr Joch kommen. Und doch ist es diese
Menschenrasse, welche sich am raschesten in Sansibar vermehrt, diese
durchseuchte, triefäugige, blaßhäutige Mischung des Afrikaners und
Arabers." — — — —

Als ich in Sansibar war, feierte man gerade das Jubiläum der
englischen Königin. Man muß es der Handvoll Engländer zugestehen,
daß sie es verstanden hat, der Stadt das Gepräge des Festlichen auf=
zudrücken. Überall Palmenwedel und Girlanden, Fahnen und Teppiche,
Transparente, Ehrenpforten und Bilder der „kwajen" Frau. Ein
Festmahl löste das andere, eine kirchliche Feier die andere ab; Feuer=
werk, Paraden, Konzerte, Sportfeste sorgten für die Unterhaltung der
Bevölkerung. Der Sultan bat Allah in einem öffentlichen Erlaß, die
Königin vor ihren Feinden zu schützen, und sprach die Hoffnung aus,
daß sie ihre Augen auch ferner nicht von Sansibar abwenden möge.
Ein wahrhaft christlicher Wunsch, wenn man bedenkt, daß, als die
Augen der Königin das letzte Mal der Insel sich zuwandten, ihre
Kanonen das Gleiche taten, daß bei dieser Gelegenheit ein zerschossener
Sultanspalast 500 Menschen unter seinen Trümmern begrub und daß
noch heute den Ruinen gegenüber das Wrack der unglücklichen „Glas=
gow" seine Masten über die Wasser des Hafens streckt. Als Zeichen
seiner Verehrung ordnete der Sejjd an, daß alle Arbeiter der Insel
vier Tage feiern sollten; warum war freilich den meisten unklar. Wie
mir erzählt wurde, schwankte das Urteil zwischen Christmas und dem
Geburtstage der italienischen Königin. Da letzterer nämlich etwa acht
Tage vorher von den im Hafen liegenden italienischen Kriegsschiffen
gefeiert wurde, glaubte man jetzt an eine Art Fortsetzung. Überdies

kann man es den Sansibariten nicht verübeln, wenn sie es sich nicht vorstellen können, daß irgend ein Monarch der Welt 60 Jahre regiert, da sie selber daran gewöhnt sind, alle paar Jahre einen mehr oder weniger gewaltsamen Thronwechsel zu erleben, und allmählich gelernt haben, dies für höhere Fügung zu halten.

Ich bekam bei Gelegenheit des Festes auch die berühmte Soldateska von Sansibar zu sehen, die dieser und jener schon aus der amüsanten Schilderung von Baumann kennen wird. Die Soldaten waren vor dem jetzigen Sultanssitz aufgestellt, auf dem linken Flügel eine sehr vielseitige Kapelle. Sie sang, betete, klatschte abwechselnd in die Hände und machte mit ihren Instrumenten ein so begeistertes Getöse, daß ich sie mit einem stillen Stoßgebet unter das verdeckte Orchester des Bayreuther Festspielhauses wünschte. Um dem Trubel zu entgehen, machte ich eines Nachmittags einen Ausflug nach dem berühmten Spaziergange der Sansibarer, der mnasi moja (suah. = eine Kokospalme). Der Weg führt zunächst auf einer alten Gräberstraße und dann ziemlich reizlos zwischen Wiesen und Sümpfen bis zu den arabischen Schamben. Gleich wo sie beginnen hat der deutsche Klub seinen Landsitz inmitten schlanker Palmen und schattiger Mangobäume, und hier trifft sich täglich gegen Abend die Elite der deutschen Gesellschaft, um sich von der Arbeit und erschlaffenden Hitze des Tages zu erholen. Hier war es, wo ich eine der unterhaltendsten Stunden meines Lebens verbrachte. In feierlichem Schweigen saßen wir auf zwei Sitzreihen uns gegenüber und warteten geduldig bis es dunkel wurde und einer der Anwesenden das erlösende Wort sagte „der Fieberbazillus steigt", worauf sich alles erhob und höchst befriedigt über den gelungenen Nachmittag wieder der Stadt zueilte. Die Formen der Geselligkeit scheinen unter den verschiedenen Zonen sehr verschieden zu sein. Ich fand sie in Sansibar noch genau so, wie sie vor 25 Jahren Stanley beschrieben hat. Des Abends ist es für den Fremden, der keine „Connaissancen" hat und deshalb den gastlichen Räumen des deutschen Klubs mit seinem berühmten Sansibar-Skat und Whisky-Soda fernbleibt, schwer, eine Unterhaltung in europäischem Stile zu finden. Es gibt zwar eine Anzahl von Vergnügungslokalen mit zum Teil sehr volltönenden Namen, man muß aber schon ein Seefahrer sein, um den dort gebotenen Genüssen Geschmack abgewinnen zu können. In einige von ihnen, die mir ein alter Kapitän warm empfohlen hatte, wagte ich nur einen Blick zu werfen.

Wie tief hinab müssen die Grenzen der Menschheit reichen, wenn es noch ein menschenwürdiger Genuß sein soll, zwischen vier kahlen Wänden beim Brandy zu sitzen und mit stieren Blicken dem Geschwätz chinesischer Dirnen zu lauschen, deren pocken= und lasterzerfressene Ge= sichter der flackernde Schein einer qualmenden Petroleumlampe wie unheimliche Karikaturen erscheinen ließ. Meinem Begleiter, einem frisch importierten, jungen Hamburger, wurde bei diesem Anblick ebenso trist zu Mute wie mir, und da wir das Bedürfnis fühlten, uns durch einen Kognak von dem Gesehenen zu restaurieren, so suchten wir eine der besseren Kneipen auf, die fast alle an der Hauptstraße liegen. Aber auch in ihnen ist es einem nirgends vergönnt, sich ungestört zu erfrischen. Überall stößt man auf die Plage der schwarzen Missionsboys, die für eine Rupie Lohn von mittags bis in die Nacht hinein am Klavier sitzen und zur Unterhaltung der Gäste nach dem Grundsatz „decies repetita placebit" stumpfsinnig die gleiche Melodie so lange spielen, bis einer der Anwesenden in einen tobsuchtsähnlichen Zustand verfällt und das Pianoforte zu demolieren droht. Das hat dann die Wirkung, daß eine neue Walze aufgelegt und so lange gespielt wird, bis wieder ein Anfall von Raserei eines unseligen Gastes den Virtuosen daran erinnert, daß er nunmehr mit gutem Gewissen wieder zur ersten Melodie zurückkehren darf. Und so ad infinitum — bis zur Abfuhr, wie es die deutschen Studenten nennen würden. Ich zog daher vor, meine Abende auf der Straße zu verbringen.

Man kann die Städte des Orients mit ihrem bunten Treiben noch so gut kennen, man stößt doch immer wieder auf Sehenswertes. Wenn ich durch die engen, schlecht erleuchteten Gassen ging, in denen man nach einem Regen bis zu den Knöcheln im Schmutz versinkt, so interessierte mich besonders das Leben in den Bazaren. Hier sieht man einen Araber, das Antlitz nach Norden gewandt, seine Gebete verrichten, dort einen Hindu lange Zahlenreihen in sein Kassabuch schreiben, während ein Haufen Kinder in den unmöglichsten Verrenkungen und Lagerstätten in tiefstem Schlafe liegt. Hier sitzt ein engbrüstiger goanesischer Flickschneider in einem Berge von Lumpen und dort feilscht ein Negerweib auf Tod und Leben um ein Stück Tuch mit einem hell= farbigen Parsen, dessen Kopf das Stammeszeichen, eine schwarze, an die fridericianischen Helme erinnernde Papiermütze bedeckt. Ballen mit Zeug, die eine Dhau von Bombay gebracht hat, werden ausgepackt und von der ganzen Nachbarschaft kritisch gemustert, während im

Laden nebenan schwedische Streichhölzer, österreichische Glaswaren, deutsche Uhren usw. auf die Regale gestapelt werden, die sich die Wände entlang ziehen. Weiber, mit Wasserkrügen auf dem Kopf, ziehen schwatzend und lachend und graziös in den Hüften sich wiegend zum Brunnen; schimpfende Askaris treiben eine Kette von Gefangenen von den Arbeitsstätten am Hafen zur Boma zurück, und Lastträger schleppen unter eintönigem Gesang Kisten und Säcke an Tragstangen in die Läden der Händler. Leute von Ceylon, die mit ihren langen, hinten zu einem griechischen Knoten geschürzten Haaren und dem rockartigen Lendentuch den widerlich=komischen Anblick schnurrbärtiger Weiber bieten, preisen einem Europäer die kostbaren Erzeugnisse ihrer Heimat aus Gold, Schildpatt und Elfenbein in einem ohrenmarternden pidgin-Englisch an. Und dort bei dem Schein einer auf dem Boden stehenden Lampe prüft ein gelber Baniane wohl schon zum dritten Male einen der Elefantenzähne, die ein schwarzer Karawanenführer weit aus dem Innern von jenseits des Tanganika heimgebracht hat und jetzt in klingende Rupien umwerten will. Stumm kauert er auf der Schwelle, keinen Blick von seinem Eigentum verwendend, während der Händler die Struktur des Zahnes bedächtig betrachtet, die blauen Adern verfolgt, ob sie ihn wie ein feines Netz umhüllen, oder nur auf einer Seite ver= laufen. Mit einem Stabe mißt er die Höhlung des hinteren Endes, kratzt und klopft, ob sie nicht betrügerisch durch Blei oder eine andere Masse ausgefüllt und das Gewicht künstlich vermehrt ist. Dann stellt er die Länge des massiven Teils und mit einer Art Meßzange seinen Durchmesser fest, um die Zahl der Billardbälle zu berechnen, die er liefern wird. Schließlich schabt er an der Oberfläche, klopft wieder, hält ihn nochmals gegen das Licht und legt ihn, den Kopf verächtlich schüttelnd, bei Seite, um sich dem nächsten Zahn zuzuwenden, bei dem dieselben Prozeduren beginnen und natürlich wieder zwei=, dreimal wiederholt werden.

Der Elfenbeinhandel erfordert ein ganz außerordentliches Maß von Erfahrung und Gewandtheit, da die Qualitäten und dementsprechend die Preise der Zähne sehr verschieden sind. Früher neben dem Sklaven= handel von eminenter Wichtigkeit für die jetzt unserer Herrschaft unter= stellten Gebiete, hat er im Laufe der Jahre an Bedeutung sehr verloren. Die großen Mengen von Elfenbein, die früher über unsere Küstenplätze nach Sansibar und von dort nach Europa ausgeführt wurden, stammten vorzugsweise aus den jetzt in belgischen bezw. englischen Händen be=

findlichen Ländern weftlich vom Tanganika= und nördlich vom
Diktoria=See. Namentlich Uganda lieferte ftets große Mengen des aus=
erlefenften Materials. Mit der Ausdehnung und Befeftigung des
kongoftaatlichen Machtgebietes und der Befitznahme von Uganda durch
die Engländer begann eine Reihe von Zollbefchränkungen, die die
Unternehmungsluft unferer farbigen Händler fehr lähmte. Befonders
die belgifchen Beamten fuchten mit allen nur erdenklichen Schikanen
den Handel immer mehr diesfeits ihrer Grenzen zu konzentrieren. Da
die Koften einer Karawane an fich fehr groß find und die Möglichkeit,
unterwegs Zähne durch Unfälle, Diebftahl und andere Zufälligkeiten
zu verlieren immer vorhanden ift, fo läßt fich leicht ermeffen, daß der
Elfenbeinhandel heutzutage nicht mehr als eine Fundgrube für Leute,
die fchnell reich werden wollen, anzufehen ift. Die Zeiten, wo man für
eine Mundharmonika oder teuerftenfalls für eine rote Hufarenjacke
einen Zahn im Werte von 300 Dollars erftehen konnte, find längft
vorüber, wenn fie überhaupt jemals wo anders als in den Gehirnen
allzu phantafievoller Reifender exiftiert haben. So harmlos ift, wie ich
glaube, der von der Kultur unbelecktefte Neger — sit venia verbo
— nie gewefen. Ift der Elfenbeinpreis — wie in den letzten Jahren —
fehr niedrig, fo find die Händler natürlich gezwungen, den Häuptlingen
im Inneren entfprechend weniger zu bieten. Der Neger aber in feiner
konfervativen Lebensanfchauung, dem der Begriff des Weltmarktpreifes
ein Buch mit fieben Siegeln ift, vergräbt fein Elfenbein lieber als totes
Kapital in dem Boden feiner Hütte, als daß er es gegen eine kleinere
oder minderwertigere Quantität Waren als früher eintaufchte.

Bagamojo, im Juli 1897.

Brief III.

So oft ich Gelegenheit hatte, von Norden kommend, in den Hafen von Daresſalam einzulaufen — und in der kurzen Zeit meines Hierſeins zwangen mich die Umſtände dreimal dazu —, immer wieder freute ich mich der ſtillen Bucht mit dem lachenden Grün, in dem die Häuſer ſich vor der Sonne verbergen, ſo daß oft nur ein Stück blendend weißer Mauer herauslugt, wie die kleinen Geſichter Verſteck ſpielender Kinder. Iſt dies dasſelbe Afrika, deſſen Troſtloſigkeit mich ins tiefſte erſchreckte, als ich der grandioſen Öde, deren es fähig iſt, in dämmern= der Morgenſtunde im Suezkanale zum erſten Male gewahr wurde? Mit fahlem Scheine, eingehüllt in Dunſtwolken, lag die Sonne über dem Horizont, ſo krank anzuſchauen, ſo todmüde, als wollte ſie lieber wieder in das Dunkel des Meeres zurückſinken, als den weiten Weg zum Himmelsgewölbe hinaufſteigen. Und fahl, krank und müde lag auch das Land vor mir, als fühle es die Leiden ſeiner göttlichen Mutter. Wüſte, ſo weit mein Blick die flimmernde Luft durchbohrte, gelbe, ſandige, durchglühte, verdurſtende Wüſte, von der nur hier und da ein paar einſame Palmen oder ein kleiner grüner Fleck ſich ab= zeichneten.

Und wieder ſetzte mich die fürchterliche Troſtloſigkeit der Landſchaft in Erſtaunen, als wir nach fünftägiger Fahrt durch die Tag und Nacht erbarmungslos ſengende Glut des Roten Meeres in Aden landeten, dem Kochkeſſel des Teufels, wie es die engliſchen Offiziere getauft haben, die aus dem Lande der verfeinertſten Lebensführung in dieſe von allen guten Geiſtern verlaſſene Öde verbannt ſind. Jahre vergehen hier, ohne daß ein Tropfen vom Himmel fällt; kein Wunder, daß kein Baum, kein Strauch gedeiht, nicht einmal die indiſche Feige, die ich in Sizilien noch auf dem ſteinigſten Boden ihre ſaftigen Früchte tragen ſah. Man kann ſich des Erbarmens mit den armen Menſchen nicht erwehren, die ein ſo hoffnungsloſes, ſo über alle Begriffe hoff= nungsloſes Bild täglich vor Augen haben, und es iſt, als müßte man jeden Augenblick hören, wie die kahlen, verbrannten, ſchattenloſen Wände der Felſenberge den letzten Schrei der Verſchmachtenden ſich zuwerfen. — — — — — — — —

Es waren also keine „rosigen Morgendämmerungen", die sich mir bei der ersten Berührung mit der Tropenwelt auftaten, und ich konnte meinen Gedanken nicht wehren, wenn sie in der Vergangenheit schweiften und mir die verführerischsten Landschaftsbilder vorzauberten, die ich nur je gesehen habe. Und wie mir, ging es fast allen Mit= reisenden, auf allen lag das Gesehene wie ein Alp und wir hatten nicht einmal Lust, unsere Enttäuschung zu verbergen. Unter dem Ein= flusse dieser Eindrücke stehend, gehören die zehn Tage, in denen unser Dampfer mit zerbrochener Schraube von Aden bis Tanga gegen die Gewalt des Monsuns ankämpfte, zu den Erinnerungen, deren Verlust ich niemals bedauern würde.

Aber wie lachte unser aller Herz, als wir am Morgen des 16. Juni uns Tanga näherten und die blauen Berge von Usambara vor uns auftauchten, als ein frischer Wind uns den Duft von Blüten und Blumen herüberwehte und das Land wie ein einziger großer Garten vor unseren Blicken sich ausdehnte. Als ich dann am nächsten Tage in Daresfalam auf der schönen Terrasse des Bismarck=Hotels saß und über die spiegelglatte Bucht zum anderen Ufer hinübersah, dessen Mangroven und Mangos die Strahlen der untergehenden Sonne in leuchtendes Purpur tauchten, während eine Seebrise von köstlicher Frische in den Kokospalmen zu meinen Häupten jenes eigentümliche hölzerne Ge= räusch verursachte, das manchmal wie fernes Kastagnettenschlagen klingt, da ward ich mir so recht bewußt, daß die Gottheit der tropischen Welt wie das Haupt des römischen Gottes ein doppeltes Antlitz zeigt, das die Züge heitersten Friedens und tiefster Tragik vereint. — — —

Prächtig an den Ufern eines natürlichen Hafens gelegen, wie er zweckmäßiger nicht von Menschenhänden geschaffen werden kann, fast jeden Komfort des Mutterlandes bietend, hygienisch vortrefflich ver= sorgt, hat Daresfalam den Reiz der Ursprünglichkeit, der Bagamojo noch in reichem Maße geblieben ist, bald verloren, nachdem es zur Zentrale unserer Kolonie erhoben, von der Einwanderung deutscher Beamten überflutet wurde. Arbeit, solide überlegte Arbeit — das ist der Stempel, der hier Menschen und Dingen aufgeprägt ist. Breite, peinlich saubere Straßen, gut gepflegte Anlagen, wohleingerichtete und gewissenhaft verwaltete Institute, die den Tag reichlich ausfüllende und am Schnürchen laufende Tätigkeit der Beamten lassen den Neuling in kurzer Zeit erkennen, daß trotz des häufigen Personenwechsels das System ehrlichen, nichts überhastenden aber auch nichts vernachlässigen=

den Strebens hier feste Wurzeln geschlagen hat. Als Arzt und ein=
gedenk eines Wortes eines meiner Münchener Lehrer, daß man den
Wert einer Verwaltung an der Fürsorge für ihre Kranken abschätzen
könne, versäumte ich nicht, sehr bald die Krankenhäuser kennen zu
lernen, deren es drei gibt. Das neue Lazarett, dicht am Meere in ge=
funder Lage, konnte ich nur von außen besichtigen, da es noch seiner
Vollendung harrt. Geschickt ist der Fehler vermieden worden, einen
modernen europäischen Bau hinzustellen, der das schöne Landschafts=
bild mit seiner für die ostafrikanische Küste charakteristischen Ver=
einigung von Kokospalmen und Mangobäumen abscheulich zerstört
hätte. So wie es jetzt dasteht in einfach=vornehmem arabischem Stil,
paßt es ausgezeichnet zu seiner Umgebung und bildet mit den von
Gräsern und Schlingpflanzen überwucherten Ruinen einiger moham=
medanischen Heiligengräber ein stimmungsvolles Gemälde. Bis zur
Eröffnung des neuen Krankenhauses fanden die kranken Europäer in
der evangelischen Mission freundliche Unterkunft. Hier hatte sich auch
Herr Professor Robert Koch auf seiner Heimreise von Bombay häuslich
eingerichtet und hier fand ich ihn zwischen vier nackten Wänden unter
seinen Mikroskopen, Tauben, Meerschweinchen und Blutpräparaten so
mollig sich fühlend, wie Diogenes in seiner Tonne. Auch für die farbige
Bevölkerung existiert hier ein Lazarett, das Sewa Hadji=Hospital, das
dieser — jüngst verstorbene — reiche Inder ursprünglich für seine
Landsleute erbaut, später aber, als sich seine Unzulänglichkeit heraus=
stellte, dem Gouvernement übergeben hatte. Jetzt ist es wesentlich er=
weitert und könnte trotz der Einfachheit seiner Anlage noch als Modell
eines tropischen Krankenhauses dienen. Hufeisenförmig ziehen sich die
Räume um einen Hof, ohne Türen, so daß Luft und Licht in über=
reichem Maße zirkulieren können. Mit dem Lazarett verbunden ist
eine Poliklinik und Apotheke, die immer mehr von den Eingeborenen
frequentiert werden. Selbst die Banianen, die sich im allgemeinen sehr
abschließen und die so strenge Speisegesetze haben, daß sie auf den
Dampfern ihr eigenes Wasser mit sich führen, um nicht mit den Un=
gläubigen gemeinsam kochen zu müssen, erscheinen hier mit ihren
Wassertöpfen und lassen sich die Daua (Medizin) hineingießen.

Im Bau diesem Hospital sehr ähnlich, nur viel größer ist die daneben=
liegende Kaserne. Auch hier ziehen sich die Stuben der Askaris — jeder
hat eine für sich und seine Frau oder die Mutter seiner Kinder — um
einen großen Hof, in dessen Mitte in einer offenen Halle 30—40 Weiber

ihre Feuerstellen — drei Steine — haben, auf denen sie für die
kulinarischen Bedürfnisse ihrer Herren und Gebieter sorgen. Die übrigen
öffentlichen Gebäude, deren es bei dem großen Konflux von Behörden
sehr viele gibt, dehnen sich längs des Hafens aus und fallen weder im
Guten noch Schlechten auf. Abseits von ihnen liegt das Wohnhaus des
Gouverneurs, umgeben von den prächtigen Versuchsgärten der Kultur=
abteilung, die unter der rührigen Leitung des bekannten Begleiters
von Emin Pascha, Dr. Stuhlmann steht und unermüdlich auf den ver=
schiedenen praktisch=wissenschaftlichen Gebieten tätig ist. Man gewinnt
hier in kurzer Zeit das Gefühl, daß die Sorge für die Kolonie in den
vorsichtigsten und darum besten Händen liegt; es wird nicht experi=
mentiert — es wird gearbeitet; es herrscht nicht die so leicht erklärliche
Neigung, daß um jeden Preis etwas besonderes geschehen müsse, sondern
man bemüht sich, das Bewährte in ruhigem Fortschritt geräuschlos und
sicher auszubauen. Jeder hat seinen streng begrenzten Wirkungskreis,
in dem ihm die Möglichkeit, sich auszuzeichnen, nicht benommen ist,
aber den zu überschreiten seiner Willkür nicht freigegeben ist. Darum
ist die hier herrschende Stimmung auch durchaus frei von jener Ge=
reiztheit, die in früheren Zeiten manchmal epidemischen Charakter
annahm. Viel tragen zu der hier herrschenden Arbeitsfreudigkeit und
Zufriedenheit die angenehmen Daseinsbedingungen bei, die vielen einen
größeren Zuschnitt der Lebensführung gestatten als die heimischen.

Die Zeit, da die ersten Bahnbrecher in Negerhütten hausten und von
Konserven lebten, ist längst vorüber. Heute läßt sich hier niemand etwas
abgehen und er tut recht daran. Ich wundere mich nur, warum die,
die es angeht, zu Hause nicht ebenso offen über diese Annehmlichkeiten
sprechen wie hier, und über gewisse Verhältnisse einen mystischen Schleier
ziehen, der unnötig ist nnd hier lächerlich erscheinen würde. Der „ge=
heimnisvolle Zauber", der von dem dunklen Weltteile ausgeht und
diejenigen, die er einmal in Banden geschlagen hat, nirgends mehr
Ruhe finden läßt, sondern immer wieder zu sich zurückzieht, besteht bei
Lichte besehen zum großen Teil in dem gut bemessenen Gehalt, den
schönen Pensionsaussichten, der gesteigerten Wertschätzung der Persön=
lichkeit — zum mindesten der Selbsteinschätzung — und nicht zuletzt in
den drei, vier Gängen des abendlichen „dinner" an Stelle des
bescheidenen Wurstbrotes im Vaterlande. Das ist auch ein Zauber; ich
gebe es zu. Aber so ganz geheimnisvoll scheint er mir doch nicht zu sein.

Seitdem ich dies schrieb, sind Jahre vergangen, Jahre, in denen ich die ganze Torheit dieses Spotts einsehen lernte. Aber ich strich diese Stelle nicht, weil ich überhaupt an meinen Briefen und Tagebüchern möglichst weniges redigiert habe, um ihnen den Reiz der Ursprünglichkeit nicht zu rauben. Lieber will ich mein eigener Widerleger und Widerrufer sein. Und in diesem Falle wird es mir besonders leicht, weil mein ganzes Leben ein Dementi jener Verhöhnung geworden ist.

Es gibt einen afrikanischen Zauber auch ohne Gehalt, ohne Pension und ohne dinner mit drei, vier Gängen, und ich habe, seitdem ich Afrika verließ, so sehr in seinem Bann gestanden, daß ich oft geradezu krank vor Heimweh bin und den Tag segnen will, an dem ich wieder zum erstenmal vor einer Zelttür sitzend die stille Größe der afrikanischen Landschaft genießen darf. Das innige Leben in und mit der Natur, das Bewußtsein, frei zu sein — nicht im „befehlen dürfen", sondern im „nicht gehorchen müssen" liegt, was mich lockt — — frei auch darin, daß jeder Zwang zu konventioneller Heuchelei fortfällt — denn: „nichts schämt sich hier versteckter, verstockter Gefühle" — das ist es, was den Zauber des Afrika, das ich kenne und liebe, schafft. Ob aber dieser Zauber auch in dem Klima der Bureaus und Messen der Küste ge= deihen kann? — — — — — — — — — — — —

Sobald die Uhren von Daressalam die elfte Tagesstunde anzeigen, leeren sich die Amtsstuben, und die Stätten der Erholung füllen sich. „Die elfte Stunde?" Ich höre schon den Schrei besorgter Mütter, deren Söhne hier in Knechtschaft schmachten. Ich muß es aber rasch wieder= holen, ehe ein „Unmöglich" über ihre Lippen kommt.

Es ist aber wirklich so und doch ganz ungefährlich. Die Wasuaheli zählen nämlich ihre Stunden wie Hendschels Kursbuch. Um 6 Uhr abends beginnt die erste Stunde der Nacht, um 6 Uhr morgens die erste Stunde des Tages. Man frühstückt also um 2, ißt Mittag um 7 und legt sich zwischen 4 und 5 Uhr nachts ins Bett. Für die Tropen ist das Verfahren sehr logisch. Allgemein bekannt ist, daß in äquatorialen Breiten die Sonne das ganze Jahr hindurch etwa um 6 Uhr auf= und nach zwölf Stunden wieder untergeht; weniger bekannt, daß wir fast gar keine Dämmerung haben, was zunächst einen sehr befremdenden Eindruck macht. Überhaupt sind die langen Abende das Einzige, woran sich der Europäer gar nicht gewöhnen will. Sie kontrastieren zu sehr mit der sommerlichen Pracht, die ihn umgibt. Die schönste Zeit der Erholung ist die letzte Tagesstunde. Um 5 Uhr — ich wähle diesmal nicht die hiefige Zeitrechnung, deren man sich natürlich nur im Verkehr mit den Eingeborenen bedient — kann man sich auf der großen Promenade von Daresfalam mit etwas Phantasie in einen vornehmen Badeort verseßt denken. Stolze Rosse werden von noch stolzeren Reitern ge= tummelt; Zweiräder und leichte mit Maultieren oder Ponns befpannte Wagen fliegen an den Spaziergängern vorüber und werden genügend bewundert. Auch ein Spielplaß fehlt nicht, der von den Mitgliedern des Tennis=Klubs fleißig befucht wird. Mit Eintritt der Dunkelheit zerftreut sich dann alles in die Messen. Wie es sich für eine deutsche Gesellschaft gehört, gibt es deren in ausreichendem Maße. Es soll einmal ein Herr den erfolglosen Verfuch gemacht haben, sie zu zählen; ehe er aber damit fertig wurde, waren die zwei Jahre seiner Dienstzeit um und die Arbeit blieb als Fragment liegen. So weit man aus dem Torfo einen Schluß ziehen kann, scheint es, daß immer auf sechs Herren sieben Messen kommen. Bekannt sind mir — ich will sie aufzählen, so lange mein Atem anhält — eine Offiziers=, eine Oberbeamten=, eine Unterbeamten=, eine Zoll= und Post=, eine Kapitäns=, eine Kaufmanns=, eine Unteroffiziers=, eine D. O. A. G.=Messe ufw. ufw. Aber um ernsthaft zu sein, bekenne ich, daß es mit der Gruppenbildung der Gesellschaft nicht so arg ist, wie es nach der großen Zahl der Messen scheint. Sie fallen nur deshalb so auf, weil fast alle in einem Hause, dem Kasino liegen. In Wirklichkeit findet zwischen den Herren von ungefähr gleicher sozialer Stellung ein ziemlich reger Verkehr außerhalb der „Meß= zeiten" statt.

Und dann — ohne Pharifäertum — gibt es denn nicht in jeder deutschen Stadt ebenfoviel Messen? Im allgemeinen habe ich auch hier wieder die alte Erfahrung gemacht, daß man sich nur über die Mieter beklagt, die einen Stock höher wohnen.

Ich hatte ursprünglich die Absicht, von Daresfalam aus meine Reise ins Innere anzutreten; änderte sie aber später, weil es damals noch bequemer war in Bagamojo Träger und Tauschwaren zu erhalten. Da aber meine in Europa erworbene Ausrüstung nach Daresfalam ver= frachtet war und ich mich außerdem dem Herrn Gouverneur vorstellen mußte, war ich genötigt, erst dort an Land zu gehen. Schon in Tanga hatte mir ein „alter Afrikaner" mit freudeftrahlendem Gesicht die unangenehme Nachricht gebracht — alte Afrikaner teilen nämlich dem Neuling unangenehme Nachrichten immer mit freudeftrahlendem Gesicht mit — daß der Gouverneur vor fünf Tagen nach Uhehe abmarschiert und vor vier Monaten keine Aussicht vorhanden sei, ihn zu treffen. Zum Glück fand ich bei seinem Stellvertreter, einem Sohne des bekannten (nunmehr toten) Parlamentariers von Bennigsen, das weitgehendste Entgegenkommen für meine Pläne. Man hatte mir gesagt — „man" war natürlich auch ein alter Afrikaner —, daß es mir nicht gestattet sein würde, Askaris (Krieger) und Hinterlader ins Innere mitzunehmen. Mir wurde indes nichts in den Weg gelegt, da es wohl a priori höchst unwahrscheinlich schien, daß ich mit fünfzehn Mann mich auf kriegerische Unternehmungen einlassen würde. Eine große Macht — das hat die Erfahrung hundert mal gelehrt — führt in Afrika nur zu leicht zu Übergriffen. Man kann im allgemeinen behaupten, daß mit der Zahl der Askaris die wissenschaftlichen Ergebnisse einer Reise im Quadrat abnehmen. Ich zog es daher vor, für jedes Gewehr weniger eine Last Geschenke mehr mitzunehmen und wenn ich dazu kommen sollte, meine sechzehn Lasten Geschenke auszuteilen, so wird wohl in ganz Afrika kein Mensch mehr existieren, der nicht mindestens im Besitze eines Spiegels, einer Mundharmonika oder einer Drehdose ist. Bewaffnete habe ich nur soviel angeworben, als ich für nötig halte, um die Eingeborenen gegen meine Karawane zu schützen, nicht umgekehrt. Denn Karawanen, so wenig man sie in absehbarer Zeit für den Handel und die wissenschaftliche Forschung entbehren kann — sind und bleiben ein Krebsschaden für jede Kolonie. Da tauchen eines schönen Tages in einem armseligen Dorfe ein paar hundert, ja selbst tausend wildfremde Menschen auf und verlangen Essen, Brennholz usw. Aber woher alles nehmen, ohne sich selbst völlig zu entblößen. Auch wenn Zahlung erfolgt, was überhaupt nicht immer der Fall ist — ich kenne einen sehr berühmten Reisenden, von dem seine eigenen Leute erzählen, daß er ihnen bisweilen auf ihre Bitten um poscho (o. tägl. Brotgeld) in nicht mißzuverstehender Weise Patronen verabreicht hätte — so ist damit den Eingeborenen noch lange nicht gedient. Was nützt es ihnen, wenn sie die Hütten mit Stoffen und Perlen vollpfropfen können, wenn ihnen das letzte Stück Vieh geschlachtet, die letzte Maniokwurzel aus den Feldern gezogen, das letzte Stück Holz verbrannt und der letzte Tropfen aus ihrem kümmerlichen Wasserloch getrunken wird. Weigern sie sich aber, ihr Eigentum zu verkaufen, so ist ihr Schicksal besiegelt. Denn hunderte von hungrigen Mägen verlangen befriedigt zu werden. Nun findet der berühmte „Zwangskauf" statt, der in den Reisewerken öfter erwähnt und noch öfter verschwiegen wird; d. h. die Karawane nimmt,

2*

was sie braucht und bestimmt selbst den Wert des Gekauften, oder
wenn sich die Eingeborenen mit Recht dem widersetzen, so wird einfach
mit Pulver und Blei bezahlt. Die meisten Konflikte entstehen auf diese
Weise und es ist nicht zu verwundern, wenn der Reisende oft erstaunt
sieht, wie bei seinem Nahen das Vieh in Schlupfwinkel getrieben und
Weiber und Kinder in Sicherheit gebracht werden. Berücksichtigt man
noch die vielfachen Übergriffe, die sich die hochmütigen Küstenleute
gegenüber den „Waschensi" (Wilden) erlauben, die Diebstähle, Eigen=
tumsbeschädigungen, Vergewaltigungen der Weiber, Prügeleien der
Männer, so findet man die Erklärung für das häufige Veröden der
Karawanenstraßen. Allein schon vom Standpunkt der Humanität wäre
deshalb ein Bahnbau nach Tabora freudig zu begrüßen.

Ich hatte gerade die Erlaubnis bekommen, meine fünfzehn Hinter=
lader mit mir zu nehmen und ging seelenvergnügt meines Weges, als ich
plötzlich meinen alten Afrikaner womöglich noch seelenvergnügter auf
mich zukommen sah. Ich wappnete mich im stillen gegen seine Mit=
teilung, die sehr unangenehm sein mußte, weil er vor Lachen nicht zu
Worte kommen konnte. Endlich platzte er mit der Nachricht heraus,
daß in Ruanda neuerdings die Beulenpest ausgebrochen sei. Ich dachte
„never give up" und antwortete mit einer Grimasse, die freudige
Überraschung vorstellen sollte: „Um so besser, so werde ich auch die
Beulenpest studieren können." Natürlich stellte sich, als ich mich bei
Herrn Professor Koch erkundigte, heraus, daß nicht die Beulenpest und
nicht in Ruanda und nicht neuerdings ausgebrochen sei, sondern daß
Hunderte von Kilometern abseits meines Weges in der Nähe von
Bukoba seit vierzig Jahren eine ihrem Wesen nach noch völlig unklare
Krankheit unter den Eingeborenen endemisch herrsche. [1] Damit war es
also wieder nichts, und als ich einen Tag später nach Sansibar abfuhr,
mußte ich meinen liebenswürdigen Gönner in der traurigen Situation
zurücklassen, für seinen Überschuß an Menschenfreundlichkeit keinen
Abnehmer zu finden. Wie ich höre, findet er wenigstens einen schwachen
Trost darin, Fieberrekonvaleszenten auf die Blässe ihrer Gesichtsfarbe
aufmerksam zu machen und sie schonend auf die Häufigkeit von Rezi=
diven vorzubereiten. Es muß auch solche Käuze geben.   R. K.

Am Kingani, 4. August 1897.

---

[1] Diese Krankheit wurde bald darauf als Bubonenpest identifiziert.

Brief IV.

Es ist wahrlich nicht der häßlichste Platz, den ich mir zum Schreiben ausgesucht habe; jedenfalls sehr geeignet, um sich in die nötige Stimmung für afrikanische Reisebriefe zu versetzen. Mein Tisch steht auf einer geräumigen Veranda, die durch ein hohes, dichtes Strohdach vor jedem Sonnenstrahl geschützt ist. Sie nimmt die ganze, mehr als 20 Meter lange Front eines für zentralafrikanische Begriffe unerhört stattlichen Hauses ein, das ein unternehmender deutscher Händler am Markte von Tabora erbaut hat. Wenn ich von meinem Schreibtisch über die niedrige Brüstung hinwegblicke, so sehe ich dicht unter mir eine breite, saubere Straße, die auf beiden Seiten von den Markt= ständen begleitet wird, primitiven, offenen Hallen, deren roh gezimmerte Holzpfeiler das aus Grasbündeln und Bast dicht gefügte Schutzdach tragen. Dicht daneben dehnt sich ein Hüttenviertel aus, von dem ich allerdings trotz meines erhöhten Standpunktes nur die Dächer sehe, weil hohe, mattenartig geflochtene Zäune meinen Blicken das übrige verbergen. Aber schon an den Dächern, die bald flach, bald giebel=, bald kegelförmig sind, erkenne ich, daß das Völkergemisch, das hier haust, auch in seinen Wohnstätten Ausdruck gefunden hat. Wo die letzten Hütten stehen, beginnen die Felder und Wiesen, deren schönste Unterbrechung die zahlreichen Mangobäume mit ihren prächtigen, dunkelgrünen, dem Boden scheinbar ohne Stamm entspringenden Blattmassen sind. Dazwischen hebt sich von dem hellen Gelb der Felder oder dem mattblauen Himmel hie und da eine schlanke Kokospalme oder eine Dattelpalme mit ihrem wuchtigen, aber immer graziösen Bau ab. Den Hintergrund dieses Dioramas bildet eine schwachbewaldete, mit Granitblöcken übersäte Hügelkette, deren Kamm in sanften Wellen sich hinzieht und im Osten wie im Westen allmählich in der Ebene sich verliert. Anmutig und reizvoll wie die Landschaft, ist auch das Leben und Treiben, das in ihr sich abspielt. Eine bunte Menge drängt sich vom frühen Morgen bis zum Sonnenuntergang auf dem Markte und feilscht in allen möglichen Dialekten mit den Händlern, die ihrer Ware nicht mehr Aufmerksamkeit schenken als ihren Freunden, die, den Schatten genießend, ihnen Gesellschaft leisten und schwätzend die Zeit kürzen. Und was gibt es hier nicht alles zu kaufen! „Tabora." Das hat für das Ohr des Negers denselben Klang, wie „Paris" für die Lebemänner aller Nationen. „Tabora." So oft meine Träger mit schlaffen Knien und gesenktem Kopf durch das pori zogen, kein Laut über ihre trockenen Lippen kam, nicht einer der ermunternden, scherz= haften Zurufe, die sonst vom letzten bis zum ersten Mann sich fort= zupflanzen pflegten, und selbst die Aussicht, bald einen Lagerplatz zu erreichen, ihnen nicht über die Glut der Sonne und die Schwere ihrer Last hinweghalf, da brauchte nur das Wort „Tabora" an ihr Ohr zu dringen, und unter dem Einfluß einer Vision, die ich mir etwa als einen Tanz aller ihnen bekannten Fleisch= und Gemüsesorten um ein großes Faß mit Pombe vorstelle, stählten sie für einige Zeit wieder ihre schlaffen Glieder. Und jetzt, da sie ihr Dorado erreicht haben, ist die Gefahr nur zu groß, daß es für sie zum Capua wird, um so mehr, als ich gezwungen bin, fast vierzehn Tage hier zu verweilen.

Ich erkenne sie kaum wieder, wenn ich sie jetzt in vornehm blasierter Haltung mit langem, weißem Hemde und gleichfarbiger Mütze, an der ich sie oft im Lager sticken sah, und ein Spazierstöckchen unterm Arm den Markt entlang schlendern sehe. Viele haben hier Verwandte und Freunde wiedergefunden, die irgend ein Zufall, oft aber auch das böse Gewissen von der Küste fern hält. Denn barra, d. h. „das Innere", ist das Buenos=Ayres der Küstenleute, ein gesegnetes Asyl für flüchtige Kassierer. Neben meinen Wasuaheli mit ihren großstädtischen Allüren erscheint die eingeborene Bevölkerung der Wanjamwesi sehr unkulti= viert. Meine Leute wissen dies auch und schauen auf die waschensi („die Wilden") mit ihrem teils ärmlichen, teils aufdringlich geputzten Äußeren herab, wie ein Berliner auf die Provinzler. „Nur ihre Weiber hat er gern," und wer Augen hat, zu sehen, dem wird es nicht ent= gehen, daß sich auf dem Markte vielfach zarte Bande verknüpften, die meiner Karawane einen weiteren unerwünschten Zuwachs des weib= lichen Personals bringen werden. Wanjamwesi und Wasuaheli bilden die Hauptmasse der hiesigen Bevölkerung, daneben sieht man aber Ver= treter fast aller Stämme, die an und zwischen den großen Seen wohnen. Viele sind in der Zeit des Sklavenraubs hierher verschleppt worden. An jene Zeit erinnern auch noch die Araber, die hier wohnen, und die mit wenig Ausnahmen, nachdem ihnen die Quellen ihres Erwerbs verstopft wurden, dem finanziellen Untergange geweiht sind. Denn der Araber ist kein Kaufmann, weder im großen noch kleinen; er versteht nicht, zwischen Einnahmen und Ausgaben das Gleichgewicht zu halten, und so sinkt er immer tiefer in die Gewalt des wuchernden Inders.

Das würde ihnen ein Uneingeweihter freilich nicht ansehen, wenn er sie jetzt, wie ich, über den Markt zum Schauriplatz reiten sähe, mit ihren prächtigen Gewändern, mit dem goldgestickten Sattelzeug, dem silbernen Geschirr ihrer Maskatesel und dem Troß ihrer Vorläufer.

Jeden Mittag um halb zwölf Uhr kommt plötzlich verstärktes Leben in das bunte Gewimmel des Marktes. Trompetenblasen, Trommel= und Paukenschlagen — die Wache zieht auf. Ganz wie bei uns laufen zwanzig bis dreißig Gassenjungen der Musik voraus, die Knüppel geschultert und im Takte marschierend. Wehe aber, wenn die kleine, schwarze Bande entdeckt, daß ein unbekannter Europäer am Orte ist. Dann wird ab= geschwenkt — ein paar Blechbüchsen, auf denen sich spektakeln läßt, sind rasch gefunden, und die Ovation beginnt. Ach, diese Barrisons! Erst haben sie „mein Volk verführet", daß man auf Schritt und Tritt ihre faden Melodien hörte, und jetzt machen sie sich sogar schon im Herzen von Afrika breit. Wie diese Seuche importiert wurde, ist mir nicht bekannt. Jedenfalls hört man das vertrackte „ta-ra-ra-bum-dee" bei jeder Küstengoma singen, und gestern mußte ich es sogar eine halbe Stunde lang aus den Kehlen von fünfundzwanzig kleinen Rüpeln von Tabora über mich ergehen lassen, bis mir Geduld und Trommelfell riß und ich die ganze Gesellschaft davonjagen ließ. Das ist höchste Kultur.

Aber ich merke, daß ich vom Hundertsten ins Tausendste komme und schon eine Beschreibung von Tabora liefere, während ich noch so viel rückständige Schulden an den Leser habe, daß mich ein Schaudern über= läuft, wenn ich in meinem Tagebuch blätternd an ihre Einlösung denke.

Und damit will ich dahin zurückkehren, wo ich den Leser zuletzt verlassen habe.

Bagamojo, 30. Juni 1897. Ich bin nun fast acht Tage hier und kann mich immer noch nicht satt sehen an dem eigenartigen Getriebe. Wie modern und europäisch erscheint dagegen Daressalam. Es sind in diesem Jahre zwar nicht so viel Träger hier wie im vorigen, immerhin ist ihre Zahl groß genug, um mir eine Fülle amüsanter und fremd= artiger Eindrücke zu gewähren. Den dankbarsten Stoff bietet mir das Leben auf dem Markt. Er ist für 100 Rupien monatlich an einen Inder verpachtet, der sich an dem Standgeld der Händler schadlos halten muß. Um ihn darin zu unterstützen, dürfen Lebens= und Genußmittel nur auf dem öffentlichen Markte feilgeboten werden.

Am dichtesten drängt sich die Menge jederzeit um die Verkäufer von
Schnupftabak, die ihre Ware in kleinen Nußschalen abmessen. Man
sagt, daß die Wanjamwesi für eine Prise ihre Seele verkaufen; man
möchte es glauben, wenn man die zärtliche Sorgfalt sieht, mit der sie
eine Quantität behandeln, die gerade noch zwischen Daumen und
Zeigefinger gehalten werden kann. Die Sorglosigkeit, mit der ein
Münchner Maurer seine Nase in einen Berg von Tabak versinken läßt,
würde ihnen jedenfalls als der Gipfel des Cäsarenwahnsinns er=
scheinen. Sehr zahlreich sind die Mehlverkäuferinnen. Auf kleinen
Hocken kauernd, preisen sie schreiend und oft im Chore singend ihre
Ware an, die in großen Körben vor ihnen steht. Als Maß dienen zwei
flache Blechteller, auf denen das Mehl zur Pyramide gehäuft wird.
Die Waschensi, die bedächtig musternd die Reihen entlang gehen, zwei=,
dreimal ein Geschäft anknüpfend und wieder abbrechend, werden, so
verachtet sie sonst sind, hier mit Koseworten umschmeichelt und zum
Kaufe ermuntert. Ausschlaggebend ist auch hier oft der Schnupftabak,
der in Bast gewickelt am Busen verborgen wird, um im kritischen
Moment hervorgeholt zu werden. Ich habe eine alte würdige Dame,
die sich stets durch einen auffallenden, dubiösen Fleck unter der Nase
auszeichnete, im Verdacht, daß sie mit diesem Aushängeschild eine un=
lautere Konkurrenz trieb, und wie ich öfter sah, mit Erfolg. In großen
Mengen werden Früchte und Gemüse zum Markte gebracht. Bananen,
Kokosnüsse, Maniok, Bataten, Kürbisse, vielerlei Bohnen, Mais, Au=
bergines, Salat (meist als Kräutersuppe verkauft), Erdnüsse, Zucker=
rohr usw. Nichts ist lächerlicher und affenähnlicher als ein Neger, der
an einer meterlangen Stange Zuckerrohr kaut. Geflügel sieht man sehr
selten auf dem Markte, Eier fast niemals, da der Neger wie der
Araber aus einer mangelhaften Naturbeobachtung einen Ekel vor
ihnen hat und viele sich mit Abscheu wegwenden sollen, wenn sie einen
Europäer bei ihrem Genusse sehen.[1] Fleisch, Fische und Brennholz kann
man in den kleinsten Quantitäten kaufen, selbst die Hufe werden zer=
stückelt und in den Handel gebracht.

Getrennt vom Hauptmarkte findet der Ausschank von Palmwein
(tembo) statt, der für 50 Rupien monatlich verpachtet ist. Das Recht,
Palmwein zu bereiten, ist vom Bezirksamt nur bestimmten Personen
gestattet, die ihn an den Pächter verkaufen müssen. Dieser hat eine

---

[1] Weigerte sich doch in Ruanda einmal ein kleiner Boy, noch dazu ein Mschensi,
einen Teller abzuwischen, weil die Reste von Rührei darauf waren.

Reihe von Heben verpflichtet, die täglich unter einem großen Mango= baum gegen eine kleine Tantième auf den Verkauf bedacht sind. Die Produktion von tembo war früher einmal vorübergehend verboten. Das Verbot hatte aber keine weiteren Folgen, als daß heimlich noch stärker gebraut und getrunken wurde, und daß die Bevölkerung sich über die lästige Bevormundung erregte, umsomehr, als sie oft genug Gelegenheit hatte zu sehen, daß auch der msungu es nicht verschmäht, des süßen Gottes voll zu sein. Derartige Erlasse werden hoffentlich nie mehr ausgegraben werden. Vorläufig verstimmt auch das Bild des Deutschen als Mäßigkeitsapostel — um recht milde zu sein — durch seinen Mangel an Wahrscheinlichkeit.

Bagamojo, 5. Juli. Wenn ich des Abends spazieren gehe, lenke ich meine Schritte gern in die Mustermission, die die aus dem Elsaß vertrie= benen pères du Saint Esprit et du Sacré Coeur vor dreißig Jahren hier gegründet haben. Es sind noch zwei Herren aus der Gründungs= zeit tätig, Pater Etienne und Bruder Oskar, die seitdem fast ununter= brochen hier gewirkt haben. Nichts unterhaltender, als in den schattigen Laubgängen mit Bruder Oskar[1] sich zu ergehen und von ihm sich von den Entbehrungen der ersten Zeit erzählen zu lassen, von den kleinlichen Anfeindungen der Araber, von berühmten und unberühmten Forschern, die er fast alle gekannt und deren Schwächen er lustig zu schildern weiß. Das, was hier an Kulturarbeit geleistet worden ist, ist so groß, daß es nur ein schuldiger Tribut ist, wenn jeder Reisende wieder öffentlich Zeugnis dafür ablegt. Die prächtigen Vanillekul= turen, die üppigen Gemüsegärten, die Schamben, in denen mehr als 20 000 Kokospalmen gedeihen, die Orangerie, die Sauberkeit aller Anlagen, die Kanalisation mit selbstgefertigten Drains, die Hand= werkerstuben, die schönen Gebäude, an erster Stelle die Kirche — kurz, alles dies selbst geschaffen zu haben und die Mitarbeiter aus einer, regelmäßiger Arbeit abgeneigten Bevölkerung sich erzogen zu haben — Hut ab vor solcher Leistung. Neben ihr kommen die Erfolge auf religiösem Gebiet gar nicht in Betracht. Ich glaube, daß in den dreißig Jahren nicht mehr als 3—400 Taufen stattgefunden haben. Außer= dem ist das Christentum der Wasuaheli nur sehr oberflächlich, wie sie auch den Islam nur in seinen Äußerlichkeiten angenommen haben. Den Glauben, der sich ihren kindlichen Wünschen anbequemt, glauben sie gerne; unangenehme Dinge wie die Hölle, werden von ihnen ein=

---

[1] Beide inzwischen gestorben.

fach abgelehnt. Es gibt in der Miſſion noch aus früheren Zeiten Bilder, die die von den Teufeln gemarterten Seelen darſtellen. Heute ruhen ſie friedlich, vergilbt und verſtaubt, in dunklen Schränken und wenn Bruder Oskar einmal eines von ihnen als abſchreckendes Beiſpiel hervorholt, ſo wird es mit dem fröhlichſten Gelächter „uwongo, uwongo" („Lüge") aufgenommen. In richtiger Erkenntnis der Grenzen, die ihrem Einfluſſe auf religiöſem Gebiete geſteckt ſind, haben die Miſſionare das „arbeite" dem „bete" vorausgeſtellt und wir dürfen ihnen dafür dankbar ſein.

8. Juli. Ich hatte heute Gelegenheit, einer öffentlichen Prüfung in der Regierungsſchule beizuwohnen, der eine Preisverteilung folgte, für die das Gouvernement jährlich eine kleine Summe ausgeſetzt hat. Als Lehrkräfte wirken ein deutſcher und ein indiſcher Lehrer. Die Kinder ſtammen zum größten Teil aus indiſchen Familien, doch fehlt es auch nicht an kleinen Schwarzen; ja ſelbſt weiße Kinder ſind durch zwei Sprößlinge vertreten. Die Erfolge ſind, wenn man die Schwierig= keiten berückſichtigt, die einem erfolgreichen Unterricht entgegenſtehen, gar nicht übel. Sie würden vielleicht beſſer ſein, wenn man die Kinder in verſchiedenen Klaſſen unterrichten und ſich auf die kleine Zahl der regelmäßigen Beſucher beſchränken würde. Jetzt muß der Lehrer bei jedem neuen Schüler von neuem beginnen, und da jede Woche Auf= nahmen und Austritte ſtattfinden, leiden die Fortſchritte der älteren ſehr empfindlich. Mit der Zeit werden wohl auch dieſe Zuſtände ſich beſſern:[1] vorläufig muß man zufrieden ſein, wenn wenigſtens einige deutſch ſprechen, leſen und ſchreiben lernen. Die Diktat= und Schön= ſchreibhefte überraſchten oft durch ihre Sorgfalt. Am beſten ſind die Leiſtungen im Geſang deutſcher Volkslieder, die zum Teil in ein ſehr hübſches Kiſuaheli überſetzt ſind.

Amüſant waren mir zwei ſchwarze Schüler — ein Poſtbote und ſein Sohn —, die miteinander in Fleiß und Aufmerkſamkeit wetteiferten. Ich malte mir im Stillen die Familienſzene aus, wenn der Junge ſeiner Mutter ein beſſeres Zeugnis ins Haus bringt als der Papa.

15. Juli. Ich hörte heute einen köſtlichen Ausdruck, mit dem die Waſuaheli die Griechen und Italiener bezeichnen, die ſich als Hand= werker und Kleinhändler hier ihr Brot verdienen. Sie haben ſehr raſch erfaßt, daß die Angehörigen der genannten Nationen eine niedere

---

[1] Das Schulweſen hat, ſeit dieſer Brief geſchrieben wurde, große Fortſchritte gemacht.

soziale Stellung einnehmen als die Deutschen, und darum nennen sie sie die „waschensi wa Uleia", d. h. die „europäischen Wilden". Ein mschensi ist für den Küstenmann jeder Eingeborene des „barra", des Innern, als Typus eines ungebildeten, ungehobelten Menschen und er blickt auf ihn mit einem ebenso großen Dünkel herab, wie irgend ein polnischer Graf älterer Ordnung auf seinen Hofjuden. Diese Über= hebung wird ihnen schon in frühester Jugend eingepflanzt. Ich habe wiederholt in der Nähe der Karawanserei beobachtet, wie ganz kleine Bengel von sechs bis zehn Jahren mit ihren Knütteln furchtlos gegen große Mengen von Wanjamwesi vorgehen, und sie in die Flucht schlagen. Meine Boys zahlen lieber einem mschensi ein paar Pesa, als daß sie selbst einen Dienst verrichteten, der ihnen nicht fair erscheint. Aber auch unter sich machen die Wasuaheli große Unterschiede in der gegen= seitigen Wertschätzung. Für einen Askari, Baharia (Bootmann) oder Boy, die in europäischen Diensten stehen, ist der gewöhnliche Lohn= arbeiter ein mschensi und oft genug kann man sie diesen Ausdruck als Schimpfwort benutzen hören. Wie empfindlich sie darauf achten, nicht mit den „Wilden" vermischt zu werden, lehrte mich folgendes Er= lebnis: Ich traf dieser Tage auf der Straße die Haushälterin eines deutschen Kaufmanns und da ich ihren Namen nicht kannte, so rief ich sie mit „Du" an (wewe). Die Antwort der stolzen Dame war: „Bin ich denn ein mschensi, Herr, daß du mich nicht mit meinem Namen anrufst?"

27. Juli. Trotzdem ich mit der Verpackung von 61 Lasten, die ich morgen bis Kilossa vorausschicken will, hinreichend Beschäftigung habe, konnte ich es mir doch nicht versagen, als ich heute an dem Gerichts= saal vorüberging, einen Blick hineinzuwerfen. Wöchentlich wird im Bezirksamt zweimal Schauri abgehalten, in dem über alle Vergehen der Eingeborenen und ihre Streitigkeiten untereinander abgeurteilt wird. Man muß dabei natürlich nicht an ein Gerichtsverfahren in europäischem Stil denken. Vereidet wird niemand, Staatsanwalt und Verteidiger gibt es auch für die schweren Verbrechen nicht; fast alle Funktionen liegen in der Hand des Bezirksamtmanns.

Am Ende eines langen, schmucklosen, korridorartigen Raumes [1] be= findet sich der hohe Rat, d. h. der bana mkuba mit seinen zwei Bei= sitzern, dem arabischen Wali (Bürgermeister) und einem reichen Inder, dem Dolmetscher — einem in Jerusalem getauften Araber — und

---

[1] Heute dient eine schöne Halle im neuen Bezirksamt als Sitzungssaal.

einem deutschen Schreiber als Protokollanten. An den Längsseiten sitzen vornehme Araber mit goldgestickten Mänteln und Turbanen, am Gürtel prächtige Maskatdolche und Schwerter, von denen manche ihrem Besitzer 6—700 Mark gekostet haben. Die Inder, die sich als fleißige Geschäftsleute den Luxus eines freien Vormittags nicht leisten können, sind weniger zahlreich vertreten. Am anderen Ende und vor den vergitterten Fenstern drängt sich neugieriges Volk, unter dem schwarze Polizisten die Ruhe aufrecht erhalten. Eine der wichtigsten Personen ist der Effendi, der mit der Nilpferdpeitsche wie ein Engel mit flammendem Schwert an der Tür steht und auf den ehrenvollen Auftrag lauert, einem armen Schächer die durch einen mühsamen Dieb= stahl sauer verdienten hams ischrin (25) zu verabreichen oder einem Widerspenstigen das Hinausgehen zu erleichtern.

Der erste Kläger war ein Araber; er beschwert sich über eine Sklavin, die lieber bummelt, als ihrer Pflicht gemäß stundenlang das Getreide zu Mehl stampft. Ich gestehe, daß ich ihre Abneigung gegen eine Arbeit teile, die die Kräfte einer deutschen Frau weit übersteigen würde. Das Zerstampfen geschieht nämlich mit einer 2 Meter langen und ent= sprechend schweren Stange in einem tischhohen Holzmörser. Die Delin= quentin leugnet zwar, da sie aber schon mehrfach wegen Faulheit verwarnt wurde, kommt sie für einen Monat an die Kette.

Der zweite Fall betraf dasselbe Vergehen. Kläger ist ein etwa 15 jähriger Neger, Verklagte eine würdige Matrone, die er von seinem Vater geerbt hat. Sie behauptet, zur Arbeit nicht verpflichtet zu sein, weil sie ihren Herrn bei ihrer Verheiratung mit dem Hochzeitsgut ab= gefunden habe. Kläger leugnet es, wie überhaupt, daß sie in legitimer Ehe lebe und so wird die Sache bis zum nächsten Schauri vertagt und der Verklagten aufgetragen, bis dahin einen Ehemann zur Stelle zu bringen oder zu brummen.

Als nächster tritt ein Inder vor. Ein Karawanenführer schuldet ihm so und so viel Rupien und soll seine Schuld bezahlen, ehe er eine neue Reise antritt, da es nicht ausgeschlossen ist, daß ihm ein Wohnsitz im Innern ohne Schulden und Inder besser gefällt als an der Küste mit Schulden und Inder. Geld hat der Mann nicht, aber er deklamiert mit einiger Freiheit:

„Ich laß Dir den Bruder zum Bürgen,
Ihn magst Du statt meiner erwürgen.“

Da der Bruder zu allem Ja und Amen sagt, wird die Angelegenheit in diesem Sinne geregelt.

Es folgt die Erledigung einiger Zivilfälle, Erbschaftsteilungen, Häuserkäufe usw., die mich weniger interessierten, als der Name Rumalisa an mein Ohr schlug. Ich sehe auf und sehe einen blassen, schmächtigen Araber, der das Elfenbein mit Arrest belegt, das ein Händler aus Tabora zur Küste geschickt hat. Kein Mensch würde diesem Mann mit dem müden, kranken Gesicht und dem vornehmen, leisen Auftreten ansehen, daß er noch vor wenigen Jahren über eine Macht von vielen tausend Gewehren verfügte, mit deren Hilfe er seinen Namen mit blutigen Lettern in die Geschichte von Zentralafrika ein= geschrieben hat. Wie er jetzt seine zarten, weißen, gepflegten Hände mit den rotgefärbten Nägeln beteuernd auf sein Herz legt, mußte ich der unzähligen Opfer denken, die diese zarten, weißen, gepflegten Hände erbarmungslos um verfluchten Gewinn hingemordet haben. Ja, die Zeiten ändern sich. Vor sechs, sieben Jahren noch durfte er in Udjidji ungestraft die Fahne der Deutschen zerreißen und mit Füßen treten, und heute muß er ihre Hilfe anrufen, um auf ein paar lumpige Elefantenzähne seine Hand zu legen. Was für ein Haß muß sich hinter dieser fast flehend demütigen Maske verbergen!

Als nächster klagt ein Küstenmann gegen einen Häuptling im Hinterlande von Bagamojo, weil er seinen Bruder gefangen genommen und zum Sklaven gemacht habe. Trotzdem die Sache offenbar über= trieben ist, muß der Schreiber des Wali, der mit Papier, Tinte und Feder vor dem Fenster steht, einen Brief schreiben, und Brief, Bruder und Polizei=Askari begeben sich auf die Wanderschaft.

Nach Erledigung einer sehr verwickelten Diebstahlsaffäre erscheint ein alter Halbblutaraber, wird aber sofort von dem Engel mit der flammenden Nilpferdpeitsche an die Luft befördert, ehe noch der erste Satz seiner Rede verklungen ist. „Als ich vor fünfzehn Jahren in X war, wurde mir von dem dort wohnenden, nunmehr verstorbenen Y ein Rind gestohlen." Der Mann — offenbar ein geisteskranker Queru= lant — läuft seit fünfzehn Jahren von einem Schauri zum andern, um das gestohlene Gut zurückzubekommen, findet aber zu seinem Leid= wesen immer eine taube Gerechtigkeit.

Es folgten einige Klagen wegen Zurückzahlung von Schulden. Die Kläger sind meistens Inder, die Verklagten Küstenleute. Letztere haben stets einen einwandfreien Zeugen bei der Hand, der gesehen hat, genau gesehen hat, daß der Inder dem Beklagten „nichts" geliehen hat. Urteil: Zahlen oder hams 'ischrin. In dieser Weise ging das Schauri luftig weiter, und die schwierigsten juristischen Probleme wurden mit einer Schnelligkeit gelöst, die unseren heimischen Behörden als Vorbild dienen könnte.

Die Erzählung eines Falles, der mir besonders zu Herzen ging, habe ich mir bis zuletzt aufgehoben. Ich hatte als Ombascha (Unteroffizier) einen Mann namens Mkono engagiert, der von Graf Götzen glänzend empfohlen und mir auch sonst als Muster eines braven Jungen von verschiedenen Seiten gerühmt worden war. Heute morgen kam er sehr niedergeschlagen und bat um einen Tag Urlaub, weil seine alte Mutter gestorben sei. Man denke! Die Mutter! Armer Mkono. Ich gab ihm natürlich Urlaub und einige Rupien dazu. Ach, einige Stunden später traf ich den armen, ehrlichen Mkono nicht beim Begräbnis seiner Mutter, sondern im Schauri, wo er wegen einer Unterschlagung einer Ziege zu einer Geldstrafe verurteilt wurde, die er auch bereitwilligst mit meinem Gelde bezahlte.

Wenn das am grünen Holze geschieht, was für Freude werde ich dann mit meinem dürren erleben?

Tabora, 1. Oktober 1897.

Auf der großen Karawanenstraße.

Brief V.

Es ist dem Leser vermutlich bekannt, daß im Innern Afrikas Geld noch wenig verbreitet ist. Auf den deutschen Stationen ist es zum Teil gelungen, Kupfermünzen in Geltung und Umlauf zu bringen. Im übrigen wird es ersetzt, entweder durch Muscheln, wie z. B. in Uganda durch Kaurimuscheln oder durch Tauschwaren. Diese zerfallen, wenn ich von Gewehren und Schießmaterial absehe, in drei große Gruppen: in Stoffe, Perlen und Draht. Stoffe sind fast überall an den Mann zu bringen. Es gibt zwar verschiedene Qualitäten, aber gerade die minder= wertigste ist, da dies ja auch im Interesse der Händler lag, am meisten verbreitet. Ich spreche hier nur von weißen Stoffen, denn die bunten Tücher sind im wesentlichen für den Reisenden nur Geschenk= und Tauschlasten.

Viel unbequemer als Stoffe sind Perlen. Hier heißt es, sich genau an der Küste bei den farbigen Händlern, die viel im Innern reisen, zu er= kundigen, welche Perlen in der betreffenden Gegend zurzeit gangbar sind. Man kann Perlen genug haben, um ein Königreich zu kaufen und muß doch verhungern, wenn die Eingeborenen sie nicht lieben. Und dabei sind die Unterschiede in Größe wie Farbe oft nur ganz klein. Viele Warundi nehmen z. B. keine Stoffe, wenden sich sogar mit Hohn ab, wenn man sie ihnen anbietet, sondern nur eine kleine, rote Perle, sim-sim genannt. Eine ähnliche, die nur eine feine Nuance heller und ein klein wenig größer ist, verschmähen sie. Es ist nicht immer der Geschmack oder die Mode, die bei manchen Stämmen oft wechselt, wodurch die Eingeborenen sich für gewisse Perlen bestimmen lassen, sondern bisweilen auch das Material, aus dem sie die Fäden zur Auf= reihung der Perlen bereiten müssen. Mir ist ein Stamm am Westufer des Tanganika bekannt, der nur große Ringelperlen nimmt, die in Ermanglung geeigneten Grases auf Fellstreifen gereiht werden. Aus alledem geht hervor, daß man Perlen am besten nur dann mitführt, wenn man, wie ich, in ein Land kommt (Urundi), das Stoffe verschmäht oder genau über die gangbare Sorte orientiert ist.

Draht geht fast überall als Tauschware, doch ist er sehr teuer, da er nur in größeren Stücken abgegeben und deshalb nur sparsam mit= geführt werden kann. Auch werden nicht alle Stärken angenommen. Natürlich gibt es noch eine ganze Reihe von Dingen — ich nenne nur Musikinstrumente, Spiegel usw. —, die man wohl gelegentlich als Tauschware benutzen kann; ihre Verwendbarkeit hängt aber so sehr vom Zufall ab, daß kein Händler oder Forscher sie bei der Aufstellung seines Reisebudgets ernsthaft in Betracht ziehen kann. Dagegen sind sie als Geschenke ausgezeichnet zu gebrauchen.[1]

Bagamojo, 29. Juli. Ich bin jetzt mit der Anwerbung der Leute und Verpackung der Lasten ziemlich fertig. Meine persönliche Aus= rüstung, die, wie man mir in Berlin versprochen hatte, gleich zu Trägerlasten verpackt werden sollte, kam in solchem Kunterbunt an, daß ich alles noch einmal verpacken mußte. Und da weder Inhaltsver= zeichnis noch Konnossemente mitgekommen waren, hatte ich dies Ver= gnügen sogar zweimal, einmal hier und einmal auf dem Zollamt in Daressalam. Außerdem hatte man in Berlin keine Ahnung, daß man möglichst viele Kisten von ungefähr gleichem Inhalt herstellen muß, damit kein Verlust unersetzlich ist und man nicht gezwungen ist, um zehn Sachen herauszunehmen zehn Lasten zu öffnen. Auch mußte ich wegen des ungeschickten Formats, der scharfen Ecken 2c. mir gegen fünfzig praktischere Kisten herstellen lassen. Alles in allem bedeutete das für mich einen Zeitverlust von vierzehn Tagen, der sich sehr gut hätte vermeiden lassen.

Ich habe 140 Träger mit drei Wanjampara (Führern), fünfzehn Bewaffnete und sieben Boys engagiert.

Von den Trägern sind 61 Wanjamwesi, die nur bis Tabora gehen, wo ich Ersatzleute engagieren muß. Sie erhalten bis dorthin 30 Rupien, gleich 38 Mark, wofür sie sich selbst beköstigen müssen. Die übrigen sind Küstenleute, 57 von Bagamojo, 22 von Pangani. Ihr Lohn be= trägt 10 Rupien monatlich und freie Kost. Ich schwanke noch, wie ich die Kost regeln soll, direkte Beköstigung (kibaba) oder indirekte (poscho). Poscho ist zweifellos bequemer, gebräuchlicher und den Leuten lieber. Ich brauche dann nur alle fünf bis sechs Tage, je nach dem orts= üblichen Preise der Lebensmittel, den Leuten eine upande, gleich 2 Meter Stoff, zu geben. Kibaba ist unbequem und nur dort durch=

---

[1] Überflüssig zu bemerken, daß heute fast im ganzen Schutzgebiet Bargeld den Tauschverkehr abgelöst hat.

Arabifche Dhau.

zuführen, wo man Proviant im großen kaufen kann. Es hat den Vorteil, daß die Träger sich nicht in den Dörfern herumtreiben und dort Dummheiten machen. Als Bewaffnete habe ich nur gut empfohlene Leute genommen, die unter Stanley, Stuhlmann, Götzen, Schillings, Baumann, Werther u. a. Askaridienste verrichtet haben. Sie erhalten 13—16 Rupien, ihre beiden Führer sogar 20 und 40 Rupien monatlich. Die Wanjampara der Küstenleute, die sie sich selbst mitgebracht haben, bekommen 25 Rupien. Die sieben Boys zerfallen nach ihrer Beschäftigung in einen Koch, einen Küchenjungen, einen Eselboy, einen Lampenputzer und drei zur persönlichen Bedienung. Ohne eine solche Arbeitsteilung wäre das Reisen in Afrika eine tägliche Quelle von Ärgernissen.[1] Der monatliche Sold beträgt durchschnittlich 11 Rupien mit Ausnahme des Kochs, der deren 24 erhält. Ich habe also an Löhnen bis Tabora, d. h. 50—60 Tage, etwa 4174 Rupien zu zahlen.

Ich habe heute die 61 Wanjamwesi mit drei Askaris vorausgeschickt mit dem Auftrage, mich in Kilossa zu erwarten. Auf diese Weise werde ich die zu Übergriffen leicht geneigten Wangwana (Küstenleute) besser übersehen und im Zaum halten können.

3. August. Die Träger, 79 an Zahl, gehen heute weg, um jenseits des Kingani zu lagern.

4. August. Endlich, endlich Abmarsch. Heute Nachmittag um $1/2$ 2 machte ich mich auf den Weg, von den besten Glückwünschen der Europäer begleitet. Mit mir gingen nur ein Boy, mein Hund „Miß" und mein Maskatesel, der mir nicht sonderlich gefällt. Ich hatte einen vortrefflichen Hengst für 300 Rupien erstanden; vorgestern wurde er plötzlich krank und ist nach Aussage des ihn behandelnden Beludschen für längere Zeit reiseunfähig. So mußte ich in aller Eile den ersten besten nehmen; daß es nicht der beste war, sollte ich gleich heute erfahren. Um $1/2$3 kam ich an die berüchtigten Kinganisümpfe. Ich fand sie zunächst besser als ihren Ruf, bis sich nach der ersten halben Stunde das Bild änderte. Nachdem der Esel einmal bis zum Leibe versunken war, wurde er ängstlich und störrisch und ließ sich bei schlechten Stellen

---

[1] Übrigens lehrte mich später bald die Erfahrung, daß der Grundsatz, unter möglichst viel Boys die Arbeit zu verteilen, auch seine Schattenseite hat. Denn je weniger Beschäftigung ein Boy hat, um so mehr empfindet er sie als Störung seiner Behaglichkeit und um so mehr sehnt er sich nach noch weniger. Und da man unmöglich für jede kleine Verrichtung einen verantwortlichen Funktionär schaffen kann, so wird oft eine Arbeit nicht ausgeführt, weil jeder Boy darauf rechnet, daß einer der andern sie übernommen hat.

sehr ziehen. Schließlich streikt er vollkommen. Dabei brennt die Sonne mit fürchterlicher Glut auf den Sumpf. Nach einer halbstündigen Arbeit setze ich mich resigniert hin und warte. Und siehe da, ich habe Glück. Es kommen Leute, die nach Bagamojo wollen. Ich gebe ihnen einen Backschisch und wir tragen zu fünf das sich heftig sträubende Tier hin= über. Der Weg wurde jetzt etwas besser und wir kamen bald an die Kingani=Fähre. Um ¹/₂6 Uhr kam ich ins Lager. Das Wasser ist eine schmutzige, braune Sauce, aber daran werde ich mich wohl gewöhnen müssen.

Muhogo, 6. August. Ich kann mit jenem Verbrecher, der am Montag hingerichtet wurde, sagen: „Die Woche fängt gut an." Als ich gestern nach kurzem Marsch ins Lager kam, fühlte ich mich müde, heiß, fiebrig. Ich messe mich: 38,2. Ich nehme gleich eine große Portion Chinin und dusele den ganzen Tag halb wachend, halb schlafend hin. Als ich des Nachts einmal erwache, sehe ich in der Öffnung der Zelttür ein merkwürdiges Bild. Von Osten nach Westen zieht langsam am Horizont eine mächtige Feuersäule und einige gegabelte Dum=Palmen heben sich mit ihren graziösen Formen in wundervoller Klarheit von der roten Glut ab. Es war wie ein Traum. Heute morgen um ¹/₂6 fieberfrei. Einen so elenden Chininrausch ich habe, beschließe ich zu marschieren, umsomehr, als Luftwechsel stets einen wohltätigen Einfluß bei Malariakranken ausübt. Es ist noch dunkel. Der Morgenstern glitzert unbeschreiblich schön. Über den Wiesen liegt leichter Nebel; im Osten ein schwacher rötlicher Schein. Ich lasse meine Weckeruhr ab= laufen; die Leute werden wach und da es sehr kalt ist, blasen sie rasch die glimmenden Feuer an. In meinem Jammer muß ich noch den Arzt spielen und einige kleine Wunden verbinden. Dann reißen die Askari das Zelt ab und die Leute binden die Lasten zusammen. Man merkt, daß ihnen das Tragen noch etwas ungewohnt ist. Die Lasten sind durchschnittlich 55 englische Pfund schwer, etwa 20 Pfund leichter, als die der Händler. Aber, wer nicht Weib oder Boy mit hat, muß noch etwa 20 Pfund an eigenen Sachen schleppen. Das Zelttuch winden sie sich als Turban um den Kopf, wodurch die Lasten weniger drücken.

Das Abbrechen des Lagers geht noch langsam, allmählich werden sie lernen, es in einer Viertelstunde fertig zu bringen. Wie ich heute die vier Stunden gelaufen bin, weiß ich nicht. Ich habe nicht rechts und nicht links gesehen, und habe mechanisch einen Fuß vor den andern gesetzt. Ich ließ auf einem alten Lager von Emin Pascha die

Zelte aufschlagen. Das Wasser wie gestern und vorgestern. Es wechselt nur die Farbe, ist aber immer undurchsichtig vor Schmutz. Und doch nennen es meine Leute „msuri sana" (sehr schön). Ich bin neugierig, was für eines sie „mbaia" (schlecht)[1] nennen würden. Im Laufe des Tages wird mir viel besser. Nachmittags kommt ein Bote mit einem gerichtlichen Schreiben und will meinen Träger Amri pfänden. Er schuldete einem Inder 13 Rupien. Als dieser aber in seine Wohnung kam, erfuhr er, daß Amri verreist sei und nichts für ihn hinterlassen hätte, als einen freundlichen Gruß und die Mitteilung „omnia mea mecum porto". In seiner Todesangst rannte der Inder sofort aufs Bezirksamt und schickte dann mit dessen Erlaubnis den erwähnten Boten. Natürlich mußte ich das Geld hergeben. Des Nachts weckte mich Lärm. Der Esel hatte sich losgerissen und irrt im Dickicht umher. Zu seinem Glück läßt er sich fangen, denn nicht viel später hören wir in nächster Nähe das widerliche Geheul von Hyänen. Die Leute fürchten sich und zünden große Feuer an. Es ist ein Nachtbild von auserlesener Schönheit. Das strahlende Licht von Mond und Sternen. In der Ferne wie allnächtlich die rote Glut der brennenden Steppen. Die lodernden Feuer mit den seltsamsten Reflexen auf dem Kreise von über dreißig weißen Zelten und den halbnackten Gestalten.

Mbujuni, 7. August. Heute empfing ich zum ersten Male den Besuch eines Häuptlings; leider war die Ehre ganz auf seiner Seite. Mene Malimbo ist zwar jetzt ein Freund der Deutschen; früher soll er aber sogar anthropophagistische Neigungen gehabt und an deutschen Matrosen befriedigt haben, die, wenn ich recht berichtet bin, von der „Leipzig" desertierten. Zurzeit ist er durch täglichen Genuß von Pombe vollständig heruntergekommen. Er besuchte mich mehrmals und brachte mir Mehl, Mtama (Hirse), zehn Eier und ein Huhn, wofür ich ihm für seine sieben Weiber Spiegel, Ketten und Nähnadeln gab. Vor einer Negerpuppe aus Berlin liefen seine Kinder schreiend davon, während er sehr gefaßt gleich nach ihrem Geschlechte fragte. Des Abends kam er nochmals unter dem Vorwande, seinen kleinen Sohn verbinden zu lassen, in Wirklichkeit, um eine Flasche Kognak zu erbetteln. Als er damit kein Glück hatte, bat er um daua (Medizin), um seine Nach=

---

[1] „mbaia — schlecht" nennen, wie ich später merkte, die Träger brackiges Wasser oder solches, das einen noch so schwachen Salz= bezw. Natrongeschmack hat, auf den ihre Zunge sehr fein reagiert. Deshalb ziehen sie lehmgelbes fließendes Wasser stets einem noch so klaren Wasser der Süßseen vor.

kommenſchaft zu vergrößern, womit ich leider auch nicht dienen
konnte. Im ganzen paßt auf den edlen Mann das ſchöne Lied:

> „Im Winter trinkt er und ſingt Lieder
> Aus Freude, weil der Sommer nah iſt.
> Im Sommer aber trinkt er wieder,
> Aus Freude, weil er endlich da iſt."

Kiſſemo, 10. Auguſt. Vorgeſtern nach Sſagati, geſtern nach Mſua
(mit etwas beſſerem Waſſer als gewöhnlich) und heute hierher. Ich
habe mich ſchon vollſtändig an das Zigeunerleben gewöhnt und fühle
mich ſehr glücklich dabei. Wenn meine Arbeit getan iſt, ſetze ich mich
an ein Lagerfeuer und laſſe mir von den Leuten erzählen oder erzähle
ihnen von den Wundern Europas, von unſern Häuſern, Fahrſtühlen,
Telephon, Brieftauben, Brutöfen, Eiſenbahn, Fahrrädern und, was ſie
am liebſten hören, von unſern Soldaten und Kriegen.

Kiſſemo iſt der Sammelname von fünf Dörfern, die von Wakwere
und Wakami bewohnt werden. Ich hatte heute einen Jumbe (Häupt=
ling) nach dem andern zu empfangen, die alle Geſchenke brachten und
erhielten.

Die Träger beginnen bereits, ſich Übergriffe zu erlauben, indem ſie
den Eingeborenen, die Eſſen zum Verkauf bringen, einen Preis auf=
zuzwingen ſuchen. Zum Glück machen die aber ſo viel Lärm, daß ich
jedesmal aufmerkſam gemacht wurde und die Sache redreſſieren
konnte. Ich habe aber gedroht, daß ich im Wiederholungsfall nicht
Poſcho, ſondern Kibaba geben werde. Ich begegnete heute mehreren
Karawanen, von denen eine ſehr viel Elfenbein — über hundert
Zähne — führte.

Ngerengere, 11. Auguſt. Als ich heute morgen abmarſchierte,
ſah ich außerhalb des Lagers eine Anzahl Figuren mit Mehl auf den
Boden gezeichnet. Es ſtellte ſich heraus, daß ein Askariweib, das ich
wegen eines Magenleidens behandle, die Urheberin war. Der Brauch
iſt ſehr verbreitet. Er hängt mit der Furcht vor den Geiſtern Ver=
ſtorbener zuſammen, denen man die Krankheiten zuſchreibt. Die
Figuren ſind Schutz= und Verſöhnungsmittel; teils ſind es nur geo=
metriſche Ornamente, teils Nachbildungen von Menſchen oder menſch=
lichen Gliedern. Ich habe übrigens ſehr viel Kranke, trotz der leichten
Laſten und kleinen Wege. Einen Schwerkranken muß ich auf meinem
Eſel mitſchleppen. Mein Lager lag heute auf einem kleinen Hügel im
Schatten eines Brotbaums. Dicht unter uns fließt der Ngerengere,

etwa 5 Meter breit und 1 ½ Meter tief. Sein Wasser strömt sehr
reißend, aber wundervoll klar, so daß ich mehr im als außerhalb des
Wassers mich aufhielt. Seine Ufer sind bewaldet und das Buschwerk
bildet oft dichte Lauben. Menschliche Ansiedelungen sind nicht in seiner
Nähe.

Ich packte heute eine Last um, in der sich u. a. ein paar hundert
Blechflöten befanden. Die kindischen Träger bettelten so lange, bis ich
nachgab und jetzt pfeift und quietscht es in allen Tonarten im Lager.

J a n g e = J a n g e, 12. August. Als ich heute nacht aufstand, um
einen schreienden Affen zu beruhigen, den ich unterwegs gekauft habe,
genoß ich wieder das Köstliche einer Tropennacht. Der volle Mond
goß sein Licht über die Landschaft und das Lager, daß die Zelte wie
Silber glänzten. Wie aus Stein gehauen stand der Brotbaum mit
seinem mächtigen Stamm da, die kahlen Äste zum Himmel reckend und
an den Ästen die Früchte wie große Wespennester. Über mir einzelne
Wolken, so scharf begrenzt, als hätte sie ein Messer beschnitten. Und
als schönste Staffage mitten unter den glimmenden Lagerfeuern in eine
rote Decke gehüllt die Wache, deren unbewegte Silhouette neben einem
in den Boden gepflanzten Speer vom mattsilbrigen Himmel sich abhob.
Wie sollte ich in solchen Augenblicken das Geschick nicht preisen, das
mich hierher geführt hat. Freilich gibt es auch andere Momente. So,
als ich heute, um die Morgendämmerung zu genießen, vor mein Zelt
trat. Plötzlich glaubte ich, von hundert Stecknadeln gleichzeitig gestochen
zu werden, und ehe ich noch recht erkannt habe, daß ich von Ameisen
überfallen bin, war ich schon auf dem Laufe zum Wasser, unterwegs
meinen Schlafanzug wegwerfend. Ich hatte gerade das unfreiwillig
gesuchte Bad verlassen, als zu meiner großen Freude Leute von Baga=
mojo kommen und meinen Maskathengst bringen. Er scheint wieder fast
gesund zu sein, wenn er auch manchmal wie nach einem unsichtbaren
Feinde mit dem bisher kranken Fuß stößt.

An unserem Wege lagen heute viel menschliche Knochen, wahrschein=
lich aus dem Heuschrecken= und Hungerjahre 1894. Aber ich fand auch
einen frischen Schädel, der von den Hyänen noch nicht völlig abgefleischt
war. Die Träger gehen gleichgültig vorbei, während meine Neulings=
phantasie sich alle Möglichkeiten ausmalt, denen der Träger des
Schädels zum Opfer gefallen ist.

Das Lager von Jange=Jange bietet einen schönen Rundblick; da
aber das Gras vor kurzem verbrannt ist, ist der Boden mit Kohlenstaub

bedeckt, der bei jedem Windstoße in die Höhe gewirbelt wird und in die feinste Pore dringt. Recht bezeichnend war folgende Szene. Ich hatte gerade gegessen, als die Wanjampara mir melden, daß ein Träger fehlt. Desertiert? Nein, krank zurückgeblieben. Als ich böse werde, weil mir das nicht gleich auf dem Marsche gemeldet worden sei, bekomme ich den Bescheid: „Aber, bana, wir haben ihm ja die Last weggenommen." „Und der Mann?" fragte ich, erhalte aber nur ein Achselzucken als Antwort. Ich ging darauf mit zwei Askaris auf die Suche. Nach 1½ Stunden finden wir ihn, unfähig zu gehen, an einem trocknen Wasserriß. Ich schicke ins Lager nach einem Esel, auf dem er dann transportiert wurde. Es ist eine Art Halblähmung der Füße, die er schon früher einmal gehabt hat.

Fundigoma, 13. August. Ich habe heute drei Kranke, die nicht marschfähig sind. Zwei werden auf Eseln mitgeschleppt, der dritte auf einen Koffer gebunden. Der dritte ist meine Hündin „Maus". Ich habe sie umgetauft, weil jedesmal, wenn ich „Miß" rief, ein halbes Dutzend Hamiß sich meldeten. Sie scheint von einer Schlange gebissen worden zu sein. Ihr linker Vorderfuß ist sehr geschwollen und entzündet.

Es ging heute bergauf, bergab, bald mit weitem Blick auf das dunstverschleierte Gebirge, bald von undurchdringlichem Dickicht um= geben. In Mikesse, dessen Oberhaupt Mitengo mich freundlich aufnahm machte ich bis 2 Uhr Ruhepause; dann ging es weiter durch park= ähnliche Wildnis nach Fundigoma. Hier sollte nur sehr wenig und schlechtes Wasser sein. Ich fand auch, als ich suchte, nur ein kleines Loch mit einer schwarzen Flüssigkeit, bemerkte aber gleichzeitig einen Weg, der in den Busch führte. Ich verfolgte ihn und sah nach zehn Minuten nicht allzuweit Mtamafelder. Als ich auf sie zusteuerte, fand ich mich bei einer Wegbiegung plötzlich in ein afrikanisches Idyll versetzt. Hütte an Hütte, sauber gebaut, die Weiber waschend und ihre Kinder säugend, kleine Knaben selbstgefertigte Kreisel (pia) mit der Peitsche (mschapo) schlagend, die Männer mit Kürbisschalen aus einem großen Gefäß Pombe schöpfend, lachend und schwatzend. Als sich der erste Schrecken über mein plötzliches Erscheinen gelegt hatte, fand ich rasch Entgegen= kommen. Der etwas angeheiterte Jumbe brachte mich ins Lager und ließ mir durch seine Sklavinnen reichlich schönes, klares Wasser bringen. Auf den Bäumen sah ich vielfach ausgehöhlte Stämme quer liegen, die als Bienenkörbe dienen. Von Zeit zu Zeit zündet man unten große Feuer an, vertreibt durch den Rauch die Bienen, nimmt den Honig,

läßt aber etwas zurück, worauf sich der Schwarm wieder ansiedeln soll.
Ich hätte gern etwas Honig gehabt, versprach auch dem Jumbe einen
ganzen Himmel. Er pries aber immer nur sein schönes Wasser, und
klopfte sich dabei schwatzend auf den Bauch, während er selber offenbar
sein schönes Wasser nur zur Verdünnung stärkerer Getränke liebte.
Endlich gelang es mir, von einem seiner „Großen" den gewünschten
Honig zu erstehen. Der Honig war sehr gut, wenn er auch anders
— würziger — schmeckt als der heimische.

Kingolwira, 14. August. Die erste Morgenüberraschung war heute,
daß Maus tot war. Der Weg führte heute, nie sehr steil, die Ausläufer
der Bondwaberge entlang, die sich allmählich zu beträchtlicher Höhe
erhoben. Kurz vor Kingolwira hat man einen wunderschönen weiten
Blick in die Ebene, aus der einzelne Berge, aber auch ganze Ketten
aufsteigen. Die Berge von Fulwe bieten einen besonders interessanten
Anblick durch den kühnen Schwung, mit dem sie den Boden entspringen,
wie eine Welle, die im Moment, wo sie sich überschlagen will, ver=
steinert ist.

Ich befinde mich heute in der Residenz von Simbamene, der ältlichen
Schwester von Kingo von Morogoro. Da sie trotz ihrer Wohlhabenheit
sich etwas ruppig zeigte, revanchierte ich mich auf die übliche Weise,
die nie extra nobel ist, aber immer den Wert des Geschenkten übersteigt.
Außerdem habe ich keine Veranlassung, die Leute der Karawanenstraße
zu verwöhnen. Als ich nachmittags in ihr Dorf ging, stand Simbamene,
die trotz ihres Alters noch die Ruinen ehemaliger ungewöhnlicher
Häßlichkeit zeigt, vor der Tür ihres Hauses und richtete als Begrüßung
die Frage an mich, warum ich ihr keinen Stoff geschenkt hätte. Ich
erwiderte Ihrer königlichen Scheußlichkeit, daß ich zwar sehr schöne
Stoffe hätte, selbe aber für Sultane aufheben müsse, die mich durch die
Größe ihrer Geschenke dazu verpflichteten, worauf sie sich in das Innere
ihrer Höhle zurückzog, durch ein Knurren mir die Wahl lassend, ob ich
das für eine Einladung halten sollte oder nicht. Ich wählte das erstere
und befand mich bald in einem Gang, der um einen runden Bau herum=
lief. In ihm saß die Herrscherin, von einem Rudel alter und junger
Weiber umgeben, inmitten von etwa vierzig bis fünfzig großen Ton-
gefäßen mit Pombe. Sie schöpften sie in ein Strohgefäß von der Form
einer Klownmütze, das sie wie Wäsche ausrangen. Der Raum dient
auch als Vorratskammer von Mais und geräuchertem Fleisch, das an
kleinen Stöcken hing. Da es in dem Gange nicht allzu lieblich duftete,

empfahl ich mich bald und fah lieber in der frischen Luft den Knaben zu, die mit Bogen und Pfeil nach Vögeln schossen. Auch spielten sie mit einem ausgehöhlten Ast des Papaya=Baumes, in den sie eine Mark= Kugel gesteckt hatten, die sie mit einem Stock herausschossen. Sie nannten das Spiel siakka.

Tabora, im Oktober 1897.

Brief VI.

Morogoro, 16. August. Gestern siedelte ich in die Residenz des berühmten Kingo von Morogoro über. Kingo ist der Enkel eines Mseguha=Häuptlings, der die Wakami aus ihren Bergen vertrieb und an der Stelle des jetzigen Morogoro eine durch eine Mauer und vier Türme für afrikanische Verhältnisse ungewöhnlich befestigte Stadt anlegte, von der noch jetzt Reste erhalten sind. Ihm folgte in der Herr= schaft seine Tochter, die Mutter von Simbamene und Kingo, nach deren Tode oder Abdankung die beiden sich in die Regierung teilten. Kingo, ein behäbiger Herr mit stets freundlichem Lächeln, ist nicht unintelligent. Er hat rechtzeitig die den Arabern überlegene Macht der Deutschen er= kannt und freiwillig seinerzeit die Mission der schwarzen Väter gegen Buschiri beschützt. Er hat auch niemals den Bestrebungen der Mission Steine in den Weg gelegt, ja, er unterhält sich sogar gern über religiöse Fragen — er ist kein Mohammedaner — und hat Anstand genug, nach wie vor als freundlicher Nachbar mit den Herren zu verkehren, trotz= dem er einen Grenzprozeß mit ihnen geführt und verloren hat. In seiner Wohnung zeigt er mit Stolz ein paar große Wandspiegel und anderes Hausgerät, ein Geschenk unseres Kaisers.

Die Gebäude der Mission hatte ich schon gestern vom Wege aus be= wundert. Wie ein Schloß im schottischen Hochland schauen sie von den Bergen, 130 Meter höher als die Ebene, in leuchtendem Rot herab. Einer Einladung folgend, ritt ich heute morgen hinauf. Im Wegreiten sah ich noch, daß zwei Europäer neben mir ihr Lager aufschlugen. Der erste Eindruck, den ich von der Mission bekam, war sehr freundlich. Ich ritt durch die breiten, sauberen Straßen eines der rein christlichen Dörfer, überall von den ihr Kreuz auf der Brust tragenden Ein= wohnern herzlich und offenbar ohne den Hintergedanken eines Trink= geldes begrüßt. In dem Hofe der Mission traf ich Bruder Abélard, einen frischen, jungen Laien, dem die praktische Arbeit hauptsächlich obliegt. In der Nähe besehen, wirkten die Gebäude weniger vornehm. Sie sind aus Steinen gebaut; als Bindemittel und Verputz dient der rote Laterit, aus dem hier der Boden besteht. Die alte, kleine Kirche wird bald abgebrochen werden; eine neue, große wird von den Mis=

fionaren feit zwei Jahren gebaut und dient, obgleich noch unfertig, ihrem Zwecke schon jetzt. Die Wohnräume find von einer faft abfichtlich wirkenden häßlichen Einfachheit — ein Bett — ein Tifch — ein Stuhl und an den mit Kalktünche weiß verputzten Wänden ein paar der üblichen billigen Öldrucke von heiligen und Märtyrern. Während ich mit dem Bruder auf der Terraffe faß, von der der Blick meilenweit über Steppen, Täler und Berge fchweift, kamen neue Gäfte, geführt von Pater Munch, einem feinen, blaffen Priefter, dem man anfieht, daß auch hier in diefer Bergesfrifche das Fieber nicht ganz fehlt. Die Gäfte waren jene oben erwähnten Europäer, zwei Unteroffiziere, die auf dem Marfch nach ihren Stationen Kilimatinde und Muanfa find. Unfer Weg wird alfo vielleicht ein Stück zufammen laufen. Ich bin fchon fo Zigeuner, daß diefer Gedanke keine angenehmen Empfindungen bei mir weckt. Wir gingen in den Kaffeegärten fpazieren, die jährlich etwa zehn Zentner tragen und die benachbarten Miffionen und Stationen verforgen. Auch Zimt= und Pfirfichbäume, Kartoffeln und deutfche Gemüfe gedeihen hier gut. Ein wunderfchöner Bach fällt über glatt= gefchliffene Felfen, und das klare Waffer eines natürlichen Baffins ladet freundlich zum Bade ein. Ich fah mehrfach eine Euphorbie „utupa“, deren Blätter und Blattknofpen die Eingeborenen in einem Mörfer zerftampfen und in den Bach werfen, um dann ftromabwärts die an der Oberfläche fchwimmenden, betäubten Fifche zu fangen, ein Verfahren, das auch in anderen Ländern, nicht nur Afrikas, geübt wird.

Abends genoß ich im Lager wieder einen herrlichen Anblick. Der Nguruiberg brannte. Wie zwei mächtige Lavaftröme, die fich in der Tiefe vereinen, fo wälzte fich das Feuer über den Berg.

Im Lager gab es noch eine fidele Prügelei. Ich glaube, ich werde mich nie daran gewöhnen können, die Leute, wie fich's gehört, zu ftrafen. Nach dem erften Schlage ftellen fie fich fo ftramm hin wie ein preußifcher Gardift; das macht einen fo wehrlofen Eindruck, daß ich keine Luft habe, zum zweiten Male auszuholen. Und doch werden fie mich bald für kindifch halten, wenn ich fie für ihre Knabenftreiche nicht prügele.

„Wen das Wort nicht fchlägt, fchlägt der Stock nicht,“ hat für fie nur fehr begrenzte Geltung. Für Ironie haben fie fchon gar kein Verftänd= nis. Als ich z. B. zu meinem Boy fagte: „Sollte es nicht beffer fein, wenn ich in Zukunft felbft den Tifch decke, da du doch immer die Hälfte vergißt,“ fo antwortete er ganz aufrichtig und ohne Frechheit: „Das glaube ich felber, bana.“

Am Mkatta, 18. August. Gestern nach Wilansi, heute morgen hier=
her. Landschaftlich immer das gleiche Bild. Busch, Steppenwald, Gras=
ebene, Wald. Heute wieder einige Dum=Palmen, ein seit zehn Tagen
entbehrtes Bild. In der Nähe der über den Mkatta führenden Knüppel=
brücke hat ein lustiger Bruder an einem Baum eine große Tafel mit
der Inschrift befestigt: „Hier können Familien Kaffee kochen." Als ich
vorbeimarschierte, lagerte gerade eine Karawane von Wanjamwesi
darunter, was sehr gut zusammenpaßte. Die beiden Unteroffiziere
sind auch hier, liegen aber mit Fieber im Bett. In den letzten Tagen
werde ich sehr von kriechendem und fliegendem Gewürm geplagt.
Waren gestern Spinnen, so sind heute eine Art Grashüpfer unerträglich.
Sobald die Lampe angezündet wurde, ging der Tanz los. Jetzt einer
im Gesicht, jetzt im Nacken, jetzt nehme ich den Tee — ein Hüpfer ist
drin; jetzt fliegt einer gegen die Lampe, jetzt in die Butter; kurz, ich
war in einem Schlagen, Töten und Fluchen.

Im Pori, 19. August. Ich sitze heute friedlich beim Frühstück, denke
an keinen Krieg oder dergleichen — als plötzlich eine Kugel in mein
Lager fliegt. Die Träger flüchten in die Zelte — eine zweite Kugel
kommt geflogen, und meine Askaris laufen zu ihren Gewehren. Da
ich keine Lust verspürte, jemandem die Hand zu reichen, „derweil" er
eben lud, so rannte ich mit großem Getöse in das feindliche Lager, um
mir die Schießerei zu verbitten. Als ich hinkomme, heißt es, der eine
Herr liege im Bett, der andere sei auf der Jagd. Ich stelle mich aber
dumm und schimpfe weidlich über die dämlichen Schwarzen, die sich
einbildeten, Jäger zu sein, trotzdem sie keine Ahnung vom Schießen
hätten. Ich hoffe, der Herr „im Bett" hat es gehört und es dem Herrn
„von der Jagd" mitgeteilt. So geht's, wenn man am Abend 40 Grad
hat und am Morgen dem Weidwerk nachgeht.

Ich marschierte heute erst mittags ab, nachdem alles abgekocht hatte,
und lagerte im Pori ohne Wasser. Der Weg über die Mkatta=Steppe
war durch den Ausblick auf die Berge, die fast den ganzen Horizont
einrahmten, von großem Reiz. Mit Ausnahme des nahen Ngurui sah
man nur die Konturen deutlich, alles andere war wie mit den feinsten
blauen Aquarellfarben gemalt. Man hätte glauben können, eine einzige
Wand vor sich zu sehen, wenn diese zarten Abstufungen nicht gewesen
wären, je ferner, um so zarter, die fernsten heller fast wie der Himmel.
Als die Sonne tiefer stand, glichen die Berge bläulichen Milchglas=
scheiben.

Station Kiloſſa, 21. Auguſt. Heute morgen marſchierte ich von Kwa Sſango nach Kiloſſa, wo mir der Ombaſcha Mkono meldete, daß alle 61 vorausgeſandten Wanjamweſiträger ſowie ihre Laſten wohlbehalten ſind.

Bald hinter Kwa Sſango, das mit ſeinen ſchlechten Häuſern einen ſehr ärmlichen Eindruck macht, beginnen die Schamben von Kiloſſa. Diel angepflanzt ſind Rizinus und Papaya, das roh und als Mus auch von den Europäern gern gegeſſen wird.

Bald werden die Häuſer ſtattlicher und ſind vielfach nach Küſtenart gebaut. Mehrmals ſah ich einen Meter hohe runde Zauberhütten zum Schutz gegen Geiſter Derſtorbener und Krankheiten. Allen Dächern hingen an der Spitze vier Strohwedel herab. Nach einer Stunde kamen wir nach Kiloſſa ſokoni (Markt) mit einer kleinen Bananenpflanzung, wo der Wali Schech Amer mit einigen anderen Arabern und Indern aus dem Hauſe trat, um mich zu begrüßen. Nachdem wir uns flüchtig beſchnuppert und uns gegenſeitig wenig imponiert hatten, eilte ich weiter, um die Boma (Station) zu erreichen, die man ſchon von weitem am Ende der langen Bananenallee auf einem Hügel liegen ſah. In ihrer Nähe ſchlug ich mein Lager auf; nicht ſehr günſtig, etwas zu nahe am Waſſer, aber mit wundervollem Blick auf die dichtbewaldeten Hügel. Des Abends war es noch kälter wie gewöhnlich, ſo daß ich mir einen Mantel anziehen mußte.

Mein Lager iſt heute ſehr lebhaft. Geſtern hat es Poſcho gegeben, wobei ich von den Wanjampara mit Erfolg um einige Doti betrogen wurde, und heute quietſcht alle Augenblicke eine Ziege oder ein Huhn in den letzten Zügen. Den Hügel hinauf ziehen ſich die Zelte und Feuer der Leute, hunderte von Leuchtkäfern fliegen brünſtig in den Gebüſchen des Fluſſes, die Sterne funkeln wie in einer deutſchen Winternacht; Kürbisſchalen mit Pombe kreiſen, ringsum kichert und ſchwätzt es. „Wo geſchwätzt wird, da liegt mir ſchon die Welt wie ein Garten," ſagt Zarathuſtra, und auch ich fühle mich glücklich unter den glücklichen, unwiſſenden Kindern, die vom Kampf ums Daſein wenig geplagt werden und nichts von den Wunden ahnen, die uns „weiſen" Europäern das Leben ſchlägt.

Eine Quelle fortwährender Derdrießlichkeiten iſt mir mein Koch; er iſt, was man hier mit prononciert engliſcher Betonung einen „missionboy" nennt, alſo eine Frucht engliſcher Miſſionskunſt. Nun ſind dieſe Früchte ſo beliebt, daß die Empfehlung eines engliſchen Miſſionars genügt, um einen Eingeborenen unmöglich zu machen, und trotzdem ich es an seinen englischen Sprachbrocken hätte merken können, unter= ließ ich es doch, mich nach seiner Vergangenheit zu erkundigen, wofür ich jetzt büßen muß. Er scheint als die Hauptaufgabe des Christentums zu betrachten, sich das Leben möglichst bequem und seinen Mitmenschen möglichst unbequem zu machen. Ich weiß wohl, daß man auf einer safari ein Auge zudrücken muß, aber so viel Augen gibt es in ganz Afrika nicht, wie ich zudrücken müßte, um die Faulheit und Schmierigkeit meines Kochs nicht zu sehen. Wenn es nach ihm ginge, so stellte er die Speisen abends aufs Feuer, zöge sich in sein Zelt zurück, und fände sie den nächsten Morgen fertig vor. Mit dem Brotbacken hatte er es so gemacht, bis ich eines Morgens sein Kunstwerk nebst einigen anderen harten Gegenständen als Wurfgeschoß benützte, wobei ich leider nicht ihm, sondern meinem Windlichte eine Beule beibrachte.

Im Pori, 23. August. Heute mittag verließen wir Kilossa und seinen liebenswürdigen Chef, der mich mit der ganzen Gastfeindlichkeit auf= genommen hatte, über die manche Deutsche im Ausland im Verkehr mit einem „Auch = Nur = Deutschen" verfügen. Wir marschierten in wunderschöner Landschaft, rechts und links von Bergen umschlossen' längs der Mukondokwa. Meine Karawane hat sich sehr vergrößert, einmal durch die 61 Wanjamwesiträger mit ihrem Anhang; dann durch eine Anzahl Weiber. „Wamepata kumi tu" meinte trocken mein Mnjampara; d. h. „sie haben nur zehn bekommen". Nur zehn. Mir san's gnua.

Am Gombo=See, 25. August. Gestern Lager in Kirassa, an der Grenze von Ugogo.

Wenn man in Afrika nicht alles selbst macht oder wenigstens beauf= sichtigt, geschehen immer Dummheiten, selbst wenn man noch so zuver= lässige Leute hat, „Perlen", wie man sie hier nennt.

Ich merkte heute, daß der Proviant vieler Träger knapp war und übergab daher dem Schausch Ali, einem Abessinier, die Führung der Karawane mit dem Befehl, sobald er den Gombosee erreiche, das Lager aufzuschlagen, während ich selbst auf einem Nebenpfade mit einigen Leuten durch den dichten Sanseviera=Bestand drang, um die in der Nähe des Kideteflusses versteckt liegenden Gehöfte zu suchen. Ich fand sie und auch hinreichend Mehl. Als ich wieder auf dem Hauptweg zum Gombo war, der sehr steil und schrecklich heiß war, fand ich meine Karawane in voller Auflösung. Überall kleine Gruppen von Müden am Wege, von den Askaris mit Schimpfen und Schlägen angetrieben; auch einzelne Kranke. Nur die Wanjamweſi marſchierten geſchloſſen, wie immer ſingend und guter Laune. Ich ſammelte, was zu ſammeln war. Mehrfach lagen Laſten da, deren Träger ſich im Buſch verſteckt hielten, um nicht weiter getrieben zu werden. Dabei waren die Leute erſt fünf Stunden unterwegs. Aber die guten, faulen Tage von Kiloſſa lagen ihnen in den Gliedern; unvernünftig wie immer, hatten ſie ſich übereſſen und litten jetzt an Verdauungsbeſchwerden; außerdem war es heute auch ausnahmsweiſe heiß. Eine oberflächliche Meſſung ergab im Schatten 35 Grad Celſius. Als ich auf der Höhe des Hatambula=Paſſes war und plötzlich den Gombo=See prächtig zu meinen Füßen liegen ſah, atmete ich auf. Denn ich war bis dahin mehr gerannt, als gegangen, um die Spitze einzuholen und den törichten Schauſch zum Warten auf die Verſprengten zu veranlaſſen. Ich ſteige zum See hinab: kein Schauſch, keine Karawane, kein Lager. Ich frage einige am Wege Liegende danach. Antwort: mbele (vorn). Ach, wie ich dies Wort haſſe. Wie oft hat es mir ſchon Verdruß gemacht. Wie oft, wenn ich fragte: Iſt unſer Ziel nahe? Ja, mbele. Und oft bedeutete das mbele Stunden. Ich ſchreie mir die Kehle wund; keine Antwort. Endlich ſehe ich am äußerſten Ende des Sees auf einem Hügel mein Zelt. Alſo noch einmal drei Viertelſtunden im Laufſchritt. Ich überrenne jede Entſchuldigung des Schauſch mit meinem Toben und ſchicke ihn ſofort zwei Stunden zurück, um die Laſten und Träger zu ſammeln. Wunderbarerweiſe fehlte keine bei der abendlichen Reviſion.

Der Gomboſee iſt von meinem Zelt aus prächtig zu überblicken. Seine grüne Waſſerfläche iſt von Bergen eingerahmt, die im Südoſten und Weſten zu beträchtlicher Höhe anſteigen. Leider ſind ſeine Ufer vollkommen verſchilft. Von ſeinem berühmten Reichtum an Krokodilen und Flußpferden konnte ich nichts entdecken. Erſt gegen Abend — die Sonne ſank gerade — erhob ſich ein Geſchrei im Lager und ich ſah am gegenüberliegenden Ufer den Rücken und Kopf eines ſchwimmenden Flußpferdes. Auch die Vogelwelt iſt merkwürdig arm. Ein paar Enten, Möven, Krähen und Geier — das war alles. Um ſo mehr Moskitos und anderes impertinentes Geflügel.

Station Mpapua, 27. Auguſt. Geſtern und heute telekeſa. Das heißt: da vom Gombo=See bis hierher zehn Stunden waſſerloſen Weges ſind, wurde geſtern nicht früh abmarſchiert, ſondern erſt mittags, nachdem alles abgekocht hatte. Alle Eimer, Töpfe und Flaſchen werden mit

Waſſer gefüllt und nach fünfſtündigem Marſch im Pori die Nacht zugebracht. Heute morgen um 3 Uhr weckte ich das Lager. Ich fuhr raſch in die Kleider und einen Mantel, denn es iſt hundekalt und die Leute ſitzen froſtzitternd an den Feuern. Kein Mondſchein. So raſch die Dunkelheit es geſtattet, geht es vorwärts. Der ſchmale Weg hebt ſich meiſt als ein hellerer Streifen von ſeiner Umgebung ab. Gegen 1/2 6 Uhr fängt es zu dämmern an. Ein ſchwacher, gelblicher Schein breitet ſich im Oſten allmählich nach oben aus. Die Bäume und Hügel am Horizont ſind ganz breit verzerrt, wie tauſend Dächer einer rieſigen Stadt. Bald werden die Konturen deutlicher, der Himmel wird röter, und wo er die Ebene, die Hügel und die Bäume im Oſten berührt, läuft eine ſchmale Grenzlinie, die die Farben des Regenbogens verſchwommen zeigt; es iſt faſt, als ſähe ich den Horizont durch ein Kriſtallprisma. Dann kommt die „blaue Stimmung", die jeden Morgen und Abend für kurze Zeit die Landſchaft erfüllt. Sie gibt den Hügeln und Bergen das Ausſehen blauer Scheiben von Milchglas; keine Schatten, keine Kontraſte, nur ſcharf beſchnittene Umriſſe. Der Himmel wird goldiger und goldiger, bis die Spenderin aller Schönheit kommt, „das überreiche Geſtirn", „das ruhige Auge, das ohne Neid auch ein all zu großes Glück ſchauen kann". „Sonne", rief ich, „wenn du in zwei Stunden in das Schlaf= zimmer meiner Mutter ſchauſt, dann wecke die alte Frau nicht. Iſt ſie aber wach, dann grüße ſie und ſage, ſie ſolle Geduld und Mut haben." Und mir wurde ſo leicht ums Herz, als hätte ſie mir freundlich zugenickt.

Tſchunjo, 30. Auguſt. Nachdem ich drei Tage, davon zwei ſchwer fiebernd, die Gaſtfreundſchaft der Station Mpapua in der ſchnödeſten Weiſe ausgenutzt habe, marſchierte ich heute nachmittag wieder ab.

— — Mpapua iſt wegen des außerordentlich heftigen, mit Ausnahme von wenigen Stunden Tag und Nacht herrſchenden Oſtwindes ſehr unangenehm, kalt und ſtaubig. Trotzdem iſt der Geſundheitszuſtand der Europäer ſehr gut; Fieber ſelten. Sie beziehen ihr Waſſer aus einem ſchönen Gebirgsquell, der leider von Jahr zu Jahr immer mehr verſiegt, und trinken es ungekocht. Wenn nur der läſtige Wind nicht wäre. Mpapua iſt im Nordweſten, Norden und Nordoſten von hohen Bergen umgeben, in denen der Wind ſich wie in einem Keſſel fängt. Die Bevölkerung beſteht aus reinen Wagogo, die nicht in Dörfern, ſondern in einzelnen Tembe[1] leben. Die ſeit vielen Jahren unter ihnen

---

[1] Tembe: ein im Viereck um einen Hof (atrium) laufender Bau mit nur einem Tor und flachem Dach aus horizontalen Knüppeln mit dichtem Erdbewurf.

arbeitende englische Mission hat gar keine Erfolge; ich kam leider meines Fiebers wegen nicht dazu, die Mission zu besuchen, in der ein verheirateter Missionar mit Frau und zwei Kindern wohnt. Ich hätte so gern wieder einmal „weiße Gardinen" gesehen.

Im Pori, 2. September. Vorgestern und gestern abermals telekesa. Es galt durch die „marenga mkali", die berüchtigte „Bitterwasser= Wildnis" zu marschieren. Am Njangaro fanden wir wieder Wasser, auf das sich die Träger trotz des salzigen Beigeschmacks gierig stürzten, da sie zum Teil seit zwanzig Stunden nichts getrunken hatten. Dabei in 24 Stunden 50 Kilometer mit etwa 75 Pfund auf dem Kopf unter tropischer Sonne zurücklegen, das gibt jene Marschstimmung, wo nur der Zuruf „Tabora" Wunder wirken kann. Und doch gibt es unter den Wanjamwesi zwei bis drei Leute, die ich bei den längsten, schwierigsten Wegen keine Minute schweigend gesehen habe, vom Tage des Abmarsches bis heute, immer lustig, immer schreiend und singend. Gestern holte mich mein prächtiger Münchener Landsmann, Leutnant Stadelbaur, wieder ein, der als Stationschef nach Kili= matinde versetzt ist. Wir marschierten heute zu den nächsten Wasser= löchern und lagerten unter großen Brotbäumen im Pori. Nach dem Essen kam der Sekt auf den Tisch, denn ganz ungefeiert sollte Sedan auch in der Wildnis nicht bleiben.

Ipala, 3. September. Ich mußte heute ein tieftragisches Schauri abhalten, das ein interessantes Streiflicht auf den Verkehr der beiden schwarzhäutigen Geschlechter wirft. Ein Weib mit der Stammesmarke der Wambugwe, zwei im Bogen über die Wangen verlaufenden Schnitt= narben, klagt gegen den kleinen Askari Ibrahim. Erst habe er sie „kwa nguwu" (mit Gewalt) ihrem Manne entrissen und jetzt wolle er sie wieder verstoßen. Wo solle sie dann schlafen? Die Untersuchung gab folgendes Ehe= und Liebesdrama: Der Mnjampara der Wanjamwesi hatte das Weib in Bagamojo kennen gelernt und mit sich genommen. Am Gombosee meldete sich plötzlich der kleine Ibrahim, der wohl den bekannten Zaubertrunk im Leibe hatte und reklamierte Helena als seine „ndugu" (Verwandte). Der Mnjampara, froh seiner ehelichen Bürde ledig zu werden, willigte in die Trauung und die zärtlichen ndugus bezogen den Raum in der kleinsten Hütte. Aber schon nach acht Tagen, im Lager von Njangaro, wurde meinem Askari der Raum doch zu klein, und da er dem kurzen Wahn der Flitterwoche nicht die lange Reue ihrer Ehe folgen lassen wollte, versuchte er es

Kandelabereuphorbie.

kurz entschlossen, sein Weib an die kühle Nachtluft zu setzen. Sie wehrte sich natürlich, drohte mit kelele (Skandal) und so schob er schließlich den Termin der Scheidung bis zum — nächsten Morgen hinaus. Helena aber bestritt ihm das Recht, sie in der Wildnis zu verlassen und verlangte wenigstens, bis Kilimatinde die ihr liebgewordene Rolle weiterzuspielen. Die Forderung war billig. Als ich sie aber in ihrer ganzen Scheußlichkeit vor mir sah, spürte ich mit meinem Askari ein menschliches Rühren, und ich schlug ihr vor, daß sie nach Empfang von zwei Rupien Lösegeld wieder zu ihrem ersten Gatten zurückkehren möge, was ihr mit dieser Mitgift und ihren Reizen wohl nicht zu schwer gemacht werden würde. „Nipe." „Her damit", sagte die edle Dulderin, und das Schauri war zu allgemeiner Befriedigung erledigt.

Nassa, 4. September. Heute fing einer meiner Leute einen Igel. Ich wußte nicht, ob es erinaceus albiventr. Wagner ist, da er sich zusammengerollt hatte und ich seinen Leib nicht sehen konnte. Die Wanjamwesi wußten gleich Rat. Sie bildeten um den Igel einen Kreis, klatschten im Takt in die Hände und sangen.

Der Vorsänger: Kālüngäjēje
Der Chor: Kāli nischīndě
            Kāli kütükünjä

Der Sinn scheint ungefähr zu sein:

Der Vorsänger: O Igel!
Der Chor: Du schlimmer! Laß Dich bändigen,
            Du schlimmer! Komme zu uns.

Der Igel rollte sich sofort auf, nickte mit dem Kopf im Takte des Liedes und fing an, umherzulaufen. Vielleicht versucht jemand dasselbe einmal mit einem deutschen Igel.

Leutnant Stadelbaur hatte heute zu den Wagogo geschickt, sie möchten nicht mit großen Geschenken kommen, sondern nur etwas Milch und ein paar Eier bringen. Statt dessen kamen sie mit einer Unmenge Mehl, aber ohne Eier, weil sie kein Huhn hätten. Er schickte sie darauf mit ihrem Mehl wieder fort, was sie, scheint es, als Ungnade auffaßten. Denn nach einer halben Stunde kamen sie mit 32 Eiern wieder. Die Milch von Ugogo ist übrigens meist schlecht, da sie Wasser hinzusetzen und oft sogar noch unappetitlichere Manipulationen mit ihr vornehmen.

Tabora, im Oktober 1897.

Brief VIII.

Dede Mataco, 5. September. Von dem heutigen Tage werden die Wagogo noch Kindern und Kindeskindern erzählen. War doch der leibhaftige scheitani (Teufel) bei ihnen. Beim Umpacken einer Last fielen mir eine Anzahl Taschenspielereien in die Hände und ich produzierte mich auf Wunsch von Stadelbaur vor den Wagogo als Zauberer. Das Verschwinden einer Flasche und ihre Verwandlung in ein Schnapsglas erregte ihre lebhafteste Verwunderung, ja selbst die der „aufgeklärten" Küstenleute. Aber auch das Zerschneiden einer durch zwei Hölzer gezogenen Schnur und ihre Reparatur, das Tanzen von Figuren auf einer Dose, in der ein Magnet rotiert, das unblutige Durchbohren meiner Nase mit einem Dolch und all die anderen Hexereien, die wir in unserer Jugend bei Bellachini bewunderten, machten bei den großen und kleinen Kindern, die mit weit aufgerissenen Augen und Mund auf der Erde kauerten, mit Gesten und Worten jede meiner Bewegungen verfolgten, immer wieder zusammenfuhren, wenn mein Zauberstab durch die Luft fegte, ungeheure Sensation. Vergebens, daß ich sagte „kasi ja Uleia" (europäische Arbeit), sie blieben dabei: „kasi ja scheitani". Am meisten riefen ihr Erstaunen die Negerpuppen hervor, die ich von Berlin mitgebracht hatte und die ich in den verschiedensten Stellungen auf den Tisch setzte. Halb freudig, halb furchtsam konnten sie den Blick von ihnen nicht losreißen; sie anzurühren hätten sie freilich nicht gewagt.

Ngombja, 7. September. Gestern, nach einer infolge übermäßigen Genusses konservierter Milch schrecklich verbrachten Nacht telekesa im Pori, heute Lager in Ngombja, wo ich wieder mit Stadelbaur zusammentraf. Ich ließ in strenger Marschordnung marschieren, weil nomadisierende Wagogo gestern einen kranken Nachzügler einer Wanjamwesi=Karawane überfallen und seiner Last beraubt hatten. Ich marschiere mit der Nachhut, was sehr unangenehm ist, weil der Zug bei jedem, noch so kleinen Hindernis stockt. Denn die „große" Karawanenstraße ist bekanntlich nur so breit, daß nicht zwei Mann nebeneinandergehen können. Übrigens gehen die Leute auch dann im Gänsemarsch, wenn die Wege (wie in der Nähe von Stationen) sehr verbreitert find. So kommt es, daß die Spitze einer Karawane schon einen Kilometer vom Lager entfernt ist, wenn es der letzte Mann verläßt. [1]

Unser Lager ist heute auf einem Hochplateau, auf dem vereinzelt schlecht gebaute Temben liegen. Wir lagern im Schatten einer mäch= tigen Adansonie, deren Stamm eine Höhle von etwa 8 Meter Höhe mit einer Grundfläche von fast 9 Quadratmetern umfaßt. Sie hat offenbar früher öfter als Zuflucht und Versteck für Vieh gedient. Der Blick auf die Ebene ist herrlich. So öde sie war, als wir sie durchzogen, so reizvoll erscheint sie aus der Ferne. Das leuchtende Gold der Gräser und das dunkle Grün der Schirmakazien, die aus unserer Höhe gesehen enger zusammengerückt sind, vereinigen sich zu einer so anmutigen Täuschung, daß ich nach dem Rieseln der Bäche aufhorchte, die dieser Landschaft ihre lachende Frische geben. Und doch lechzte der Boden meilenweit vergebens nach einem Tropfen Wasser. Mein liebens= würdiger Lagergenosse hat Pech mit seinen Leuten. Heute nacht sind ihm zwei Boys entwischt, nachdem sie einen großen Vorschuß empfangen haben, und nachmittags, im Begriff, abzumarschieren, fehlten ihm sieben Träger. Drei wurden von den Askaris aufgestöbert. Sie mußten bis zum Abmarsch in Baumhöhlen=Arrest und wurden vorsichtshalber gebunden. Einer verstand die auf Baum und Strick deutende Hand seines Herrn falsch und bat winselnd um sein Leben, das ihm gern geschenkt wurde. Zwei Stunden nach dem Aufbruch dieser Karawane fanden sich die fehlenden vier Träger pombeberauscht ein und wurden von mir unter Bedeckung nachgeschickt. Das nennt man hier „Träger= elend". —

Vor dem Schlafengehen wollte ich bei dem schönen Mondschein noch einmal den Blick in die Ebene genießen. Als ich eine Viertelstunde gegangen war, fiel mir auf einmal ein, daß ich weder Gewehr noch Stock bei mir habe und nicht in Frascati spazieren gehe, um die Cam= pagna im Mondschein zu sehen, sondern in Afrika, wo es nirgends an Raubtieren fehlt, in deren Wertschätzung ein noch so wissenschaftlicher

---

[1] Inzwischen ist für Wegeverbreiterung viel getan worden — eine Sisyphus= arbeit, so lange es nicht möglich ist, die Wege mit einem sterilen Schotter zu be= decken. Sehr rasch wachsen sie wieder zu bis auf den schmalen Pfad in der Mitte, den die Karawanen offen halten. Nie werden sich die Träger dazu verstehen, anders als im Gänsemarsch zu gehen — mit gutem Grund, weil der unbehinderte Luftzutritt das Marschieren wesentlich erleichtert. Ich habe das wiederholt probiert.

4*

Forschungsreisender nicht höher steht als eine gleich fette Ziege. Natürlich machte ich so rasch Kehrt, als es die Residuen meiner militärischen Dressur mir gestatteten und trabte im Laufschritt zum Lager zurück, denn Märtyrer für ein Nichts sein, lockt mich nicht.

Im Pori, 9. September. Gestern Lager am Bubu=Fluß, dessen tief= eingerissenes Tal jetzt trocken ist.

Es ist merkwürdig, daß die Leute an keinem alten Lagerplatz vor= übergehen können, ohne den Wunsch zu haben, ihre Zelte dort auf= zuschlagen. Ich hatte die Karawane heute morgen vorausgeschickt, mit dem Befehl, nach drei bis vier Stunden je nach den Wasserverhältnissen zu kampieren, weil ich selbst jagen wollte. Nach 1³/4 Stunden kamen sie an ein altes, schmutziges Kambi, und flugs wurde dort das Lager fertig gemacht.

Mit meinem Schandkoch gab es wieder einmal eine Szene; er hatte mich in einer Woche zweimal bestohlen, hatte mir, da ich ihn um Brot bat, Steine gereicht, so daß ich ein Ende zu machen beschloß und ihm sagte: „In Tabora bist du entlassen," worauf er mir mit naiver Un= verschämtheit „Danke sehr" antwortet. Die fortwährenden Plackereien hatten mich so nervös gemacht, daß ich ihn durchprügeln lassen wollte. Aber im letzten Moment — er lag schon in Positur — ward es mir wieder leid, so daß ich ihn aufstehen hieß. Meine Leute brachen in ein Beifallsgemurmel aus; es wäre das erstemal gewesen, daß ich diese, wie mir scheint, auch für hiesige Verhältnisse nicht sehr erfreuliche Prozedur hätte vornehmen lassen, und so hatten sie wohl noch das Gefühl von „der Schärfe, die nach jedem zückt". Im übrigen behüte der Himmel mich und jeden vor englischen „mission-boys".

Ich konnte heute wieder den raschen Temperaturwechsel beobachten. Es war ausnahmsweise heiß. Um ¹/26 Uhr brannte die Sonne noch so, daß ich den stärksten Korkhelm aufsetzen mußte. Mit gesenktem Kopf und schlaffen Knien marschierten wir dem sinkenden Gestirn entgegen, so träge, als zögen wir unseren Schatten wie eine schwere Bürde hinter uns her. Um 6 Uhr begann die Dämmerung, und um ¹/27 lief unser Schatten, den der strahlende Vollmond erzeugte, flink wie ein Wiesel vor unseren kräftigen Schritten, während ein kalter Wind uns in den Rücken blies und den Staub vom Wege fegte. Nach drei Stunden kamen wir an eine Partie kolossaler Felsgruppen, und da Wasserlöcher in der Nähe waren, beschloß ich, die Nacht hier zu bleiben und morgen nach Kilimatinde zu gehen. Auf der Station traf ich wieder Stadelbaur, der den Hauptmann K. ablösen soll. Außerdem einen sehr netten Zahlmeister, zwei Unteroffiziere und einen Lazarett= gehilfen. (Ein Jahr später waren bis auf den letztgenannten alle tot.)

Station Kilimatinde, 12. September. Es ist heute Sonntag, und selbst hier, tief im Innern von Afrika, gibt es Sonntagsstimmung. Die Boma liegt in Schweigen und Stille. Die Werkstätten der Handwerker sind geschlossen, jede Arbeit ruht, und die Askaris sind in ihrem Dorf und bei ihren Familien. Die Kettengefangenen kauern faul im Schatten der Mauer; die Eingeborenen halten sich fern, weil sie wissen, daß ihnen heute alle Türen verschlossen sind. Kein Kommando, kein Signal. Nur frühmorgens anstelle eines Chorals ein kurzes Trommelspiel. Selbst die Tauben und Hühner verhalten sich ruhig, weil sie nicht von dem hin und her arbeitenden Volks aufgescheucht werden. Tiefe, tiefe Stille, daß man das Summen der Käfer im Sonnenschein hört. Nur hin und wieder der gleichmäßige, langsame Schritt der Wache im Hofe. Es liegt etwas Beruhigendes, Einlullendes in dieser Stimmung, etwas wie ferner, feierlicher Glockenklang. Es ist, als rührte der Finger Gottes leise, leise an deine Seele, alle Wunden heilend, alle Lüste und Leiden= schaften für immer einsargend; es ist, als müßte dein Leben von nun an nichts mehr sein, als ein wunschloser, heiterer Frieden. — —

Kilimatinde hat eine eigentümliche Marktpolizei, die allen Unrat prompt entfernt. Es ist eine Unmenge von Geiern, die sehr wenig scheu sind und, auf den Felsblöcken sitzend, mehr das Auge als den Geruchs= sinn erfreuen. Leider lockt die Nahrungsgelegenheit auch viele Hyänen herbei, die bis zur Tollkühnheit frech sind. Ich sah im Lazarett für Schwarze ganz scheußliche Wunden. Einem kleinen, zehnjährigen Mädchen, das vor dem Hause schlafend gepackt wurde, war die rechte Gesichtshälfte fürchterlich zerfetzt. Einem andern haben sie das linke Bein zerfleischt, und heute nacht ist eine sogar in eine Hütte gedrungen und hat den Schläfer halb skalpiert und ihm ein Auge zerstört.

Muhalala, 14. September. Kilimatinde liegt inmitten eines sehr großen Bezirks, der von unruhigen, auf relativ tiefer Kulturstufe stehenden Stämmen bewohnt wird, den Wagogo, Wassandaui, Wanja= turu, Wataturu, Wafiomi u. a. Es hat nur die rein militärische Bedeu= tung, die große Karawanenstraße zu schützen. Der Einfluß der Station macht sich auch deutlich geltend. Es ist sehr viel getan worden. Stunden= lang vor und hinter Kilimatinde ist die Straße sehr verbreitert und in sauberem Zustand. Die Boma liegt hoch oben auf der Höhe, die den östlichen Rand des ostafrikanischen Grabens bildet. Der Aufstieg, früher eine Qual, ist jetzt sehr erleichtert durch einen in Serpentinen angelegten Weg. Vieles verdankt man der arbeitsfreudigen Natur des Leutnants Stadelbaur, der deswegen auch bei den Eingeborenen den Namen „bana kasi moto" (der große Arbeiter) führt. Dieser junge Offizier kam in einem Alter, in dem die meisten seiner Kameraden die Freude an dem Glanze ihrer Epaulettes und der Geselligkeit des Kasinos noch nicht abgelegt haben, nach Afrika, und nach kurzem Aufenthalt an der Küste ins Innere. Hier hat er sehr viel gesehen und erlebt; mit großem Interesse hörte ich ihm zu, wenn er von seiner Jagd auf Kwawa, den früheren Sultan von Uhehe, erzählte, einem Marsch, der mit kolossalen Strapazen verknüpft war, oder von seinen Kämpfen in Usiomi, wo er durch einen Speerstich schwer verwundet wurde u. a. Nur mit Bedauern schied ich heute von dem trefflichen Menschen; wir hatten uns in den paar Wochen unseres gemeinsamen Vagabunden- lebens sehr gut verstanden. (Ein Jahr später verblutete er in der Nacht nach einer Operation, einer Folge der alten Speerwunde.)

Kirurumu, 18. September. In den letzten drei Tagen mußte ich über 60 Kilometer durch unbewohntes Gebiet zurücklegen. Heute kamen wir wieder zu menschlichen Ansiedelungen. Ihre Nähe verriet allerhand Zauberwerk. Am häufigsten sah ich Stämmchen mit Stroh- wedeln an der Spitze und am Fuß drei bis vier kurze, gestutzte Äste, oder geflochtene Torbogen, oder die schon einmal erwähnten Zeich- nungen von Mehl. Die Bevölkerung, die hier lebt, ist ein Gemisch von Wanjamwesi, Wagogo und Wanjaturu. Einem Mgogo, äußerlich seinen Mturuherren nachäffend, wollte ich einen Buckelschild abkaufen. Als ich ihm ein grünes Tuch anbot, streckte er abwehrend die Hände aus und rief: „ole wangu" (das wäre mein Unglück). Ich fand hier- durch die Mitteilung bestätigt, daß die grüne Farbe bei vielen Stämmen des Innern als unheilvoll gilt. Deswegen werden grüne Perlen und Stoffe fast gar nicht in den Handel gebracht. Vielleicht hängt hiermit die Bezeichnung „kanga nsige" zusammen, die einer meiner Leute für mein Tuch brauchte: „Heuschrecken-Tuch". Als ich dem Mgogo dann rotes Zeug anbot, weigerte er sich trotzdem, seinen Schild zu verkaufen. Es interessierte mich, zu sehen, wie lange seine Weigerung standhalten würde; ich häufte allmählich einen Berg von Schätzen vor ihm auf. Wohl leuch- teten ihm die Augen vor Begierde, aber er lehnte schließlich doch alles mit der Motivierung ab, er brauche den Schild als Schutz gegen den

Regen. Ich habe die Erfahrung schon öfter gemacht, wie schwer es auf flüchtigem Durchmarsch ist, ethnographische Gegenstände zu sammeln. Mein Schausch sagte zu mir: „Mache es wie mein ehemaliger Herr. Er hätte den Schild genommen, die Gegengeschenke hingeworfen und bass, d. h. etwa „Schluß der Debatte" gesagt. Und du wirst sehen, die Waschensi gehen schweigend davon und sind hinterher ganz zufrieden." Der Rat ist nicht übel, und doch werde ich ihn nicht befolgen. Ich habe zwar die Überzeugung, daß ein großer Teil unserer Sammlungen auf diesem Wege eingegangen ist. Ich hoffe aber, daß es mir dadurch, daß ich lange Zeit an einem Orte sitzen werde, gelingen wird, etwas ordent= liches zusammenzubringen, ohne die Verfügungsrechte der Einge= borenen zu schmälern.

Ich tauschte heute bei einem Mturu eine Kuh mit Kalb gegen einen Stier und eine Ziege ein. Der Mann war aber so mißtrauisch, daß er nicht zum Betreten meines Lagers zu bewegen war.

Im Pori, 19. September. Ich ging heute morgen zunächst nur eine Stunde bis Kirurumu wa Sultani, das von Wamba, einem bekannten Mnjamwesi=Häuptling beherrscht wird. Er hat eine Riesentembe, die von einer wunderhübschen, fast acht Meter hohen Euphorbienhecke eingehegt ist. Gern hätte ich in ihrem Schatten gelagert, aber wie überall, wo Wanjamwesi hausen, Schmutz und Gestank. Doch fand ich nicht weit davon eine schattige Stelle. Ich widmete mich heute einer Beschäftigung, von der mir an meiner Wiege nichts gesungen ward, nämlich der Kuchenbäckerei. Zuerst versuchte es mein Koch, aber das Resultat war kläglich: ein bleichsüchtiger Semmelknödel. Ich kramte nun in meinen zwanzig Jahre alten Erinnerungen an die großelterliche Küche. Ich sah ein großes Blech vor mir, butterglänzendes Papier und die roten Arme der schlesischen Karoline in einer Schüssel Mehl, Eier, Butter und Zucker verreiben. Das alles hatte ich auch, aber zu meinem Unglück fiel mir jenes Kinderlied von dem „Bäcker, der gerufen hat", ein und der Vers:

> „Morgen wollen wir Kuchen backen,
> Dazu brauchen wir sieben Sachen."

No. 5 und 6 mochten wohl Mandeln und Rosinen sein. Aber No. 7? Ich analysierte alle Kuchen, die ich nur je in meinem Leben gegessen habe; ich fand das siebente nicht. Schließlich ließ ich ungerade gerade sein und hoffte, auch so zum Ziele zu kommen. Ein trefflicher Backofen bot sich mir in einem verlassenen Termitenbau. Ich hatte nur nötig, senkrecht auf einen der vertikalen, schlotähnlichen Hohlgänge eine breite Öffnung zu schlagen, die ich durch eine eingezwängte, gitter= förmige Pflanzenpresse in eine Feuerstelle und einen Backraum teilte. Es ging auch ganz prächtig, der Rauch wirbelte lustig nach oben, und ich hoffte schon im Stillen, den Herren der Station Mpapua den Rang abzulaufen, die sich jüngst vom Hauptmann bis zum Unteroffizier der ingeniösen Beschäftigung hingegeben haben, mit Lampen= zylindern — Würste zu stopfen. Da sagte plötzlich mein Koch mit malitiösem Lächeln, als mein Kuchen in seiner Blechkiste brauner und brauner wurde und doch so platt blieb wie der Deckel einer Zigarren= schachtel: „Ist zum mkate wa Uleia (europ. Brod) keine Pombe nötig?" Ach, jetzt fiel mir No. 7 schwer aufs Herz. Ich hatte ja, ich Unglück= seliger, die Hefe vergessen. „An diesem Tage buken wir nicht weiter." (Dante, Francesca di Rimini.)

Als ich nach dieser Anstrengung einem friedlichen Schlummer mich hingeben wollte, störte mich Lärm und ich sah in meiner Nähe einen Träger mit einem Weibe ringen, während zwei Parteien einen Kreis um sie bildeten und das Recht ihrer Klienten verteidigten. Bei jedem Wort= oder Tatstreit sind nämlich sofort wie in der antiken Tragödie zwei Chöre mit ihren Wortführern zur Stelle, und bisweilen kommt es dann auch zu Kämpfen der leidenschaftlich interessierten Parteien. Nachdem ich die Kämpfenden getrennt hatte, ließen wir uns im Halb= zirkel zum Schauri nieder, das folgenden Roman enthüllte.

In Tabora hatten sie sich vor etlichen Jahren zum ersten Male ge= sehen. Er liebte sie, sie liebte ihn. Und als Dank für genossene Wohltaten schenkte er ihr nach einiger Zeit drei Stück Zeug. Dann trennte sie das Schicksal. Erst vor zwei Monden in Bagamojo fanden sie sich wieder, und da ihre Herzen sich rasch entgegenflogen, beschlossen sie, meine safari gemeinsam mitzumachen; er als Träger, sie als Stütze des Hausherrn. Zunächst begaben sie sich gemeinsam zum Inder — hier schürzt sich der dramatische Konflikt — und kauften das Hausgerät, das ihnen am nötigsten erschien, einen Teller mit roten Blumen, ein Rasiermesser und Wäscheblau. Die Ehe ließ sich auch sehr gut an, und bis Kilimatinde aßen sie gemeinsam von dem Teller mit den roten Blumen, rasierten sich gegenseitig das Haupthaar und bläuten sich die Wäsche. Dann aber trat etwas zwischen sie — wie er behauptet, ein von mir neu engagierter Träger, wie sie behauptet, eine andere bibi, die ihn in Tabora erwartet, kurz, da der Brutale immer Recht behält, jagte er sie aus seinem Zelt. Seit dieſer Zeit herrſchte zwiſchen ihnen ein verborgen glimmender Groll, der heute in hellen Flammen ausbrach. Vor allem ließ ich die Kriegsobjekte in mein Zelt und in Sicherheit bringen. Dann fragte ich den Mann, ob er denn ſeinem Weibe, als er ſie entließ, die übliche Entſchädigung gegeben habe, von der ſie leben könne, bis ſie einen anderen Beſchützer gefunden habe. Kalt und heiter erwiderte er: „Ja, drei Stück Zeug." „Wo?" „In Tabora." Alſo die Stoffe, die er ihr vor Jahren ſchenkte, ſollten die Entſchädigung für die jetzt erfolgte Entlaſſung ſein. Ein allgemeines „hoh" folgte, ſelbſt aus dem Munde ſeiner abtrünnigen Partei. Dies „hoh" war ſein Unglück und das Weib zog triumphierend mit Porzellanteller, Raſiermeſſer und Wäſcheblau davon.

Es folgte ein zweites Schauri, nicht weniger für afrikaniſche Ver= hältniſſe charakteriſtiſch.

Ein Träger kommt und bittet, ſein Weib mitnehmen zu dürfen, das er hier bei Wamba „gefunden" habe. Ich wollte es rundweg abſchlagen, da der Mnjampara von Wamba Bedenken erhob, ob in Abweſenheit ſeines zur Zeit in Kilimatinde weilenden herrn eines ſeiner Geſinde ſich entfernen dürfe und ich auch nicht glauben wollte, daß man ſieben Wochen von der Küſte entfernt plötzlich ſein Weib wiederfindet. Aber das iſt Afrika. Die eigenen Leute Wambas beſtätigten, daß die beiden ſeit vielen Jahren verheiratet und in Unjanjembe anſäſſig waren. Als hauptmann Prince den aufſtändiſchen Sultan Siki beſiegt und getötet hatte, floh das Weib, das zu Sikis hofſtaat gehörte, nach Jringa zu Kwawa, dem Sultan von Uhehe. Auf Kwawa wird ſeit Jahren ver= gebens von den deutſchen Truppen Jagd gemacht. Und trotzdem auf ſeine Einbringung — tot oder lebendig — 5000 Rupien und ſein Sultanat geſetzt ſind, verrät ihn keiner der Wahehe, dieſes intereſſanteſten und vornehmſten Stammes von Oſtafrika. hauptmann Prince eroberte, wie bekannt, auch Jringa und wieder floh das Weib, diesmal zu Wamba von Kirirumu, wo ſie Arbeit und Lebensunterhalt fand. Unter dieſen Umſtänden konnte ich meinem Träger die Bitte nicht abſchlagen.

Es kamen noch mehrere Leute von Wamba und baten um meine Entſcheidung in Streitſachen: ich lehnte aber alles ab und verwies ſie auf den bana mkuba von Kilimatinde. Ein Mann kam mir ſogar heute abend, nachdem ich noch zwei Stunden ins Pori marſchiert war, nach= gelaufen, um meinen Schutz gegen Wambas Bruder anzuflehen, der ihn töten wolle, nachdem er ihm ſein Eigentum geraubt hatte. Ich ſchlug aber auch dies ab, weil ich mich prinzipiell nicht in Streitigkeiten der Eingeborenen mische, bei denen es meist so schwer zu entscheiden ist, auf wessen Seite das Recht ist. Auch fehlt mir jede Legitimation.

Tura, 23. September. Wieder ein tüchtiges Stück vorwärts. Von vorgestern bis gestern wegen Wassermangels 52 Kilometer. Es ist gut, daß ich bald Tabora erreiche, denn mir mangelt es sehr an Getränken. Zu allem Unglück hat mir gestern ein leichtsinniger Träger meinen Rest an Wein und Sauerbrunnen zerbrochen, so daß ich nur noch drei Flaschen filtriertes Wasser von Kilimatinde habe. Doch läßt sich mit Hilfe von Alaun das schmutzigste Wasser reinigen. Wir lagern in der Nähe von Riesentemben, die verlassen sind. Das spricht ganze Bände für den Schaden, den die Karawanen dem Lande anrichten. Heute Nacht fiel ein feiner Regen. Da meine Boys zu faul waren, die Kisten in das Lastenzelt zu tragen, drang er in etwa fünfzehn ein. Wieviel Schaden er angerichtet hat, kann ich noch nicht übersehen.

Am Kwale, 24. September. Heute traf meine Expedition ein Unglück, wie es schon mehrere Forschungsreisende getroffen hat, am schlimmsten den armen Böhm. Der Regen, der gestern in eine Anzahl von Kisten gedrungen war, hatte auch einige Lasten mit Werg durchnäßt, das ich zu zoologischen Zwecken mit mir führe. Ich wollte den schönen Sonnen= schein heute zum Trocknen benutzen, packte die Kisten aus und breitete das Werg auf dem Boden aus. Da es etwas windig war, benutzte ich die in den gleichen Lasten verpackten, mit Alkohol gefüllten Gläser als Beschwerer. Wie es kam, weiß ich nicht, ob der Wind von einer Feuer= stelle oder von meiner Zigarre Funken entführt hat — kurz, mir stand das Herz still, als ich in einer Sekunde das Werg in Flammen aufgehen sah und alle, aber auch alle alkoholgefüllten Gläser platzten. Jetzt habe ich nur noch eine halbe Last Werg und ein paar Flaschen mit Spiritus übrig, und bis ich Ersatzmittel bekomme, vergehen viele Monate.

Rubugwa, 25. September. Ich bin noch ganz niedergeschlagen durch das Ereignis des gestrigen Tages.

Heute Nacht weckte mich Lärm. Ich habe in der Karawane ein kleines Bübchen von fünf Jahren, namens Tanga, den Sohn eines Trägers, der mit meinem Affen auf dem Arm immer wacker an der Spitze marschierte oder ritt. Heute Nacht — es war bald die zwölfte Stunde — geriet er mit seinem Bruder und Conrüpelchen um eine Schlaf= matte in Konflikt und kurz entschlossen brüllt er nach dem wachehalten= den Askari. Dieser behandelte die Zänkerei der beiden Bürschel denn auch in einem halbstündigen Schauri mit dem ganzen Ernst, den ein

Neger selbst für den Streit von Zwillings=Säuglingen um das ihnen zustehende Maß von Muttermilch aufwendet.

Mkigwa, 26. September. Heute fünfstündiger Marsch, zum Teil durch hochstämmigen Myombowald nach Mkigwa. Hier fand ich einen herrlichen Lagerplatz unter einem Mangobaum mit seinem prächtigen Schatten. Aber wie genoß ich auch dies Lager. Ich breitete Decken über tausende von welken Blättern, lag selig auf dem Rücken, schickte den Rauch meiner Zigarre nach oben, daß die Käfer zwischen den segnend sich ausstreckenden Ästen verdrießlich summten und las das ewig schöne Zarathustra=Kapitel vom Mittag. „Das Wenigste gerade, das Leiseste, Leichteste, einer Eidechse Rascheln, ein Hauch, ein Husch, ein Augenblick — wenig macht die Art des besten Glückes." Meine Hand wühlte verloren in dem Blätterlager, da greife ich etwas glattes, weiches — eine Schlange? Nein, etwas viel schlimmeres, einen Zeitungsfetzen, das Überbleibsel einer Europäerkarawane. Und ich lese. Auf jeder Seite etwa fünfzehn Zeilen. Auf der einen: ein Abschnitt aus einer Verteidigung des Duells gegen die „Judenliberalen", denen es bei ihrer Agitation nur um Sensation und ein Kampfmittel gegen die verhaßten Junker zu tun sei; auf der anderen: ein Bericht über eine Reichstagssitzung mit der Tagesordnung: „Antrag Stadthagen und Gen. betreffs der Verhängung der Untersuchungshaft". St. führt aus, daß sein Antrag nur der Reaktion gegen das unter Bismarck auch in die Justiz eingedrungene Strebertum entspringe. Hier brach es ab.

Gott sei Dank! Gott sei inniger Dank, daß ich fern von Duellanten, Judenliberalen, Junkern, Sozialdemokraten und strebsamen Juristen bin: Gott sei Dank, daß ich nicht mehr das Parteigezänk höre, morgen früh nicht beim Barbier die Zeitung zu lesen brauche, daß ich in Afrika bin, selig auf dem Rücken liege, daß ein Mangobaum segnend seine Äste über mich breitet, meine Hände mit welken Blättern spielen und das Gesumme der Käfer und des schwatzenden Lagers mich in Schlaf wiegt. Strecke dich, recke dich, meine Seele. O wie wenig macht die Art des besten Glückes.

Tabora, 28. September. Heute erreichte ich die letzte Etappe der großen Karawanenstraße.

Tabora, Ende Oktober 1897.

Tabora.

Brief VIII.

Erst am 16. Oktober konnte ich von Tabora aufbrechen, nachdem ich fast drei Wochen meinen Marsch hatte hinausschieben müssen. Arbeit gab es für mich in Fülle, während meine Leute sich mästeten und alle Kindereien verübten, die zu den traditionellen Gepflogenheiten einer feiernden und unbeaufsichtigten Karawane gehören. Prügeleien, Schulden, Bezechtheit, Ausbruch aus der eigenen ehelichen Hürde und Einbruch in fremde — das waren ungefähr die Klagen, die mir fast täglich ins Haus gebracht wurden, ohne daß ich infolge der wetteifernden Lügenfertigkeit von Klägern, Zeugen und Beschuldigten annehmen darf, den Lauf der Gerechtigkeit jedesmal in sein richtiges Bett gelenkt zu haben. Wieviel Enttäuschungen und Verdruß, wieviel Verlust an Zeit, Geld und Arbeit hat mir die Unzuverlässigkeit des Negerwortes schon bereitet, und man empfindet den Schaden nicht minder, wenn man sich auch bemüht, den häßlichsten ihrer Fehler aus ihrer Geschichte sich zu erklären und aus den Tugenden der Sklaven: der Furcht des Herrn und der Liebedienerei.

Auch mein unerwartet langer Aufenthalt in Tabora rührte zum Teil von meiner mangelhaften Kenntnis dieser Negereigentümlichkeit her. Wie schon früher erwähnt, setzte sich meine Karawane aus Küstenleuten und Wanjamwesi zusammen. Die letzteren verpflichten sich fast ausnahmslos nur zum Marsch bis Tabora, in dessen Nähe sie beheimatet sind. Wieder andere laufen jahrein, jahraus auf den Straßen von Tabora nach Udjidji oder Muansa. Abseits dieser viel begangenen Wege geht ein Mnjamwesi nur selten und ungern. Trotzdem machte ich etwa zwanzig Tage vor Tabora, als ich der Frage näher treten mußte, wen ich am besten vorausschicken könnte, um Ersatzleute anzuwerben, den Versuch, mit meinen Wanjamwesi zu verhandeln. Zu meiner Überraschung erklärte mir ihr Mnjampara sofort, er wie fast alle Träger würden gern meine Reise mit mir fortsetzen; ich hätte durchaus nicht nötig, jemanden vorauszuschicken, und der Worte mehr. Die Antwort befriedigte mich in mehr als einer Hinsicht. Die Wanjamwesi werden nämlich als Träger von niemandem übertroffen. Lasten, die wie die meinen 60 Pfund nicht übersteigen, sind für sie Spielerei. Einer ihrer Unterführer trug eine Perlenlast in der herkömmlichen Form der mdalla, d. h. je die Hälfte an den Enden einer langen Stange ver= schnürt. Eines Tages bemerkte ich, daß seine Last ungewöhnlich um= fangreich war und erfuhr, daß er die eines erkrankten Landsmannes übernommen hatte, ohne auch nur ein Wort darüber zu verlieren. Und diese jetzt 120 Pfund schwere Last schleppte der Mann auf seiner linken Schulter mehrere Wochen täglich vier bis fünf Stunden mit sich, mit dieser Last hatte er den wasserlosen Marsch von 52 Kilometern vom Tjonifluß nach Tura zurückgelegt, und trotzdem verzichtete er nicht auf die Ehre, in der rechten Hand einen meiner schweren Vorderlader zu tragen, sondern singend und in einer dicken roten preußischen Husarenjacke schwitzend marschierte er jederzeit guter Dinge an der Spitze seiner Kameraden. Eine solche Leistung bringt ein Küstenmann kaum zustande, selbst wenn sein Ehrgeiz darauf gerichtet wäre. Dazu kommt, daß die Wanjamwesi höchst willig und anspruchslos sind, daß man ihnen für Monate voraus Brotgeld in Stoffen geben kann, ohne daß sie es vor Ablauf der gesetzten Frist verbrauchen, daß sie un= empfindlich gegen die Einflüsse des Klimas, des Wetters und des Marsches sind, ganz im Gegensatz zu den fortwährend an Rheumatis= mus, Fußwunden und Fieber leidenden und dann ganz hinfälligen Wasuaheli, daß sie stets in bester Laune zwar langsam, aber immer geschlossenen Trupps marschieren, jeden Befehl rasch und ohne Wimper= zucken ausführen, kurz, daß sie Träger sind, wie sie im Buche stehen, oder vielmehr leider nicht stehen, denn sonst wäre es unbegreiflich, daß so viele Herren, deren Ziel auf den großen Karawanenstraßen liegt, andere als sie in ihren Dienst stellen.

Man wird es nach diesen Erfahrungen begreifen, wenn ich die Mitteilung des Mnjampara mit Vergnügen vernahm, in das sich noch die eitle Genugtuung mischte, die Abneigung der sonst so spröden Wanjamwesi gegen Reisen über die ihnen bekannten Striche hinaus so mühelos überwunden zu haben. Es leuchtete mir auch ein, daß der Mnjampara die endgültige Auswahl und Verpflichtung der Leute bis Tabora hinausschob, da ja „dieser oder jener" durch seine Frau oder sonstige vis major abgehalten werden könnte, seinen Kontrakt zu er=

füllen. Va bene. Wir kamen nach Tabora und ich bestellte Hirt und Heerde auf den dritten Tag, um ihnen ein bakschischi zu verabreichen und die Willigen meiner Karawane einzureihen. Es schwante mir auch noch nichts Böses, als in den nächsten 24 Stunden die Leute mein Quartierhaus belagerten und mir mit sanfter Rede und Gebärde das versprochene Geschenk entlocken wollten. Aber der Landgraf war hart, und so blieb es beim dritten Tage 10 Uhr vormittags. Die dritte Eos erschien, und ich legte eine schöne Stofflast zurecht, einen schönen Bogen Papier und einen schöngespitzten Bleistift, lang genug, um die Namen von 62 Wanjamwesi zu notieren, und stand im Hof und wartete. Ich mußte an das geistvolle Kinderspiel denken: „Die Uhr schlägt zehn — der Wolf kommt nicht. Die Uhr schlägt elf — Der Wolf kommt nicht. Die Uhr schlägt zwölf — aber der Wolf kam immer noch nicht." Endlich, im Laufe des Tages stellte sich — mich der letzten Hoffnung eines Mißverständnisses beraubend — ein ganzer Mnjam= wesi=Jüngling ein und erklärte seine Bereitwilligkeit, meine Pilger= fahrt mit mir fortzusetzen. Einem zweiten, der den Wunsch aussprach, seinen Backfisch in Empfang zu nehmen, in sein heimatliches Dorf Abschieds halber sich zu begeben und dann zurückzukommen, ließ ich gerade so viel Zeit, meinem Wegsegen zu entgehen, wie nötig ist, eine 15 Meter lange Veranda und eine 18 Stufen hohe Treppe auf Windes= flügeln zu durchmessen. „Dieser oder jener" aber, d. h. 60 sympathische wohlgenährte Wanjamwesi waren „zu Schiff nach Frankreich", und wenn sie nicht gestorben sind, dann leben sie noch heute. Ich habe keinen von ihnen wiedergesehen. So wanderte die Stofflast wieder in den Lagerraum, den sie bei etwas mehr „afrikanischer" Erfahrung meinerseits nie verlassen hätte, und ich bald darauf um eine Ent= täuschung reicher und 61 Wanjamwesi ärmer nach Süden.

Die Sache war sehr fatal. Wenn ich mich auch auf das Notwendigste beschränkte, blieben immer noch neunzig Lasten, denen gegen siebzig Träger gegenüberstanden. Zurzeit war es aber überaus schwer, brauch= bare Leute zu erhalten, weil die Regenperiode vor der Tür stand und die Eingeborenen ihre Feldarbeiten verrichten müssen. Der deutsche Kaufmann in Tabora vermochte nur mit Mühe, tageweit Sendboten ausschickend, einen Teil der Träger zu erhalten, die er mit leeren Händen zur Küste schicken wollte, um von dort Lasten zu holen. Und er mußte gerade soviel zahlen, wie er im Frühjahr bepackten Leuten geben muß. Die „Wilden" verstehen eben auch, was es heißt, „eine Konjunktur auszunutzen".

Also: Leute mußte ich haben, und zwar möglichst rasch. Einige Wasuaheli, die bei früheren Gelegenheiten hier hängen geblieben waren, füllten einige Lücken aus. Dann engagierte ich gleichsam als Renommier=Mnjamwesi jene einzige Säule, die von verschwundener Pracht, wenn auch dürftig, zeugte. Damit waren aber die vorhandenen Vorräte erschöpft; ja, es wurden mir sogar zwei meiner alten Leute so krank, daß ich sie entlassen mußte. Schließlich biß ich in einen Apfel, der mir gleich am ersten Tage angeboten, aber als zu sauer abgelehnt wurde: ich stellte für die überschüssigen Lasten Manjema ein. Das ist böses Volk, dessen Ruf nicht fein ist. Sie wohnen am westlichen Ufer des Tanganika im Lande des Elfenbeins und ehemals des Sklaven= raubs, dem Lande, in dem Tippo=Tipp, Rumalisa und Genossen ihre unrühmlichen Siegeskränze und Reichtümer gesammelt haben. Ich machte sie aber höflich und eindringlich darauf aufmerksam, daß jeder, der etwa meiner Karawane sich in der Hoffnung anschlösse, morden, brennen und plündern zu können, besser täte, im Lande zu bleiben und sich redlich — wahrscheinlich aber unredlich — zu nähren. Denn ich sei fest entschlossen, den ersten, den ich bei einer der oben erwähnten, in ihren Augen ja ganz harmlosen, mir aber unsympathischen Beschäfti= gungen erwischen würde, mit großem Bedauern, aber einem noch größeren Strick zu hängen. Daß ich dazu nur in effigie Recht und Lust hätte, fügte ich vorsichtshalber nicht hinzu. Ziemlich rasch fand ich einen des „kitussi" mächtigen Dolmetscher, den mir Sef bin Sjad, ein kleiner beweglicher Araber und seit langem Wali von Tabora, ohne Entgelt sehr zuvorkommend besorgte. Damit wäre meine Karawane wieder vollzählig gewesen, wenn nicht ein sehr wichtiges Mitglied ihrem Ver= bande untreu geworden wäre, Hamiß bin Juma nämlich, member of the High-Church of England, Her Majestys größter Halunke und leider Gottes auch mein Koch. Gott auf den Lippen, ein Kreuz auf der Brust, ein paar englische, ihm ganz unverständliche Gesang= und Gebetbücher in der Last und die bête humaine im Herzen — also ist das sympathische Bild dessen, dem ich die Sorge für mein leibliches Wohl anvertraut hatte. Nachdem er in der Probezeit an der Küste sich ausgezeichnet und für 4 1/2 Monate Vorschuß empfangen hatte, war sein Plan, als er sah, daß ich kein Freund des „Prügeln und prügeln lassen" bin, rasch gefaßt und beharrlich durchgeführt. Er hoffte offen= bar, durch fortgesetzte schlechte Arbeit mir seine Person so zu verleiden, daß ich schließlich froh sein würde, wenn er trotz und mit dem Vorschuß aus dem Weichbild meines Lagers verduften würde. Aber da er wie alle Überschlauen auch eine große Portion Dummheit besaß, überdies in seinem Leben nicht viel von dem Unterschied zwischen Ethik und Ästhetik gehört hatte und infolgedessen nicht wußte, daß meine Abneigung gegen die Prügelstrafe mehr dieser als jener entsprang, so überschätzte er meine Gutmütigkeit außerordentlich. Ich hatte ihm ein paar Wochen vor meiner Ankunft in Tabora seine Entlassung in Aussicht gestellt. Da ich aber dort trotz eifrigen Suchens keinen passenden Ersatz fand, so regte sich mein gutes Herz, und ich verhieß Hamiß, noch einmal einen Versuch mit ihm machen zu wollen. Die Aussicht, seinen Vorschuß doch abverdienen zu müssen, konsternierte ihn so, daß er rundweg erklärte, er hätte keine Lust, weiter „barra", d. h. ins Innere zu gehen. Damit war der Fall für mich erledigt; ich übergab den Ehrenmann der Station, die ihm eine Disziplinarstrafe von zunächst vierzehn Tagen diktierte, und genoß jeden Abend, wenn ich vor Sonnenuntergang von meinem Spazierritt heimkehrte, die reine Freude, ihn im trauten Verein mit einer Kette von 10—12 Galgenvögeln zu sehen, mit denen er gemeinsam den Tag über um den Bau der neuen Boma sich verdient machte. Übrigens schlug ihm bald die Stunde der Befreiung; wohl aus Furcht, seine Architektentätigkeit noch länger fortsetzen zu müssen, trat er in die Dienste eines zum Viktoriasee reisenden Stabsarztes unter der Bedingung, die ersten drei Monate den voraus erhaltenen Lohn abzuarbeiten. Wer mein Vorgehen für zu hart oder gar boshaft hält, vergißt, daß der Mann anderenfalls mit Vergnügen und Vorschuß zur Küste zurückgeeilt wäre, um sein einträgliches Geschäft bei einem anderen fortzusetzen, und vergißt, daß ich hinausgegangen bin, um Zeit, Geld und Kräfte an besseren Objekten aufzuwenden, als an einem durch das absolut schädliche Prinzip englischer Missionare: „Wir sind gesandt, die Schwarzen zu Christen zu machen, nicht zu Arbeitern" verdorbenem Sansibariten. (Übrigens riß er, wie ich später hörte, seinem neuen Herrn schon am fünften Tage aus.)

Auch zwei meiner Boys, Muinimbegu der Kellner und Kombo der Lampenputzer, wurden von mir in Acht und Bann getan; zwei gutmütige, manierliche Jungen, aber von einer übertriebenen Bequemlichkeit und Gedankenlosigkeit, der ich den Verlust einer Reihe, zum Teil schwer ersetzlicher Dinge verdanke. Ein sonderbarer Zufall hatte mir gleich in den ersten Tagen meines Aufenthaltes in Tabora nicht nur eine Wildkatze in die Hände gespielt, sondern auch zwei Schakale, überdies eine Form (canis adustus, nicht canis variegatus), die in unserem Schutzgebiet noch nicht mit Sicherheit festgestellt war. Am vierten Tage war der eine verschwunden, am fünften Tage der andere. Die Boys hatten trotz meiner strengen Befehle die Tür ihres Gewahr= sams sperrangelweit geöffnet, und die Schakale, die mit ihren kleinen Zähnen durch fortgesetztes Nagen die stärksten Stricke zerbissen, hatten sich die günstige Gelegenheit zu entweichen nicht entgehen lassen. Es ist begreiflich, daß ich in meinem ersten Zorn die Schuldigen sofort mit Reisegeld zur Küste versah. Sehr häufig scheinen übrigens die Streifen= schakale nicht zu sein, weil die Eingeborenen, die den Schabrackenschakal, den „umbwa wa porini" (Hund des Pori) sehr gut kennen, ausnahms= los die Tiere als „mbäha" (grauer Maki) bezeichneten.

Eine große Anzahl, zum Teil sehr wenig vertrauenerweckender Leute meldete sich zum Dienst als Askari. Ich verzichtete jedoch, nach= dem sich auf dem Scheibenstand herausstellte, daß sie — aber auch die Hälfte meiner alten Mannschaft — vom Schießen so viel verstanden wie ich vom Seiltanzen. Nur drei zeigten sich brauchbar, von denen zwei mich mit den wohlklingenden Namen Schulze und Stift wadi Langheld überraschten. Der letztere, durch eine starke hamitische Blut= mischung auch für europäische Begriffe ein selten hübscher Bursche, blickt auf eine bewegte Vergangenheit zurück. In frühester Kindheit geraubt, wurde er vor etwa acht Jahren von seinem Paten befreit und dauernd bemuttert. Trotz seiner Jugend — er ist etwa 18 Jahre alt — hat er schon mehrfach Wunden in Gefechten davongetragen. Daß er auch schon etliche Ehen mit allem Zubehör hinter sich hat, brauche ich wohl kaum zu erwähnen. Auch für meinen missionboy schickte mir ein gütiges Schicksal einen Ersatz in einem hellfarbigen Mann von den Comoren, den ich heute als das Ideal eines Kochs bezeichnen muß, mir doppelt sympathisch durch sein ernstes Wesen und leises, zurückhaltendes Benehmen.

Als ich am 16. Oktober in einer Mangoschamba in der Nähe von Tabora Musterung abhielt, fand ich eine Karawane von 17 Askaris mit 2 Führern, 91 Trägern mit 3 Wanjampara, 5 Boys, einem Dol= metscher, 25 Weibern, 40 Trägerboys, 2 Reiteseln, etwas Vieh und 93 Lasten. Das Endergebnis war: zwei Träger fehlten, nachdem sie noch vormittags ihr Brotgeld in Empfang genommen hatten. Da meine Karawane durch den langen Aufenthalt in Tabora in ihrer Disziplin sehr gelockert war und ich die Ansteckungskraft des bösen Beispiels fürchtete, so wählte ich sofort sechs der besten Askaris aus und schickte je drei auf den Weg zur Küste und nach Tabora, auf den Kopf — natür= lich den lebenden — jedes Trägers eine hohe Prämie setzend. Ich selbst rückte mit den übrigen in kleinen Märschen südwärts. Die erste Nacht lagerte ich in Itetemia, dem Ikuru (Residenz) der Bibi Njasso.[1] Die Dame Njasso gehört zu den wenigen regierenden Herrschaften Ost= afrikas, die etwas mehr als einen Schein von Macht und Ansehen be= sitzen. Man liest ja häufig, auch in amtlichen Berichten, von diesem oder jenem Sultan, ist aber heute über afrikanische Verhältnisse genügend unterrichtet, um zu wissen, wie wenig die Wirklichkeit der Vorstellung entspricht, die wir mit dem Träger des stolzen Titels zu verknüpfen gewöhnt sind. Zu dieser Klasse gehört die Bibi Njasso nicht. Sie wird tatsächlich von einem großen Teil der Wanjamwesi als Sultanin des Südens, als Herrin von Unjanjembe anerkannt und respektiert, und wenn auch seit Befestigung der deutschen Herrschaft ihr Machtgebiet sehr eingeengt ist, so flößt ihr Name doch noch weiten Kreisen große Ehrfurcht ein und ihr Wille Gehorsam. Ihre Kinder und Verwandten sitzen an vielen Orten als Statthalter und halten den Konnez zwischen den zerstreuten Gebietsteilen aufrecht. Sie ist die Schwiegermutter von Tippo=Tipp,[2] der mit weiser Berechnung diesen Bund schloß, um seine Stellung gegenüber den wilden Ruga=Rugas[3] des Araberfeindes Mirambo zu befestigen. Wie eifersüchtig zu jener Zeit noch die Wa= njamwesi auf ihre Selbständigkeit bedacht waren, dafür zeugt, daß die Frau Tippo=Tips wegen ihrer Heirat von der Nachfolge als Herrscherin ausgeschlossen sein soll. Offiziell ist die Bibi übrigens wie alle regieren= den Damen in Unjamwesi kinderlos. Sie darf sehr ausgiebig ver= heiratet sein, aber das Klappern des Storches gilt als verpöntes Ge= räusch. (Hier sei bemerkt, daß ich zwei Exemplare des nützlichen Vogels an einem der letzten Oktobertage in den großen lichten Steppen= wäldern unweit des Ugalla=Flusses mit freudigem Erstaunen bemerkte. So tief in das Innere erstrecken sich also seine Wanderungen.) Da er auch hier seine wohltätige Funktion nicht versäumt, die Gesetze der Wanjamwesi aber nicht immer respektiert, so wird dem hochwohl= geborenen Kinde eine Verwandte oder Freundin der Bibi als Mutter

---

[1] bibi (Weib) ist der offizielle Titel einiger Sultaninnen.   [2] Tippo=Tipp, der einst vom indischen bis atlantischen Ozean einflußreiche Araber, wird den Lesern aus Stanley's Werken bekannt sein.   [3] Etwa: Landsknechte, Söldner.

sozusagen übergeschoben, und Thronfolge und Tradition sind gerettet.
Als ich, einer Anregung des Herrn Hauptmann Langheld Folge leistend,
wie ein Unwissender die Frage an die Dame richtete, wie groß der
Kindersegen sei, dessen sie sich erfreue, sah sie sich mit verlegenem
Lächeln im Kreise ihrer Getreuen um, und ihre hilflose Miene schien
zu sagen: Shocking, very shocking indeed. Bibi Njasso ist heute eine
Dame von etwa 60 Jahren. Ihr hellfarbiges, nicht unsympathisches
Gesicht, das ein altes körperliches Gebrechen durch eine tiefe Leidens=
falte und ein gezwungenes Lächeln durchgeistigt hat, zeigt sehr deutlich,
daß ihre Aszendenz viel Mtussiblut in sich aufgenommen hat. Wo im
Innern Ostafrikas ein Gesicht unserem Schönheitsideal sich nähert,
kann man fast stets eine Vermischung mit den im Westen der deutschen
und englischen Gebiete als herrschende Klassen sitzenden, in Unjamwesi
zerstreut als Viehhirten lebenden Watussi (auch Wahuma oder Wa=
hima genannt) feststellen. Wir werden ihnen noch oft in diesen Briefen
begegnen, da von ihrer Stellung zu meiner Expedition deren wesentliche
Gestaltung abhängig ist.

Die augenblickliche Residenz der Bibi Njasso — sie wechselt sie von
Zeit zu Zeit aus mir unbekannten Gründen, vielleicht durch den Raub=
bau ihrer Untertanen gezwungen — ist ein sehr stattliches Dorf, in
dessen Umzäunung mehr als hundert sauber gebaute Rundhütten mit
hohem Kegeldach stehen. In der Nähe eines seiner Eingänge liegt der
Vater der Bibi begraben, dessen Geist eine Zauberhütte und zwei
mächtige Totenbäume versöhnen.

Das Haus, in dem sie mich empfing, war eines ihrer Schlafhäuser,
denn sie liebt es, wie sie sagt, nicht immer unter dem gleichen Dach zu
schlafen. Die Hofkapelle, ein Quartett, brachte ihr gerade ein greuliches
Morgenständchen. Da sie mich etwas antichambrieren ließ, weil sie wohl
noch nicht in großer Toilette war, hatte ich Muße, mich etwas umzu=
sehen. Ein halbmondförmiger Vorraum diente als Vorratskammer
und Küche. Die Feuerstellen waren von Lehm geformt und in den
Boden eingemauert, im übrigen dem Drei Steine=System gleich. Der
Hauptraum des Hauses enthielt nichts als eine schmucklose Bettstelle,
davor ein Leopardenfell, eine roh gezimmerte Leiter, die in eine Dach=
kammer hinaufzuführen schien, und einige der landesüblichen niedrigen,
an unsere Schusterschemel erinnernden Stühle. Origineller sind ihre
Doppelsitze, die ich sonst nirgends sah, entwicklungsgeschichtlich den

Urkeim eines Sofas vorstellend: zwei aus einem Holz geschnitzte, durch ein langes Zwischenstück verbundene Stühle. Das ist alles; wie man sieht, kein überladener Parvenü-Stil, sondern jene vornehme Einfach= heit, die in der ganzen Welt ein Kennzeichen alter Adelsgeschlechter ist. Äußerlich unterscheidet sich das Haus der Bibi Njasso vor den übrigen nur durch seine Größe — es ist wohl fast acht Meter hoch — und durch die Sorgfalt, mit der es gedeckt ist. Das Material ist das gleiche wie das aller anderen Hütten: Lehmmauern, die durch ein Gerüst von schlecht behauenen Stämmen gestützt werden, und ziegel= artig sich deckende Strohbündel. Die Kunst des Dachdeckers liegt in den Händen der Watussi. Vor dem Wohnhaus der Sultanin befindet sich eine Daua, d. h. ein Zauberapparat, wie es deren tausende ver= schiedene vom Indischen bis zum Atlantischen Ozean gibt. In Jtetemia war es ein kleiner Hügel von gebleichten Knochen, aus dem ein Stock mit dem Schädel eines Leoparden und dem Schnabel eines Schatten= vogels hervorragte. Die Bedeutung war nicht zu eruieren.

Das Hauptdorf, worin nur sie mit ihren nächsten Verwandten und Vertrauten wohnt, liegt auf einem großen, durch einen hohen Pfahl= zaun dem Blicke des profanum vulgus entzogenen Platze, inmitten der übrigen Hütten. Einst mögen die Spitzen der Pfähle, wie es ältere Forschungsreisende beschreiben, die Schädel ermordeter Feinde und dem Argwohn oder Aberglauben geopferter Untertanen verziert haben; heute begnügen sich die hohen Herrschaften mit zerbrochenen Kalebassen und Töpfen, oder der Hirnschale eines erlegten Tieres, und — wie der verstorbene Parlamentarier v. Meyer=Arnswalde zu sagen pflegte — „es geht auch so“. Aber freilich, es ist nicht mehr die gute, alte Zeit, wo die Großmama mit Kindern und Enkelkindern an schönen Sommer= nachmittagen um den Zaun spazieren ging und wie vor den Bildern einer Ahnengalerie den lieben Kinderchen von dem Träger dieses und jenes Schädels mit Wehmut zu erzählen wußte, von dem schönen Leichenschmaus, den man nach der Verbrennung des Onkels Pan= dajiro abhielt, oder erst von den siebentägigen Tänzen, als die gute Tante Katelige — „dort oben, rechts — nein, ganz oben“ — die das Vieh verhexte, an den Beinen aufgehängt wurde, bis sie ihre sün= dige Seele aushauchte. Noch bequemer machte es sich Mirambo. Im Besitz von Hauptmann Langheld sah ich seine Halskette, an der in symmetrischer Anordnung von jedem erschlagenen Araber ein Zahn

„3. fröl. Erinnerung" hing — edel sei der Mensch, hilfreich und gut. Nicht ohne Ergriffenheit war ich der Rührung Zeuge, die Bibi Discha, Sultanin von Ugunda, mannhaft bemeisterte, als ich mit ihr von jenen Tagen, in denen es noch „eine Lust war, zu leben," in traulichem Gastgespräch plauderte. Aber von ihr und ihrem Herrschersitz ein andermal.

Am Ugalla-Fluß, 1. November 1897.

Die Ugalla=Sindi=Expedition.

Brief IX.

Ich schied von Bibi Njasso, ohne daß sie meinen Versuchen entgegen=
gekommen wäre, über die Mauer zeremonieller Höflichkeiten hinweg
einen Blick in ihre kleine Welt zu werfen und den Gängen und Irr=
gängen nachzuspüren, in denen ihr Geist zu wandeln pflegt. Denn diese
Frau, die von dem großen Haufen derer, die die nicht zu schwere Bürde
der gleichen Würde tragen, sich wohl unterscheidet, hat etwas in Er=
scheinung und Wesen, was zu solchen Versuchen lockt. Ein jähes Auf=
flackern in den müde unter den halbgesenkten schweren Lidern hervor=
blickenden Augen, ein böses Zucken in den sonst nicht unliebenswürdigen
Zügen ihres Antlitzes, wenn man den Namen einer Person oder
Begebenheit nennt, die in ihrem Leben eine Bedeutung gehabt haben,
erweckt den Eindruck, als wenn diese Gelassenheit und Gleichgültigkeit,
diese fast demütige Ergebenheit nur eine Maske sei, hinter der sie ein
sehr lebendiges Bewußtsein ihrer veränderten Machtstellung und ein
brennendes Verlangen, das verlorene Gebiet zurückzuerobern, nur
mühsam verberge. Mit diesem Eindruck würde auch übereinstimmen,
was mir an der Küste erzählt wurde, daß sie noch vor kurzem versuchte,
den Tribut sich der deutschen Herrschaft unterwerfender Häuptlinge in
ihre „Schatzkammer" abzulenken, und das noch lange nach Festsetzung
unserer Macht von ihr fortgeführte blutige Regiment. Daß man noch
heute an ihrem Hofe nicht geneigt ist, den ethischen Vorstellungen der
neuen Herren die ererbten zu assimilieren und durch alle ihre Gesetze
sich für gebunden zu achten, lehrt ein zur Zeit wegen Sklavenhandels
schwebender Prozeß gegen einen ihrer Minister, den sie vergebens
durch Vorschiebung eines untergeordneten Subjektes der Einsamkeit
der Boma von Tabora zu entreißen versuchte, was ihr auch soweit
gelang, daß jetzt der schuldige Unschuldige und der unschuldige Schuldige
gemeinsam den Ausgang der Untersuchung abwarten. Übrigens wird
fast an jedem Schauri von Tabora über viel schlimmere Dinge abge=

urteilt als über den in den Augen der Bevölkerung noch nicht allseitig als
illegal anerkannten Verkauf eines Knaben nach Sansibar. Verbrechen,
deren Schauplatz die nächste Umgebung von Tabora war, wie das Ver=
brennen einer Hexe durch die zwei Ratgeber eines vierzehnjährigen Sul=
tans, die heimliche Ermordung einer anderen an einem zweiten Orte,
Vergewaltigung auf offener Straße, dies und ähnliches waren Dinge,
die ich an einem Schauritage zu hören bekam und die mich lehrten, daß
noch vieles dunkel ist im dunkelsten Weltteil. Denn das ist das Er=
schütternde, daß die meisten dieser Verbrechen der heiligen Einfalt un=
heilige Kinder sind. Habgier bildet eine viel seltenere Quelle. Daß an mei=
nem letzten Marschtage zwei Stunden vor Tabora ein frecher Geselle ein
hinter einer Karawane zurückgebliebenes Askariweib niederschlug und
ihrer Last beraubte, gehört nicht in die tägliche Chronik von Unjamwesi.

So blieb mir, als ich von Bibi Njasso schied, zu meinem Bedauern
ihre Seele ein dreifach verschlossener Schrein, den auch der listigste
Schlüssel nicht zu erschließen vermochte, von dessen vielleicht reichem
Inhalt ich nicht mehr erfuhr, als ich gleichsam durch die kleinen Spalten,
die sie selbst mir verriet, erspähen konnte; und selbst das wenige ahnte
ich mehr aus den dunklen Umrissen, als daß ich es klar erkannte.

„Wie anders wirkt dies Zeichen auf mich ein." So möchte ich ver=
gnügt ausrufen, so oft ich in den Blättern meines Tagebuches auf den
Namen der guten dicken Bibi Discha stoße. Da war keine Mauer
höfischer Zeremonie zu übersteigen, da öffneten sich meinem psycho=
logischen Spürtriebe von selbst alle Jagdgründe, da gab es keine ver=
steckten Schluchten, keine Schlünde und Abgründe zu erforschen, und
als ich nach drei Tagen die Strecke betrachtete, da fand ich kein
reißendes Tier noch Edelwild, sondern nur ein Gewimmel harmloser,
wohlgenährter Tierchen, die in den Gefilden der kleinen, fetten Seele
der Bibi Discha ihren Tummelplatz hatten.

Ugunda, ihr Sultanat, wird im Norden vom Kamidiho, im Nord=
westen vom Wala, im Süden und Südwesten vom Ugalla begrenzt.
Wie weit es nach Osten reicht, weiß ich nicht. Jedenfalls umfaßt es
ein ziemlich großes Gebiet, in dem ihre Vizesultane, meist Verwandte
oder offiziöse Kinder,[1] die Herrschaft ausüben. Ihre gleichnamige
Residenz (in der älteren Literatur als Gonda bekannt, ein Name, den
ich heute nie hörte) ist von Tabora aus in vier bis fünf mäßig starken
Märschen zu erreichen. Ich brauchte fast das Doppelte, denn erst am

---

[1] cf. Brief VIII.

24. Oktober hielt ich meinen festlichen Einzug, teils weil die Leute sich
erst wieder an ihre Arbeit gewöhnen mußten, teils weil ich hoffte, daß
man den Deserteur Musa in Tabora fassen und mir nachsenden würde.
Den zweiten, Kibengo, hatten die Askari gleich am ersten Tage auf=
gegriffen, und da sie erfuhren, daß auch Musa sich noch nicht zur Küste
aufgemacht hatte, kehrten alle zurück. Der kontraktbrüchige Kibengo,
den angeblich ein:

> „Wer wird künftig Deinen Knaben lehren,
> Speere werfen und die Götter ehren?"

in Tabora zurückgehalten hatte, bekam auf Antrag der Wanjampara
etwas daua (= Arznei), wie sie es nannten, d. h. 25, die erste Prügel=
strafe, die ich zu verhängen hatte. Nach einem bei Ausreißern hier
üblichen und bewährten Verfahren erhielt er für einige Tage einen
Strick um den Hals, den ein Askari ihm tragen half, als Symbol der
festen Bande, die ihn mit meiner Expedition verknüpfen sollten, bis
wir weit genug von Tabora entfernt waren, um hoffen zu dürfen, daß
es ihn nicht mehr zu seiner Andromache zurückziehen würde.

Am dritten Tage war ich erst sechs Stunden von Tabora entfernt.
Die Landschaft, durch die wir marschierten, unterschied sich sehr von
der großen Karawanenstraße. Die Anmut der nächsten Umgebung von
Tabora habe ich schon an anderer Stelle geschildert. Ihr Hauptreiz liegt
in der angenehmen Unterbrechung der Wiesen und Felder durch die
zahlreichen, bald einzeln, bald in Schamben stehenden Mangobäume
mit ihren gewaltigen, saftigen, dunkelgrünen, fast zum Boden reichenden
Blattmassen, die tausenden von kleinen Reisvögeln als Unterschlupf
dienen. Wenn man des Abends durch eine Mangoschambe geht, in
denen es stets schwül und feucht ist wie in einem Treibhaus, so könnte
man an einen plötzlich heranbrausenden Sturm denken, so stark ist das
Geräusch der zahllosen Vögel, wenn sie erschreckt die Laubwolken
durchbrechen und in einem benachbarten Baum wieder einfallen. Das
scheint übertrieben, ohne es zu sein; ich wenigstens erlag, als ich es
zum ersten Male hörte, dieser Täuschung. Hinter Uleia („Europa"), der
Viehstation des Gouvernements, werden die schönen Bäume seltener,
um schließlich ganz einem niedrigen, lichten Akazienbusch zu weichen,
den nur hie und da hochstämmige Bäume überragen. Dann teilt sich
der Weg. Rechts geht es nach Kwiharra, der Arabervorstadt von Tabora,
auf deren Feldern ein prächtiger Weizen gepflanzt wird. Sein Mehl
liefert ein würziges, sehr schmackhaftes Brot, das aber eher, auch in

der Farbe, unserem Roggen= als Weizenbrot ähnelt. Das Haus des
Wali von Kwiharra, des intelligentesten Arabers von Tabora, entbehrt
nicht der reizvollen Behaglichkeit, die wohlhabende Orientalen ihren
Wohnstätten zu verleihen verstehen, obgleich sein Eigentümer wie viele
seiner Stammesgenossen in Tabora seine Existenz nur mit Mühe vor
dem Zusammenbruch bewahrt. Daß er trotzdem es sich nicht versagen
konnte, sich noch in der jüngsten Zeit ein massives, silbernes Geschirr
für seine Maskatesel in Sansibar anfertigen zu lassen, kennzeichnet ihn
als Araber von unverfälschter Rasse. Aber ich merke, daß ich undankbar
genug bin, den freundlichen Greis zu kritisieren, trotzdem er mich in
seinem Tusculum gastlich bewirtete und ich bei Rosenwasser und Süß=
werk an der prächtigen Filigranarbeit seiner Dolche und Schwerter und
den leuchtenden Farben seiner Kissen und Teppiche mein Auge erfreuen
durfte, während vom Hofe her gedämpft der melodische Gesang von
siebzehn Weibern heraufdrang, deren zarte Hände nicht nur mit an=
mutigem Schwunge den schweren Baum in den korngefüllten Mörser
zu stoßen, sondern mit gleicher Freudigkeit dem alten Herrn die Sorgen
von der Schwelle seines schönen Heims zu scheuchen verstehen.

Von diesem Abstecher auf die Hauptstraße zurückkehrend und unseren
Weg südwärts fortsetzend, nähern wir uns rasch den Hügeln, die dem
Blick von Tabora aus nur ein beschränktes Gebiet gestatten und uns
zu unserer Rechten noch einige Stunden begleiten. Kurz vor und hinter
Itetemia führt unser Weg dicht an zwei Ruinen vorbei, die sehr ver=
schiedene Gefühle in uns zu erwecken geeignet sind: an den Trümmern
der mit viel blutigen Opfern eroberten Burg des „Rebellen" Siki und
denen der Mission von Kipalapala, die sich gegen die Anfeindungen
der Araber und der von ihnen verhetzten Bibi Njasso nicht zu halten
vermochte. Ein Meer von Blättern und großen blassen Blumen brandet
an diesen gewaltig gefügten Mauern, und sich über sie ergießend erstickt
es mit seinen Liebkosungen fast die Steine, zärtlicher als die Menschen,
die sie zertrümmerten. Ich aber fühle mich nicht gestimmt, mit Zarathustra
zu sprechen: „Erst wenn der reine Himmel wieder durch zerbrochene
Decken blickt und hinab auf Gras und roten Mohn an zerbrochenen
Mauern, will ich den Stätten dieses Gottes wieder mein Herz zuwenden"
— sondern ich empfinde tiefes Bedauern, daß diese Stätte, die wie alle
anderen, wo weiße Väter von Algier tätig sind, ein segensreiches
Arbeitszentrum hätte werden können, wie es scheint, für immer auf=
gegeben ist. Als wollten sie das Andenken der Männer, die hier wirkten,

nicht aussterben lassen, tragen inmitten der Schutt= und Steinhaufen
alljährlich zwei Zitronenbäume eine Fülle von Früchten, mir will=
kommene Wegzehrung schenkend.

In den nächsten Tagen marschierten wir durch bald mehr, bald
minder dichten Busch, der uns aber nicht wie auf der großen Kara=
wanenstraße mit eintönigem Grau seines Gezweiges gleich Steinwällen
einzwängte, sondern durch reiches Laub dem Auge wohltat. Der Unter=
schied ist sehr bemerkenswert. Schon einige Tage vor Tabora fing der
Busch an, hin und wieder Blätter zu tragen, ehe noch Regen gefallen
war, und in Tabora selbst prangten schon lange alle Sträucher in den
zarten, grünen Farben unseres Frühlings. Man könnte an bessere
Wasserverhältnisse denken. Aber durchaus nicht. (Die große Bevölke=
rung von Tabora ist auf ein paar kleine Erdlöcher angewiesen,[1] und
da das über Nacht sich sammelnde Wasser frühmorgens schnell erschöpft
wird, so sieht man den ganzen Tag eine Schar Weiber mit dem Schöpf=
löffel in der Hand auf der Erde kauern und von Zeit zu Zeit, d. h.
immer, wenn sie eine Tagesneuigkeit erledigt haben und sich einer
anderen, ihre Welt bewegenden Frage zuwenden wollen, einen Ruck
durch die ganze Gesellschaft gehen, die das nachgeflossene Wasser hurtig
in ihre Gefäße füllt.

Dieser Vorgang verläuft so regelmäßig, daß ich einem Herrn
die Wette anbot, auf den ersten Blick aus der Höhe des Wasser=
standes feststellen zu wollen, ob das Gespräch um einen guten Freund
oder um eine gute Freundin kreist: natürlich in der unliebenswürdigen
Voraussetzung, daß gewisse Eigentümlichkeiten Gemeingut der weib=
lichen Menschheit aller Zonen und Zeiten sind.)

Bisweilen unterbrachen den grünen Busch mit Gras bestandene
Lichtungen oder ein Wald von Schirmakazien, zwischen denen Kan=
delaber=Euphorbien und — häufiger als bisher — die bizarren Er=
scheinungen der Kigelien sichtbar waren. Die Niederlassungen der
Eingeborenen standen in den Lichtungen, meist Tembcn, aber auch
nach dem Modell von Itetemia eingehegte Rundhütten. Die schönen
Euphorbienhecken von Ost= und West=Unjamwesi sah ich nur selten.
Die Gebiete von Uruma und Pangale sind gut besiedelt; fast alle
2—3 Kilometer trifft man Wohnstätten. Die Nähe von Tabora als
günstiges Absatzgebiet macht sich natürlich sehr geltend. Überall — zum

[1] Bei meinem zweiten Aufenthalt fand ich bereits einen Ingenieur beim Brunnen=
bau; es tat auch not.

Teil sehr ausgedehnte — Bananenschamben, Mangobäume, Erdnüsse, Sorghum, Mais, Maniok, für den eigenen Bedarf Tabak und Baum= wolle, Rizinus, Kürbisse u. a. m. Die Fruchtbarkeit des Bodens — seine rasche Erschöpfung durch unrationelle Bewirtschaftung — die leichte Möglichkeit, sich an anderer Stelle anzubauen — der häufige Wechsel der Wohnstätten — die mangelnde Liebe zur Scholle — die Zersplitte= rung in kleine Gemeinden — der Mangel eines Zusammengehörig= keitsgefühls — das Ausarten kleiner Differenzen in Gehässigkeit, Feindseligkeit, Kriege — das Fehlen eines Nationalbewußtseins einem gemeinsamen Feinde gegenüber — das ist eine Kette, deren fehlende Glieder der Leser selbst ersetzen und die er fortsetzen möge, nicht nur, um die Geschichte eines großen Teils von Ostafrika bis in die neueste Zeit und die seltsame Tatsache zu begreifen, daß eine Handvoll Men= schen eine Fremdherrschaft ausüben können, sondern auch, um sich daran zu erinnern, was immer von Zeit zu Zeit nützlich ist, daß wie wir geworden und andere nicht geworden sind, nicht eine Tugend unserer, ein Laster der anderen „Rasse" ist — ein Begriff, der in seinem landläufigen Sinne überhaupt meist unsinnig angewandt wird — sondern der Folgezustand von Faktoren, die außer, nicht in uns liegen. Das mag eine Wahrheit sein, die man heute im Fünfzig= Pfennig=Bazar kaufen kann, aber einmal ist sie noch so neu, daß Buckle sie vor fünfzig Jahren fast als seine Entdeckung verkünden konnte, teils wird sie wie viele andere Fünf=Groschenwahrheiten zwar theoretisch anerkannt, aber praktisch täglich — nicht nur in unserem Verhältnis zum Neger — vernachlässigt. Deshalb und weil sie mir selbst auf diesem Wege bei dem Anblick zahlloser verlassener oder zer= störter Niederlassungen von Tabora bis Ugunda gegenwärtig wurde, habe ich sie nicht unterdrücken wollen, vielleicht auch „weil Schweigen so schwer ist — besonders für einen Geschwätzigen".

Die Eingeborenen, von denen wohl die meisten schon einmal einen Weißen gesehen hatten, waren zuvorkommend, wenn auch etwas miß= trauisch und ängstlich. In der Nähe der Tembe Kwa Msawilla zeigte sich das recht deutlich. Der Ortsvorstand und einige andere Männer waren mit Gastgeschenken erschienen. Als sie sich niedergesetzt hatten und die ersten Phrasen getauscht waren, rief ich meinen Boys zu, sie mögen die Kisten (mit Gegengeschenken nämlich) öffnen. Dies hören und mit Sporn und Streichen dem Kreis meiner erstaunten Blicke ent= schwinden wurde von dem Häuptling so schnell vollbracht wie von mir niedergeschrieben. Mir wurde der Vorgang erst aus der Deutung durch die ruhig seßhaft gebliebenen Dorfgenossen klar. Der Held hatte in seiner, durch den hohen Besuch wahrscheinlich aus den Angeln geratenen Gemütsverfassung aus dem fungueni (kufungua = öffnen) und sunduki (= Kiste) ein fungeni (kufunga = binden) und bunduki (= Gewehr) herausgehört und da er weder sich binden noch erschießen zu lassen Neigung verspürte, die Flucht ergriffen. Eine ähnliche, mitten im freundlichsten Verkehr scheinbar unvermittelt und unbegründet auftretende Furcht der Eingeborenen, wenn auch nicht so unverhüllt und stark sich äußernd wie in diesem Falle, habe ich früher und später erlebt, als wären sie schon einmal mit einem plötzlich toll gewordenen msungu in häßliche Berührung gekommen.

Am 21. Oktober passierten wir die trockenen, je 50 Meter breiten Bette des Wala und seines Nebenflusses Kasissi und lagerten in ihrer Nähe in der Tembe Pangale. Hier machte ich wieder einmal die Erfahrung, daß man in Afrika Pläne nur faßt, um nicht nach ihnen zu handeln oder, wie der Küstenwitz mit Geist und Geschmack sich ausdrückt: In Afrika kommt erstens alles anders, zweitens als man glaubt. Ich war von Tabora mit der Absicht aufgebrochen, bevor ich in die nordwestlichen Länder ginge, erst den Lauf des Wala zu verfolgen und dann eine Route einzuschlagen, die auf unseren Karten den weißen Fleck im Südwesten der Kolonie etwas verkleinern sollte. Aber als ich nach Pangale kam, sah ich die Unmöglichkeit, in dieser Jahreszeit meinen Plan durchzuführen, rasch ein. Weder führte der Wala Wasser noch ein Weg seinem Bett so nahe, daß er mir eine zuverlässige Orientierung gestattet hätte. Täglich aber einige Stunden nach Wasser für eine fast 200 Köpfe zählende Karawane zu graben, schien mir in keinem Verhältnis zu dem zu erwartenden Resultate zu stehen. — — — — — —

Bevor ich aber in der Schilderung des Reisewegs, den ich statt dessen einschlug, fortfahre, möchte ich erklären, aus welch sonderbaren Gründen ich überhaupt diese, von meinem geplanten Forschungsgebiet ziemlich weit abliegende Route verfolgt habe, denn ich war ja von Europa in der Absicht fortgegangen, geographisch nur in dem Quellgebiet des Nils zu arbeiten. Aber schon an der Küste bereitete sich die Erweiterung meines Reiseprogramms vor und war, als ich Tabora erreichte, beschlossene Sache. Und dies kam so. Es schien mir, daß ich bei den weißen Bewohnern der Küste einen merkwürdigen Eindruck her-

vorgerufen hatte, etwa so, als ob ich mich direkt aus einer Lungen=
heilstätte heraus nach Afrika eingeschifft hätte. Mit Worten, Blicken
und Gebärden gab man mir zu verstehen, daß es doch eigentlich nicht
nett von mir wäre, die Mortalitäts=Statistik der Kolonie unnötig zu
verschlechtern, und jeder Abschiedsbesuch, den man mir bei meinem
Aufbruch ins Innere machte, schien mir mehr oder weniger wie eine
Kondolenzvisite auf Vorschuß, und ich hätte mich nicht gewundert, wenn
besonders höfliche Leute mir gleich die Trauerkränze für meinen
eigenen Sarg mitgegeben hätten. Selbstverständlich drückte man mir
all dies auf keine unzarte Weise aus. Im Gegenteil. Wagte ich z. B.
bescheiden einige Bemerkungen über Ruanda, das Land meiner Pläne,
dann hieß es: „Sie sind ja noch nicht in Ruanda, der Weg ist weit,
mein Lieber," und wie Seufzer schleifte es durch die letzten Worte.
Oder ein alter Afrikaner, ein ganz alter, der mich mit besonderer Ehr=
furcht erfüllte, sagte: „Ich habe einen merkwürdig guten Blick und
sehe es" — hier durchbohrten mich düster seine Augen — „jedem so=
fort an, ob er es in Afrika aushält oder ob er dort eingeht; ich habe
Herrn X.," fuhr er fort, „als er nach Tabora ging, gewarnt, und sehen
Sie, gerade heute kam seine Todesnachricht an die Küste." Nur neben=
bei sei erwähnt, daß es sich schon einige Tage später herausstellte, daß
das Gerücht gelogen hatte und der Mann vergnügt und fettleibig in
Tabora lebte und Weiße wie Farbige mit gleichem Erfolg bemogelte.
Andere Herren wieder erzählten mir von einem Gutsbesitzer — ein
reicher Mann, oh! — der zu seinem Vergnügen hier herauskam und
nach drei Wochen schon dem Wurm zum Fraße fiel, oder von den
Schrecken der Nostalgie oder von zum Selbstmord getriebenen Melan=
cholikern und was derlei lustige und unterhaltende Geschichten mehr
sind. Ich weiß in Wahrheit heute noch nicht, ob man an der Küste
Neulingen immer in dieser Weise die Freude an ihrer neuen Heimat
zu vertiefen trachtet oder ob ich allein das Glück hatte und der Berliner
Winter so stark an mir abgefärbt hatte, daß man mit meinen 29 Jahren
Mitleid hatte — genug, da außerdem die übertriebensten, auf gar
keiner literarischen Basis beruhenden Vorstellungen von den Gefahren
Ruandas ein Betreten dieses Landes mit so geringer bewaffneter Mann=
schaft, wie der meinen, ganz unbegründet zu einem äußerst gewagten
Unternehmen stempelten, so war mein baldiger Tod mit überwälti=
gender Majorität beschlossen und nur Frist und Art noch unsicher. Wenn
ich mich auch hundertmal darauf berief, daß ich immer „schlank und

blaß" durch dieses Jammertal gepilgert bin und trotzdem so leicht wie
nur irgend wer alle Strapazen des Soldaten= und Kouleurstudenten=
Lebens ertragen habe — half alles nichts. Nach wie vor klangen die
Weisen in den düsteren Refrain aus: „Du paßt einmal nicht hierher,
also verlasse diese ungastlichen Gefilde, bevor du klanglos in den Orkus
hinabsteigst." Wer mir solches riet, kannte mich freilich schlecht, und
wenn ich allen Einwänden schließlich immer damit ein Ende zu machen
suchte, daß ich erklärte, lieber eingehen als umkehren zu wollen, so
gefiel ich mir damit nicht in einer heroischen Pose, sondern es war
meine aufrichtige Gesinnung, die in der Überzeugung wurzelte, daß ich
mein Leben lang eine unglückliche und so recht verfehlte Existenz führen
würde, wenn ich diesen Ratschlägen ein williges Ohr und feiges Herz
leihen würde. Nicht der Zufall, sondern die Notwendigkeit hatten
meiner Seele das „never give up", das ich über dem Tor eines
Palazzino in der Nähe der römischen Villa Borghese einst leuchten sah,
so fest eingeprägt. Und wie viele von denen, die mir so rieten, sind
heute schon in der rasch zehrenden Erde Afrikas vermodert! Wie viele
liegen still in ihren Gräbern, deren Körper jedem Angriff gewachsen
schien, während ich, der Schwächling, trotz meiner an Strapazen und
Fährnissen nicht zu armen Reise von Tag zu Tag mich in dem afrika=
nischen Klima heimischer fühlte. C'est l'Afrique.

Auch aus der Heimat trieb der Wind Unkentöne herüber, und im
Innern erhoben sich neue und begleiteten meinen Marsch. In Berlin
stellte General, damals Oberst v. Trotha in der Gesellschaft für Erd=
kunde dem „Sendboten des Auswärtigen Amtes", der ich übrigens nie
gewesen, ein ungünstiges Horoskop, „wenn anders der Gouverneur ihn
überhaupt reisen lasse." Zum Glück für mich kam dieser Wink erst zu
einer Zeit nach Afrika, als ich schon tief im Innern außer Schußweite
des Gouvernements mich befand. Auf dem Marsch klangen die Kas=
sandrarufe besonders stark und aufrichtig. So bedauerte ein Leutnant
bereits den Bezirkschef von Udjidji, Hauptmann Bethe, wegen der
Arbeit der Ordnung meines Nachlasses, und jetzt deckt den Armen selbst
schon lange die Erde seiner fränkischen Heimat. Als ich Mpapua er=
reichte und im Fieber lag, sagte mir der Arzt in durchaus wohlwol=
lender Absicht: „Kehren Sie um, Kollege, denn ich gebe Ihnen sonst
nur noch zwei bis drei Monate;" in Kilimatinde redeten fast alle noch
stärker auf mich ein, und erst in Tabora verstummten die schlimmen
Propheten. Ich glaube, daß dort das Bier zu gut gepflegt war, um

solche düsteren Stimmungen aufkommen zu lassen. Ich will weder in
Unbescheidenheit renommieren, noch in Bescheidenheit lügen, wenn ich
versichere, daß mein Gemüt von all den Vaticinien unberührt blieb.
Zwar fing ich nach einiger Zeit an, mich öfter im Spiegel zu betrachten,
wie weit die Verwesung schon vorgeschritten sei, auch beobachtete ich,
als ich eines Tages zwei Spiegel zugleich benützte, daß mein Absterben
schon an den Wirbelhaaren begann, aber im ganzen überwog höchstens
die Empfindung, daß ich jetzt doch eigentlich ein ganz unhöflicher und
unliebenswürdiger Mensch wäre, wenn ich mich nicht bald bemühte,
ins Gras zu beißen. Im übrigen aber überhörte und übersah ich alles,
was an Unken und warnenden Vogelscheuchen meinen Weg belagerte;
nicht aus Gleichgültigkeit dagegen, wie mein Würfel im Spiel mit dem
Schicksal fallen würde; denn wenn ich das Leben auch nicht mehr ganz
so lebenswert fand, wie ich als Primaner einst hoffte, so gibt es doch
genug vollkommene und unvollkommene Dinge auf der Welt, die ich
liebe und an denen ich mich gern noch eine Zeitlang erfreuen wollte.
Sondern, weil ich mir sagte, daß all solche Prophezeiungen schlechter=
dings Unsinn sind, namentlich dann, wenn sie ohne körperliche Unter=
suchung rein nach dem äußeren Augenschein gefaßt werden. Um
jemandem in den Tropen eine Lebensprognose stellen zu können,
müßte man zuvörderst den Zustand seines Herzens genau kennen, denn
davon hängt ja fast alles ab; oft genug aber steckt in einem scheinbar
schwächlichen Körper ein kräftiges Herz und umgekehrt. Dann aber
dringen die paar Krankheiten, denen der Europäer hier erliegt, mit
einer solchen Tücke, dem Diebe in der Nacht gleich, in die Häuser der
Menschen, suchen sich ihre Opfer scheinbar so willkürlich — was für
Schwachmatizi und Stubenhocker kommen jährlich als Missionare
heraus, ohne darum dem Tode geweiht zu sein — daß auch schon des=
halb jedes Prophezeien ein Tappen im Dunkeln ist. Es ist nicht Hybris,
wenn ich der Propheten spotte, sondern Hybris spricht aus ihnen. Jene
Hybris, die so leicht bei Leuten entsteht, die wie unsere kolonialen
Beamten und Militärs ausgewählt kräftige Individuen sind, bei denen
nur zu oft neben der Freude und dem berechtigten Stolz auf den
eigenen Körper, Geringschätzung des weniger robust Gebauten wächst.
Krafthuberei nennt man das in Süddeutschland, ist aber ein so übles
Ding nicht.
Nur in einem, allerdings einem sehr wichtigen Punkte, ließ ich mich
von den warnenden Stimmen beeinflussen. Ich hatte nicht mehr den

Mut, den ganzen Erfolg meiner Reise gleichsam auf eine Karte zu setzen. Darum beschloß ich die Wala= und dann die Ugalla=Expedition. Denn sollte es mein Schicksal so wollen, daß ich aus Ruanda nicht mehr zurückkehren würde, so hätte ich wenigstens nicht ganz umsonst gelebt, und die Erforschung des eben erwähnten Flußgebietes hätte, woran mir am meisten lag, bewiesen, daß nicht die Sucht nach Aben= teuern und äußeren Erfolgen, noch andere als wissenschaftliche Gründe mich in den dunklen Erdteil eindringen hießen. „Ach, es gibt so viel Lüsternheit nach Höhe! Es gibt so viel Krämpfe der Ehrgeizigen!" Diese Überlegung war das Triebrad der beabsichtigten Wala=Ex= pedition; sie war es, die den Fuß meiner Karawane statt nordwärts in die Quelländer des Nils, nach Süden zum Wala lenkte. — — — —

Als ich nun, wie oben geschildert, diesen Plan scheitern sah, entschloß ich mich rasch zu einer anderen Aufgabe, die mich stets gereizt hatte, aber als meinem Ziele zu fern liegend, von mir nicht ernsthaft er= wogen war. Es handelt sich um den Ugallafluß, an dem Böhm, Kaiser und Reichard ihr unglückliches „Weidmannsheil" einst erbaut hatten. Merkwürdig genug hat Kaiser, der Geograph der Expedition, von seinem Laufe kaum einen Tagemarsch aufgenommen; und auch aus den Briefen Böhms geht nicht hervor, daß er den Fluß mehr als einige Tagemärsche stromauf= und abwärts besucht hat. Ja, ich kann fast den Punkt bestimmen, über den er nicht hinausgekommen ist, den er, der beste Detailschilderer der afrikanischen Landschaft, in seiner Eigenart zu schildern sonst nicht unterlassen hätte. Als ich am 20. Oktober früh aufbrechen wollte, merkte ich zu meiner nicht geringen Überraschung, daß meine große und einzige Karte des Westens unserer Kolonie nicht aufzufinden war. Nachdem ich alle Lasten durchgestöbert, blieb mir nichts übrig, als die sechs Stunden nach Tabora zurückzulaufen. Meine Erkundigungen betreff des Ugalla an zuverlässigster Stelle ergaben das Resultat, daß er jederzeit „Lachen" haben sollte; auch auf der Kaiser'schen Karte findet sich eine ähnliche Notiz. Aus Böhms Briefen wußte ich, daß der Fluß aus einer Reihe von Becken und schmalen, gewundenen Kanälen bestehe, die in der Regenzeit mächtig steigen, miteinander in Verbindung treten und dann, oft so groß wie der Rhein, dahinströmen. Ich machte mir daraus dasselbe Bild, wie die Herren in Tabora und rechnete darauf jetzt, wo noch jede Landschaft ganz unter dem Einflusse der Trockenheit stand, zwar genügend Wasser

Am Ugalla.

zu finden, aber, wie erwähnt, nur in Lachen. Ich möchte daher vorweg
bemerken, daß einzelne dieser „Lachen" Seen von ¹/₂ bis 1 Kilometer
Breite waren und daß das Strombett in seinem weiteren Verlauf als
Sindi, scharf von zwei Gebirgszügen begrenzt und nur auf wenigen
Furten wegen seines tiefen Papyrussumpfes passierbar, sich stellenweise
auf über drei Kilometer verbreitert, in dem das Wasser infolge dieser
kolossalen Dimensionen selbst in der stärksten Regenzeit nicht mehr als
ein Meter den jetzigen Stand übersteigen soll. Die Aufgabe, die ich mir
also jetzt stellte, war: „Von der Stelle aus, wo ich auf den Ugalla
stoßen würde, ihn in seiner ganzen Kontinuität bis zu seiner Mündung
in den Malagarassi zu verfolgen, nicht nur dort ihn aufzunehmen, wo
gerade ein Weg ihn berührte, sondern mich allen seinen Krümmungen
anzuschmiegen und so ein ins Detail gehendes Bild des Flusses zu lie=
fern." Diese Aufgabe habe ich durchgeführt, trotzdem es mir oft sauer
genug gemacht wurde, wie die Leser später sehen werden. Vierzig Nächte
habe ich dicht am Flusse oder Sumpfe gelagert, mehrfach, wo ein jäh
aufsteigender Berg es nicht anders gestattete, mein Bett drei Schritte
vom Wasser entfernt aufgeschlagen; nur vier Nächte in menschlichen
Ansiedelungen. Ich brauchte mehr als das Doppelte der berechneten
Zeit, weil der Fluß infolge seiner zahllosen Krümmungen einen Lauf
von etwa 200 Kilometern Luftlinie auf 800 Kilometer verlängert, und
weil es nicht möglich ist, mit 200 bepackten Menschen schnell vorwärts
zu kommen, wenn man wochenlang fast täglich mehrere Kilometer bis
zum Knie in Sumpf marschiert oder über die steilen Abhänge eines
weglosen Gebirges klettern oder durch Steppen mit verfilztem, un=
durchdringlichem Gras förmlich „treppensteigend" seinen Weg zu
nehmen hat, einen Weg, den ich in drei Vierteln der Marschtage erst
selbst schaffen mußte, froh, wenn Nilpferde ihn mir vorgearbeitet hatten.
Aber nur so war es mir möglich, von dem einmal gesteckten Plane
nicht abzuweichen und ihn bis zur letzten Minute durchzuführen.

Am Geburtstag unserer Kaiserin, der in Tabora durch Hauptmann
Langheld unter Teilnahme vieler von fern her erschienenen Häuptlinge
und aller Araber mit großer Festlichkeit gefeiert wurde, setzte ich meine
Route wieder von Pangale aus fort. Noch einen Tag begleitete mich der
Busch, dann begann ein Waldgebiet, das sich über kolossale Flächen des
Südens unserer Kolonie fast kontinuierlich erstreckt. Wo die Bäume
lichter standen, haben die Eingeborenen ihn — oft sehr ausgedehnt —
gerodet und ihre Niederlassungen gegründet. In der Nähe von Uganda

beginnt eine andere Formation sich inselförmig in den Mpombo hinein=
zuschieben, der lichte Steppenwald, der aber hier oft ein ganz anderes
Bild gewährt, wie der an der großen Karawanenstraße. Die Bäume,
unter denen sehr viele große, gelappte Blätter (ähnlich denen der
italienischen Feigen) tragen, treten vielfach zu Gruppen zusammen, die
der Landschaft das Aussehen eines Parks geben. Dieser Eindruck wird
noch dadurch gesteigert, daß meist neben den Bosketts noch kleine
Erdhügel die Grasflächen unterbrechen, die nur mit zwei, drei Bäumen
bestanden, aber von einem bis in die höchsten Wipfel kletternden, dunklen
Gewirr von Schlingpflanzen bedeckt werden. Wo noch ein Stück weißer
Erde oder verwitternden Steines durch eine Lücke hervorlugt, glaubt
man den Torso einer Statue durch die dichten Äste von Zypressen schim=
mern zu sehen. Tauchen noch, wie kurz vor Uganda, tausende ganz
niedriger, grauer Termitenbauten auf, so wird der Parkcharakter bis
zur Täuschung vollkommen, und man fühlt sich auf einen riesigen Fried=
hof eines ausgestorbenen Geschlechts versetzt, der von den Menschen
vergessen wurde, dessen verwitterte Denksteine der Wurm zerstörte, dessen
Grabdenkmäler unter der Last wuchernden Blattwerks ersticht werden.

An anderen Stellen wieder ordnen sich die Bäume in Reihen und
gleichen Schulen oder Obstgärten, und nur auf nicht sehr großen Ge=
bieten findet man jenes unruhige Bild, das der Steppenwald, wie
wir ihn an der großen Karawanenstraße kennen gelernt haben, dem
Auge bietet.

Als ich am 23. Oktober einen weithin sich ausdehnenden „Friedhof"
entdeckt hatte, stieß ich auf eine große Lichtung frisch gerodeten Landes
und bei einer Wegbiegung fast plötzlich auf eine Riesentembe, die eine
Fläche von fast einem halben Quadratkilometer einrahmte, und befand
mich eine Viertelstunde später, von den zwei ersten Ministern und einer
Menge Volkes empfangen, am Haupttor der Residenz von Discha, der
Herrscherin von Ugunda.

Ihre Residenz ist nach dem System von Dantes Höllenkreisen an=
gelegt: drei konzentrische Temben, von denen die äußerste ihren Leuten
als Wohnraum dient, die mittleren für den Hofstaat und die Diener=
schaft — Knaben und Mädchen in gesonderten Räumen — und die
innerste für sie selbst, „die Herrlichste von Allen," bestimmt ist. Außer=
dem stehen noch in allen Höfen zahlreiche Rundhütten.

Die Psyche Dischas habe ich schon vorhin mit einigen kräftigen
Schnitten viviseziert; sie harmoniert mit ihrem Äußeren, ihrem gut=

mütig=blöden Geschau und ihrem kurzen, dicken, wabbligen Körper. Die klimatischen Verhältnisse von Ugunda müssen besonders bekömm= lich sein, denn wie die Königin, so die Jungfrauen des Hofstaats. Als Discha mich das erstemal in ihrer Begleitung besuchte, glaubte ich, daß eine Prozession riesiger „Flammeris" auf mich zu wandelt, und wenn die Fürstin lachte — und sie lachte fortwährend mit und ohne Ursache — da ward ihr Busen von solchen Krämpfen geschüttelt, daß es aus= sah, als müßte er jeden Augenblick über die Ränder des miederartig gebundenen Gewandes quellen und uns alle begraben. O grauslicher Aspekt! Übrigens erzählte man, daß Discha in ihrer Jugend nicht ohne Reize gewesen sei und damals einen berühmten Reisenden in ihre Netze verstrickt habe. Chi lo sa?! Möglich ist alles, und in zwanzig Jahren verändert sich jegliche Kreatur. Außerdem haben mir schon so viele Leute, denen ich es nie angesehen hätte, versichert, wie schön sie in ihrer Jugend waren, daß ich keinen Grund zu zweifeln habe, daß auch Dischas „spröde Wonnen" einst üppiger geblüht haben.

Auch heute noch ist sie trotz des Gewichts ihrer 45 Jahre und ihrer 250 Pfund alles andere als eine Vestalin, und sie soll diejenigen, denen sie — natürlich bildlich — das Schnupftuch zuwirft, gleichzeitig zu Liebhabern und Ministern machen.

Die Methode scheint sich bewährt zu haben, denn sie hält seit vielen Jahren an ihr fest; immerhin ist es anzuerkennen, daß sie selbst sich hinreichend den Regierungsgeschäften widmet, um mit zwei solcher Ministerien auszukommen; und nur ein ganz böser Mensch wird be= haupten, daß je andere als Staats=Interessen einen Wechsel in der Be= setzung dieser wichtigen Ämter herbeiführten oder daß der Verwaltung des Sultanats je durch eine Vakanz Schwierigkeiten entstanden wären. Denn wie ein guter, seinen Wald pfleglich behandelnder Forstmann fällt Discha in ihrem Liebesgarten die alten Bäume erst dann, wenn sie aus den Schonungen der Jugend des Landes neue Stämme als Ersatz für die morsch gewordenen verpflanzt hat. — — — — —

Nur ein paar kurze Tage blieb ich an dem fröhlichen Hof, der auch einen Vetter Dischas, einen alten, wackligen, querulierenden Schwach= kopf von Prätendenten beherbergt, dann zog ich auf eintönig durch Steppe und lichten Wald sich windendem Pfad nach Süden weiter.

15. Dezember 1897.
Im Lager am Malagarassi.

6*

Brief X.

1. November. Nachdem wir heute vier Stunden durch die gleiche Landschaft wie an den vorhergehenden Tagen gezogen waren — abwechselnd Myombo- und Steppenwald und ausgedehntes Grasland — fing gegen 11 Uhr das Bild sich zu verändern an. Das gelbe glänzende Hochgras verschwand und verwandelte sich in frischen grünen Rasen, in welchem eine weiße Blume ansehnliche Beete bildete; auf kleinen Erdhügeln standen hohe, schattige Bäume, von tausenden von dunklen Schlingpflanzen umsponnen, und nicht zu fern sah man eine große Reiherschar spielend in den Lüften schweben. Über den Bäumen, die hie und da in Bosketts oder wie Baumschulen geordnet, die Steppe unterbrachen, lag ein Hauch von Frische und Duft, der mir etwas Ungewohntes war und meine Gedanken in weit zurückliegende Zeiten und Länder ablenkte. Zwanzig Minuten später stiegen wir einen steilen Graben hinab und befanden uns in dem 15 Meter breiten, doch trockenen Bett des Ugalla. Aber schon als wir die andere Seite hinaufstiegen, sahen wir ganz nahe ein mit Blättern und Bäumen bedecktes Gewässer, das zwischen hohem Uferdickicht sich verbarg, erst schmal, allmählich aber auf 40 Meter sich verbreiternd. So weit das Auge sah, dehnte sich die gleiche, frische, grüne Parklandschaft aus, von einer reichen Vogelwelt belebt. Schwarze Sporngänse gehen watschelnd, den Kopf rechts und links drehend, in der Nähe der Ufer spazieren und entschließen sich nur unwillig zur Flucht; über den Wasserspiegel huschen zierliche rotbraune Hühnchen und berühren kaum die breiten Blätter, von einem zum andern mit gesenktem Köpfchen trippelnd; ein Zwergsteißfuß fährt erschreckt mit schwirrendem Fluge aus dem Schilf auf und verschwindet am nahen Ufer, wo der merkwürdige Schlangenhalsvogel unbeweglich, einer großen hölzernen Fledermaus vergleichbar, mit ausgebreiteten Flügeln auf einem Baumstamm sitzt und sein glänzendes schwarzes Gefieder von der Sonne trocknen läßt. Mit stolzer Haltung und schwerem, gleichmäßigem Flügelschlag streicht ein Riesenreiher längs des Wasserspiegels. Auf den Ästen eines abgestorbenen Baumes sitzen Geier und äugen furchtlos nach den Fremden, erst spät die Flucht ergreifend, um am anderen Ufer rasch

wieder aufzubäumen. Weiße Kuh=Reiher sitzen zu zwanzig, dreißig auf
einem Baum, der weit über den Fluß hängt, als drückte ihn die Last
der Vögel hinab. Regenpfeifer fliegen mit ärgerlichem Geschrei um die
Träger, die sich nach allen Richtungen zerstreuen, um Brennholz zu
suchen, und erfüllen die Luft mit ihrem drolligen Schimpfen. Aus der
Ferne aber tönt wie feiner Glockenklang der reine, bald tiefe, bald
hohe Ton eines Vogels, der kein anderer als der Orgelwürger sein
kann. Außer diesen sehe ich noch eine Unmenge großer und kleiner
Vögel, deren Identität ich weder kenne noch vorläufig festzustellen
vermag. Ein Rekognoszierungsmarsch lehrt mich, daß unser bisheriger
Weg nach Süden weiter läuft, während der Fluß nach Nordwesten
zieht, aber bald versiegt. Ein Weg ist auf beiden Ufern nicht sichtbar.
Die Fragen: Werden wir täglich Wasser finden? wie werde ich die Leute
verproviantieren? machten mir etwas Sorge.

2. November. Wir zogen heute immer durch die schöne Parklandschaft
dicht am Flusse, der nach einer halben Stunde versiegte. Aber sein Bett
blieb immer durch dichten Baumwuchs bezeichnet, dessen Wurzelwerk,
vielfach von dem in der höchsten Regenzeit heftig strömendem Wasser
der Erde beraubt, wie Hilfe flehend in die Luft ragt. Auf der Suche
nach einem Weg kreuzten wir mehrfach das Bett und stießen dabei auf
die Reste einer Fischerhütte, mit vielen Netzen und Fallen, von der aus
ein verwachsener Pfad das linke Ufer entlang führte, bis er sich in
einer weiten von Wald und kleinen Erdhügeln eingerahmten Steppe
verlor. In ihrer Mitte fließt der Ugalla als schmale Rinne mit trübem
Wasser und offenen oder mit Mimosen bestandenen Ufern, zu denen
von beiden Seiten viel Wildfährten laufen. Mehrfach scheuchten wir
eine flüchtige Gazelle auf, die in dem hohen Gras ihr Schläfchen hielt
und erschreckt die Trägerreihen durchbricht. — Ohne Besinnen schleudert
der Fähnrich Kipenda Matako das ihm anvertraute schwarz=weiß=rote
Heiligtum als Wurfspeer durch die Luft, das Signal zu einer unsinnigen
Hetze; krachend fliegen die Kisten zur Erde, und Männer, Weiber und
Kinder verfolgen die in ihrer Angst doppelt raschen Tiere mit wildem
Geschrei, das ich vergebens zu übertönen versuche. Das Ende ist,
daß ich eine Viertelstunde Marschzeit verloren habe, etliche Flaschen
zerbrochen sind, die Leute atemlos und mit scheuem Verbrecherblick
zurückkehren, der Schausch den Fähnrich prügelt und die Gazellen über
alle Berge sind.

Ich war grade mit dem Entwurf einer für meine Leute bestimmten

Rede über das Unnützliche, Gefährliche und Verwerfliche einer impro=
visierten Treibjagd beschäftigt, als ich bei einer kleinen Wegbiegung
ganz unvermittelt ein Bild vor mir sah, das mich allen Ärger vergessen
ließ und mich mit stummem Staunen gebannt hielt. Vor mir lag der
Ugalla als 80 Meter breiter, weithin in sanfter Windung sich dehnender
Strom mit kristallklarem, blauem Wasser, inmitten einer Landschaft,
deren Zauber nach der Öde der letzten Monate wie ein leiser warmer
Frühlingsregen auf meine Seele fiel.

Bald bis dicht an die Ufer tretend, bald weit zurückweichend, zieht
sich ein Akazienwald längs des Wassers, und die leuchtenden Blüten
liegen so dicht auf den Ästen wie goldener Schnee. Wo die Ufer frei
sind, bedeckt sie das zarte Grün der Wiesen, auf denen rote brennende
Astern=ähnliche Blumen gleich großen Blutstropfen glühen, und auf
den hellen Gräsern tanzen die Sonnenstrahlen und leuchten aus den
Tautropfen mit tausend jauchzenden Kinderaugen zum wolkenlosen
Himmel. Welch ein Reichtum an Formen und Farben! Zahllose Winden
ranken sich um die dunklen dichtbelaubten Äste hochstämmiger Ufer=
bäume und werfen von oben eine Fülle weißer und violetter Blumen
hinab, die bei jedem Lüftchen gleich Schmetterlingen auf und nieder
schweben. Und als wären es ihre eigenen Blüten, so neigen sich die
alten morschen Gesellen eitel über das Wasser und strecken ihre Arme
weit vor, als wollten sie das eigene Bild liebkosen. Und die Eitelsten
der Eiteln greifen sogar mit plumpen Fingern nach den Seerosen hinab,
die ihre goldblonden Köpfchen kokett zwischen den breiten grünen
Kragen wiegen. Als Zuschauer aber liegen in der Mitte des Stromes,
unbeweglich wie verankerte Baumstämme, zwei Krokodile und glotzen
träge zu den Sonnenstrahlen, Bäumen und Seerosen hinüber. Sonst
tiefe Einsamkeit um uns. Doch nein! Weitab löst sich aus dem Dunkel
des jenseitigen Uferdickichts ein Kahn, den ein aufrechtstehender Ein=
geborener über das stille Wasser lenkt. Wir eilen rasch vorwärts und
finden die Stelle, wo er gelandet ist, Kahn und reiche Beute in Stich
lassend. Nicht weit davon auf einer kleinen Wiese dicht am Fluß lasse
ich das Lager aufschlagen. Einige Kähne, geschickt aus der Rinde je
eines Mnombobaumes gefertigt und zum Trocknen aufgehängte Netze
verrieten uns die Nähe einer größeren Fischerniederlassung. Wir finden
sie auch bald in dem dichten Uferwald versteckt, ärmliche Hütten, von
nomadisierenden Wagunda zu temporärem Gebrauch errichtet. Auf
hölzernen Rosten liegt Nilpferdfleisch und eine reichliche Menge barsch=

artiger Fiſche, die ich als willkommenen Proviant kaufe. Zwiſchen einem der Fiſcher und meinem Träger Feruſi, ſeinem Neffen, findet ein rührendes Wiederſehen ſtatt. Nachmittags ſchoß ich ein Zierböckchen.
3. November. Ruhetag. Ich machte einige Photographien der ſchönen Landſchaft. Meine Leute gehen auf Fiſchfang aus, und unbekümmert um die ſich reſpektvoll in einiger Entfernung haltenden Krokodile baden ſie, bis zum anderen Ufer ſchwimmend, und ſind guter Dinge. Eine Anzahl, die ich einige Stunden weit in Dörfer geſchickt habe, kommen mit reichlichem Proviant wieder. Alſo auch dieſe Sorge unnötig.

Nachmittags lockt mich der Wildreichtum wieder zur Jagd, wobei ich eine Antilope ſchoß. Während ich einen der beiden mich begleitenden Askaris mit der Beute zum Lager ſchicke, gehen ich und der andere dem Wild nach. Beim Verfolgen einer großen Kuhantilope werde ich von der Dämmerung überraſcht, und da der Himmel ſeit Mittag mit dichtem, grauen Regengewölk bedeckt iſt, ſenkt ſich raſch die Nacht auf den Wald, ohne daß ich weiß, wo die Sonne untergegangen iſt oder das Lager ſich befindet. Auch von meinem Gefährten, der den Spuren von Zebras nachgegangen iſt, iſt nichts zu ſehen, noch zu hören. Ich ſuche mir ungefähr den zurückgelegten Weg zu rekonſtruieren und eile dann in der angenommenen Lagerrichtung vorwärts. Ich rechnete, nach einer Stunde auf den Fluß zu ſtoßen und damit eine Direktion zu haben. Aber nach 1¹/₂ Stunden iſt der Wald noch immer ſo dicht wie vorher und keine Spur vom Fluſſe zu entdecken. Die Situation war um ſo unbehaglicher, als ein feiner Regen fiel und die dünnen Kleider raſch durchnäßte. Oft gerate ich in dichtes Dorngeſtrüpp, aus dem ich mich nur mit zerriſſenem Zeug und blutigen Händen herausarbeite, oder eine am Boden kriechende Schlingpflanze packt mich an den Füßen und verwickelt ſich in die Schnüre meiner Schuhe. Zweige ſchlagen mir ins Geſicht, Baumſtämme kreuzen hindernd meinen Weg, oder ich ver= ſinke mit einem Bein in das Erdloch eines Wildſchweins. Bisweilen fährt ſchwirrend ein Vogel neben mir auf, daß ich von dem plötzlichen Geräuſch erſchreckt zur Seite ſpringe, oder die dunklen Umriſſe eines Termitenbaus veranlaſſen mich, mit dem Gewehr in Anſchlag klopfenden Herzens ſtill zu ſtehen und den Angriff eines Raubtieres zu erwarten. Bisweilen zerreißt der Wind das Gewölk ein wenig, und dann er= leuchten die Sterne mit fahlem Scheine die Baumſtämme, deren welke Äſte in den ſonderbarſten Formen von der grauen Dämmerung ſich abheben. Von dem raschen Laufen, Klettern und Stolpern und dem mir ungewohnten Tragen des Gewehrs erschöpft, überlege ich gerade, ob ich nicht besser täte, unter einem Baume den Morgen abzuwarten, als in meiner Nähe ein Schuß fällt. Es ist mein Jagdgefährte, der meinen Signalschüssen nachgegangen war. Auch er weiß nicht, wo die Sonne unterging, bezeichnet aber mit aller Bestimmtheit die Richtung des Lagers. Ich bin anderer Ansicht, weil ich, als der Himmel etwas sichtbar war, die Figur des Cetus erkannt haben wollte. Er wagt nicht zu widersprechen und wir verfolgen meine Richtung, aber nach einer weiteren halben Stunde fange ich selbst an zu zweifeln, da immer noch nicht der Fluß sich zeigt. Wieder gibt er mit Bestimmtheit eine Richtung an. Wir verfolgen sie und kreuzen viele Wildpfade und weite Lichtungen, über denen der Regen wie eine feine Wolke liegt. Abermals muß eine Stunde vergangen sein, und ich beginne schon ungerecht zu werden und dem Askari in gereizten Worten die Sicherheit seines Urteils vorzuhalten, als wir, eine Lichtung passierend, plötzlich das ohrenzermarternde Kreischen eines Antilopenhorns hören, und gleichzeitig tanzen auch schon wie große Leuchtkäfer brennende Holzfackeln zwischen den Bäumen vor uns und erleuchten märchenhaft die alten Stämme. Es war ein Trupp zum Suchen ausgesandter Leute. Jetzt erst spürte ich auch, daß ich seit vielen Stunden nichts gegessen habe, und bin herzlich froh, als ich nach etwa dreißig Minuten das Lager erreichte, von den Leuten mit Freudengeschrei empfangen. Es war 1/210 Uhr vorbei. Ich war also in einstündigem Umkreis des Lagers 3 1/2 Stunden umhergeirrt.

5. November. Ich kann mir keine größere Eintönigkeit im Wechsel denken als diese Wälder. Fast hätte ich mich heute bei einer botanischen Exkursion wieder verirrt. Es sind immer wieder die gleichen Hochgras= lichtungen mit ihren Erdhügeln und dem dunklen Waldrahmen, die den dichten Baumbestand unterbrechen. Jedes dieser zerstreuten Busch= dickichte gleicht dem andern. Immer wieder stößt man auf Stellen, wo ein Haufen entwurzelter Stämme von Gras und Schlingpflanzen über= wuchert wird, oder wo eine spärliche Krautvegetation auf nacktem, baumlosem, sandigem Boden weite Flächen bildet, oder wo junger Nachwuchs gleich Schonungen geordnet steht, vielfach zerwühlt und zerstampft von den zu ihren Weideplätzen eilenden Nilpferden. Kein Wunder, daß mir nachts jede Orientierung fehlte.

Mittags marschierten wir weiter.

Ich staune und staune über die jähen Veränderungen des Flusses von einer 300 Meter breiten Bucht zum Tümpel oder von mächtigem Strom zur Trockenheit. Aber noch mehr staune ich und kann mich nicht satt sehen an seiner Schönheit. Wenn ich heute in einem der stillen Gewässer plötzlich einen der Fischer seinen Kahn durch die Fluten lenken sah, war es mir, als würden die Bilder, die ich als Kind im Robinson gesehen habe, zu Gestalt und Leben erweckt.

7. November. Ich marschierte in den letzten Tagen immer dicht am Fluß, obwohl es oft sauer genug war. Die Karawane mußte mehrfach landeinwärts gehen, weil mit den Lasten nicht vorwärts zu kommen war. Das Gras schießt täglich üppiger in die Höhe, so daß wir die Beine so hoch heben müssen wie bei sehr hochstufigen Treppen. Dazu ist es frühmorgens so naß, daß wir in kurzer Zeit bis auf die Haut gebadet sind. Schlimmer noch war es an einzelnen Stellen des Waldes. Oft starrten uns förmlich Wälle von Sträuchern und Schlingpflanzen entgegen, durch die wir mit Äxten und Haumessern Minen legten. Ein fortwährendes Bücken, Kriechen, Hängenbleiben und Stolpern. Schimmerte nicht das Wasser durch die Lücken, so hätte ich für meine Peilungen gar keine Direktion gehabt.

Gestern lagerten wir an einer Stelle, wo der Fluß sich, bevor er sich zu einer 200 Meter breiten Bucht erweitert, in mehrere Arme teilt, die zwei kleine Sandinseln umfassen. Als ich mit einem Askari eine von ihnen aufsuchte, hätte den armen Burschen beinahe ein böses Geschick ereilt. Ein Regenpfeifer rettete ihn. Ich neckte den kleinen Kerl, der uns schimpfend verfolgte, und nach oben sehend, bemerkte ich einen schweren Baumstamm an einer Schnur hängend. Ich hatte gerade noch Zeit, den Askari anzurufen, denn zwei Schritt vor ihm lag auf der Erde, unter Gras versteckt, das andere Ende der Schnur, das den Apparat auslösen sollte, offenbar das Werk eines umherschweifenden Jägers zum Töten von Nilpferden bestimmt.

10. November. Heute Ruhetag, da die Leute trotz der kleinen Märsche wegen der sich häufenden Marschschwierigkeiten etwas erschöpft sind. Wir lagern in der Nähe eines aus wenigen Hütten bestehenden neuerbauten Dorfes. Sonst haben wir noch keine Niederlassungen berührt. Doch liegen landeinwärts des Flusses einige Stunden entfernt Wagalladörfer, deren Häuptlinge Friedensversicherungen und Geschenke zu mir schickten. Durch einen Mann, der sich meiner Karawane angeschlossen hatte, war das Gerücht verbreitet worden, daß ich käme, um sie zu bekriegen, weil ihm angeblich von einem Mgalla-Sultan Unrecht zu-

gefügt war. Durch allerhand Schreckbilder suchte er mich vom Flusse weg und in die Gegend seiner Feinde zu locken. Als ihm das nicht gelang, erfüllte er die leicht erregbare Phantasie meiner Leute mit fürchterlichen Bildern von gefährlichen Sümpfen, reißenden Flüssen, wütenden Nashörnern und ähnlichem Nonsens. Deshalb jagte ich ihn vorgestern, als wir die Straße von Ugunda nach Karema (Tanganika) kreuzten und er seine Beschwörungen wieder aufnahm, mit seiner Sippschaft davon, wobei er mir angeblich Rache geschworen haben soll. Als ich daher gestern vor mir plötzlich zehn Schüsse hörte, glaubte ich, daß er den Augenblick sich zu rächen wahrgenommen hatte, und eilte im Sturmschritt vorwärts. Die Sache war ungefährlicher. Sieben meiner Askaris hatten die kühne Tat vollbracht, ein ganzes Krokodil anzu= greifen, und von den zehn Schüssen, aus drei Schritt Entfernung abge= feuert, hatte auch wirklich einer getroffen. Das gibt einen Maßstab für die Fähigkeiten der Helden, mit denen ich den Tausenden von Kriegern des Königs von Ruanda imponieren soll.

Ich verzweifle bei dem Versuch, der immer aufs neue sich wandelnden Schönheit der Flußlandschaft mit meinen Worten gerecht zu werden, ihrer heiteren Anmut und ihrer herben Größe. Welch eine ernste Sprache reden diese dunklen Seen mit ihrer düsteren Uferwaldung im dämmernden Abend, wenn auf den Wassern schon die Schatten schlummern und nur noch ein matter Glanz am westlichen Himmel die Kronen der Bäume goldbraun umsäumt; wenn in lautlosem Fluge die Fledermäuse ihre schwarzen Kreise ziehen und aus den Tiefen des Dickichts die eintönig= klagende Weise des Orgelwürgers die stille Luft durchzittert, bis der kühle modrige Duft, der aus dem Schilf aufsteigt, die Nacht verkündet und zuletzt jede Farbe, jeder Laut in dem großen schwarzen Schweigen der Einsamkeit erstirbt.

Welch ein Kontrast, wenn der dampfende Strom im lustigen Schein der Morgensonne taufrische Wälder und Wiesen durchströmt, wenn tausend kleine Wölkchen seinen Spiegel entlang kriechen, an den Ufern emporklettern und in den Wipfeln der Bäume sich verlieren; wenn die Netze der Spinnen auf Sträuchern und Gräsern wie köstlich glitzernde Perlenschnüre hängen; wenn der Seeadler, der stolzeste und einsamste, seinen hellen Schrei kampfesfroh über die Wasser sendet, daß alle anderen Vögel ängstlich verstummen und die Luft so rein und klar ist, daß die entferntesten Schirmakazien — noch bis in die zartesten Ver= zweigungen sichtbar — ihre Körper verlieren und wie von einem feinsten Pinsel auf den Himmel gemalt erscheinen.

Und die Nächte — wie denn vermöchte ich, die Nächte zu schildern und ihre Schönheit, die nicht von dieser Welt ist, an der jedes Wort zum Verrat wird, die meine Seele wie ein köstliches Geheimnis empfand, das die Gottheit ihr anvertraute.

Wenn über dem Wasser der Nebel braut, wenn das Mondlicht auf Wald und Wiesen rieselt, wenn Silber von jedem Blatt tropft, zu Silber alles Gestein wird, wenn überall ein silberner Dunst wallt und wogt und flutet, — dann beginnen die Geister, sich zu regen. Dann stehe ich atemlos hinter einem Baum und sehe, wie sie aus allen Tiefen ihre durchsichtigen silbernen Leiber erheben, wie sie in nicht endenwollendem Zuge feierlich über den Fluß ziehen, wie sie im Reigen sich drehen, wie sie auseinander fliehen, wenn der plumpe Kopf eines schnaubenden Nilpferds aus der Tiefe zwischen ihnen auftaucht, wie sie in tollem Mut in die Wipfel der Bäume klettern und von oben sich wieder hinunterstürzen, wie sie als schimmernde Schlangen um die Felsblöcke sich winden, oder als schwere gesanglose Vögel durch die Lüfte ziehen, oder als menschliche Ungeheuer mit langen zerfetzten Mänteln durch die Bäume schleichen, oft dicht an mir vorbei, daß ich ihren kalten feuchten Atem an meiner Stirn spüre. Und das Rauschen des Windes im Schilf begleitet die Feier mit eintönigen Weisen.

14. November. Die Schwierigkeiten des Marsches häufen sich, aber die Schönheit des Ugalla bleibt unverändert. Vorgestern kamen wir an eine Stelle, wo er sich in eine Reihe von Armen teilt und dann ein sehr breites flaches Bett bildet. Aus einem Dickicht heraustretend kamen wir an eine große Lichtung. Hier war der Fluß wieder vereint und verschwand gradlinig als breiter Kanal von vielen Pflanzen bedeckt, zwischen dunklem, parkähnlichem Wald. Es lag eine tiefe Traurigkeit über der Landschaft, eine hoffnungslose Verlassenheit, die das wahnsinnige Angstgeschrei der schwarzen Hagedasch=Ibisse noch erhöhte. Um so mehr war ich erstaunt, Reste einer Niederlassung zu finden, die in der Nähe eines hier einmündenden Nebenflusses standen. Als ich die Situation auf Grund meiner Skizzen bedachte, blieb mir kein Zweifel; ich befand mich am Wala, und die verkohlten, später von nomadi= sierenden Jägern notdürftig wiederhergestellten Reste einer Wohnstätte waren die Überbleibsel des unseligen Weidmannsheil. Mit schmerzlichen Empfindungen dachte ich der Männer, die hier gewirkt haben; ubi sunt qui ante nos in mundo fuere? Kaiser tot, Boehm tot, Reichard ver= schollen und alle halb vergessen. Wenn diese Ruinen reden könnten,

was würden sie erzählen von Arbeit und Entbehrungen, von Fieber=
nächten und Kämpfen mit dem Tode, von Seufzern und Verzweiflung,
aber auch von unerhörter Energie und Unverzagtheit, die die letzten
dieser Männer auch dann nicht verließ, als das schrecklichste Verhängnis,
der Brand von Weidmannsheil mit seinen furchtbaren Verlusten über
sie hereinbrach. Die Briefe Boehms aus jener Zeit sind ein wahres
Labsal für jeden, der sich von dem Gewimmel kleiner Seelen angewidert
und mutlos abwendet.

17. November. Wenn die Aussage eines nomadisierenden Jägers
richtig ist, daß das Flußbild von jetzt an so bleibe, wie wir es heute
gefunden haben, so scheint für meinen Marsch eine neue Phase zu be=
ginnen, die nichts weniger als erfreulich ist.

23. November. Der Jäger hatte Recht. Das Bild des Ugalla ist total
verändert. Am 16. November bot es noch die alte Abwechselung, ja an
diesem Tage und den ersten Stunden des nächsten kam als neuer Reiz
noch das Auftreten von Tausenden von prachtvollen Borassuspalmen
hinzu, dann aber kam die Wandlung. Es verschwanden die dicht=
bewaldeten oft hohen Ufer mit ihren alten schönen Bäumen, die stillen
Buchten, die kleinen und großen, heiteren und herben Seen, die Park=
landschaft mit ihren scheinbar wohlgepflegten Rasenflächen, ihren grad=
linigen Kanälen, ihren dichten Laubgängen, es verschwindet der rasche
Wechsel vom Strom zum Bach, vom See zum Tümpel, von weiten
Buchten zur Trockenheit — eintönig, ohne große Breitenunterschiede,
mit offenen Ufern, von Sumpf oder verfilztem Hochgras eingerahmt,
schlängelt sich der Ugalla 50 Meter breit durch weite heiße Steppen, die mit
zahllosen kleinen Grashügeln besät sind oder durch lichten schattenlosen
Steppenwald, während ihn landeinwärts dichter Mnombo begleitet,
der aber nur selten bis in unsern Marschbereich sich erstreckt. Die Weg=
schwierigkeiten waren außerordentlich groß. Um den Fluß nicht zu=
verlieren, machte ich immer wieder den Versuch, mich ihm zu nähern
und geriet immer wieder in die tückischen Sümpfe, die sich unter einer
dichten Hochgrasdecke verbergen.

Mehrfach suchte ich das andere Ufer zu gewinnen, das oft mit
Mnombo=Wald besetzt ist und weniger Schwierigkeiten zu bieten scheint,
aber stets täuschte das klare Wasser und ich mußte immer wieder um=
kehren, weil die Träger mit den Lasten nicht hinüberschwimmen können.
Dann war der Marsch mit den wassergetränkten schweren Kleidern
doppelt unangenehm. Denn es ist ohnedies schon entsetzlich ermüdend,

täglich einige Kilometer gleichsam treppansteigend zurückzulegen, den Fuß mit Gewalt aus dem in der Tiefe verfilzten Schilf und dem Schlamm loszureißen und bei jedem Schritt bis zum Leib in das Gras zu sinken, das so dicht steht, daß es unter dem sich dagegen lehnenden Körper nicht zusammenbricht, sondern elastisch wie ein Heuhaufen nachgibt. Oft verharrten die Leute, aber auch ich, wenn wir besonders tief einsanken, in halb stehender, halb liegender Stellung, bis wir uns etwas erholt hatten. So ging es sechs Tage, in denen wir täglich einige Stunden keuchend durch die Sümpfe tappten; aber ich konnte es ihnen nicht ersparen. Wo ich von einem der kleinen Erdhügel aus einen Überblick hatte, vermied ich die schlimmen Ufer; aber leider war das nur selten, weil das hohe Gras die Aussicht total sperrte. Seit heute ist es wieder etwas besser. Wir erreichten heute die Berge von Kawende und Gombe, die bis an den Fluß herantreten, so daß er keine Gelegenheit zu großer Sumpfbildung hat. Menschliche Niederlassungen sehen wir mehrfach am jenseitigen Ufer, ein Dorf auch am diesseitigen. Vier bis fünf Hütten standen mitten im Sumpfe auf kleinen drei Meter hohen Erdhügeln; auch für die ärmlichen Pflanzungen waren kleine Erhebungen benutzt. Ein jammervolles Dasein. Und diese armen Toren flohen mit ihrem Kahn zum jenseitigen Ufer, als wenn irgend etwas zum Rauben hätte reizen können.

24. November. Längs der Berge und des Flusses marschierend, kamen wir heute an ein Dorf, Ngalamila. Obwohl ich Parlamentäre vorausschickte, flohen die Leute in die Berge. Ich stellte zum Schutz ihres Eigentums Wachen auf. Später griffen wir einen ahnungslos vom Honigsuchen heimkehrenden Mann und belehrten ihn über das Törichte der Flucht. Nach langem Schauri überredete er die Seinen zur Rückkehr; aber sie taten es nur in großem Bogen. Ich schenkte dem Manne Stoffe und versprach für morgen noch mehr.

25. November. Unbegreiflich. Der Beschenkte ist heute nacht entflohen und die anderen haben all ihre Habe in ein Dorf am jenseitigen Ufer gebracht. Daß ich, wenn ich zum Rauben Lust gehabt hätte, dies gestern bequem hätte tun können, scheinen sie übersehen zu haben. Der Ortschef kroch heute in einer so menschenunwürdigen Weise vor mir, daß es mich anekelte. Beim Verkauf von Lebensmitteln zeigte er sich übrigens sehr auf seinen Vorteil bedacht.

26. November. Meine Leute tun mir während des Marsches leid. Nichts entschädigt sie für die Strapazen. Ein gebahnter Weg durch

bebend heiße Steppen dünkt ihnen tausendmal schöner als Fluß und
Gebirge, wenn man sich ihren Anblick erkämpfen muß. Sind sie aber
im Lager, dann haben sie wieder alles vergessen. Dann entwickelt sich
rasch ein bewegtes heiteres Leben. Wenn die Zelte aufgeschlagen sind,
beginnt sofort die Tätigkeit, die ihrem Dasein erst seinen Inhalt gibt,
die Zubereitung des Essens. Sie selbst beschränken sich allerdings meist
nur darauf, die Lebensmittel einzuhandeln und als Sachverständige
um die Töpfe zu sitzen, in denen die Weiber den Ugalli, den täglichen
Mehlbrei, zusammenrühren. Gewöhnlich hat jede Speisegenossenschaft,
zu der sich nach altem Reisebrauch fünf bis acht Leute zusammentun,
ein Mitglied mit einer besseren Hälfte, die dann für alle sorgt. Das
Herbeischaffen von Wasser und Brennholz wird meist gemeinsam be=
trieben, während die Grasbündel, die als Bett dienen, fast ausschließlich
von den Boys besorgt werden. Wenn nun an allen Ecken und Enden
die Feuer an den Töpfen emporlecken, wenn es überall brodelt und
zischt und dampft, dann kommt wieder Frische und Leben in die er=
müdeten Glieder. Die einen gehen in den Wald, um Honig zu suchen,
die anderen angeln mit der primitivsten Angel der Welt, einer langen
Schnur mit einem gekrümmten und geschärften Nagel am Ende und
doch bringen sie mit ihr mannslange Welse und andere Fische ans Land,
die sie auf hölzernen Rosten braten. In gleicher Weise behandeln sie
das Fleisch der Nilpferde, die ich ihnen schieße. Aber nur die Leute von
Pangani und die Wanjamwesi essen es, während die anderen es um
keinen Preis annähmen, weil die Tiere nicht mit durchschnittenem Hals
verendet sind. Dabei sind sonderbarerweise die Pangani=Leute vielmehr
vom Islam durchsetzt; sie trinken keine Pombe und halten zum Teil
regelmäßige Andachten ab, was meinen übrigen Küstenleuten nicht
einfällt. Die Antwort auf alle Fragen nach den Gründen ihres ver=
schiedenen Verhaltens lautet immer „dasturi", „das ist einmal so Sitte".
Einzelne Leute von Bagamojo sind so schlau, sich ihre Ration geben zu
lassen, auch wenn sie sie nicht essen, um sie an Eingeborene gegen andere
Nahrung einzutauschen. Andere verschmähen das Fleisch, aber benutzen
das reichliche Fett, um Lampenöl herzustellen, oder sie schneiden aus
der Haut die berühmten Nilpferdpeitschen.

Während die Einen so einen geschäftigen Müßiggang treiben, geben
sich die anderen ganz dem süßen Nichtstun hin. Hier wird geschwätzt
und gelacht, dort mit von langjährigem Schmutz klebrigen Karten
gespielt; hier läßt einer unaufhörlich den ngubu, die einsaitige Guitarre

der Küste ertönen, und dort widmet man sich eifrig einem hübschen Brettspiel, mbau, das man in jedem Dorfe findet. So geht die Zeit bis zu dem großen Augenblick hin, wo das Sachverständigen-Kolleg, das schon mehrfach die beim Rühren am Löffel hängen bleibenden Reste geprüft hat, den entscheidenden Spruch fällt. Dann kommen sie um den großen Topf, greifen mit der Rechten abwechselnd hinein, kneten den Brei in der Hand zur Kugel und dann erst schieben sie ihn — o Augenblick, gelebt im Paradiese — in den Mund, mit den Augen schon nach der Stelle schielend, die zunächst in Angriff genommen werden soll. Gesprochen wird wenig beim Essen, das würde nur die Behaglichkeit stören. So macht die ganze Mahlzeit einen so automatischen Eindruck, daß ich immer an die mechanischen Figuren in den Schaufenstern kleinstädtischer Uhrmacher denken muß, an den Unglücklichen, der ewig Wurst zu essen verdammt ist, an die Schuster mit vierundzwanzigstündiger Arbeitszeit usw.

Ist die Mahlzeit beendet, dann wird geschwatzt und ich höre von meinem Schreibtisch aus oft noch lange nach Mitternacht das gedämpfte Lachen und Plaudern einzelner Gruppen.

Dämmert aber der Morgen und heißt es, die Lasten packen, dann sind die Mienen — ach so sauer, dann ist nichts mehr übrig geblieben von der strahlenden Wonne des vergangenen Tages, bis wieder der Befehl zum Lagern gegeben wird und der Ruf „hema, hema", „das Zelt, das Zelt", sich vom ersten bis zum letzten fortpflanzt wie einst das θάλαττα θάλαττα der Griechen. Und wieder lächelt diesen Kindern das Leben.

27. November. Die letzten Tage boten wieder neue Marschschwierigkeiten; aber der Ugalla entschädigte mich durch seine alte Schönheit. Es ist, als wolle er beim Abschied noch einmal alle seine Wunder entfalten, denn der große See, an dem ich heute lagere, ist sein Ende, von morgen ab heißt es „der Ugalla ist tot; es lebe der Sindi". Gestern lagerten wir an einer kleinen Bucht, zwischen dicht bewaldeten Hügeln, über die wir uns mühsam einen Weg gebahnt hatten, mit dem Blick auf den blauen Spiegel, den das zarte Grün einiger Inseln freundlich unterbrach. Heute versiegte nach einer Stunde plötzlich das Wasser und eine Fortsetzung war nicht sichtbar; von einem kleinen Erdhügel aus sah ich nichts als einen Papyrussumpf, der mehrere Kilometer breit war. An seinem Rande marschierten wir weiter, einige Ausläufer kreuzend.

Dann sperrte uns ein steiles Tafelgebirge den Weg, aber vorwärts mußten wir. So gingen wir auf den jähen Abhängen, auf Wildpfaden, die der Regen erweicht hatte, über glattes Gestein durch Dickicht und Schlinggewächs mit den Messern uns Bahn schaffend, zur Rechten den steil aufsteigenden Berg, zur Linken den Sumpf. Ich eilte in der Hoffnung, auf bessere Wege zu stoßen, möglichst rasch vorwärts; hinter mir verrät von Zeit zu Zeit das Geschrei der Karawane, daß ein Träger gestürzt oder eine Last den Abhang hinab gerollt ist. Nachdem wir so zwei Berge passiert hatten und der Sumpf einem schönen See, mit Nil= pferden und Krokodilen reich belebt, gewichen war, ließ ich auf einer schmalen Lichtung lagern. Die Leute von Ngalamila hatten mir gesagt, ich würde in den nächsten Tagen auf Dörfer stoßen; so bestieg ich den Berg, an dessen Fuß unsere Zelte standen, gegen Abend, um Umschau zu halten. Aber so weit ich auch mit dem bewaffneten Auge sah, keine Spur einer Ansiedelung. Von jähen Gebirgen eingerahmt, dehnt sich der Sindi, mit Papyrus bedeckt, mehr als 1000 Meter breit, fast grad= linig, unter mir aus; ein ernstes Bild, aber von nicht beschreiblicher Erhabenheit. An einzelnen Stellen, auch dicht unter mir, bilden die Berge lange Spalten, deren Talboden von einer wilden, von Menschen= hand unberührten, von Menschen unbetretenen Vegetation erfüllt ist.

Ich trenne mich schwer von der ernsten Größe dieses Bildes.

Welch höchste Weisheit liegt in dem Gegensatz von Gebirge und Ebene.

Der wirre Lärm des Lagers, das Brüllen der Maskathengste, das Schnarchen der Nilpferde — alles vereint sich, bis es nach oben kommt zu einem feinen Summen, das der Wind in zerrissenen Lauten hin= aufträgt.

Dort liegt der Weg von heute morgen! Wo sind seine Widrigkeiten? Wo die schlimmen Sümpfe, das spitze Gestein, das dornige Buschwerk, die schlüpfrigen Pfade? Alles vereint sich hier oben zu einem schönen Teppich, der in allen Farben leuchtet; zum weichen, olivenfarbenen Sammet wurden die schlimmen Sümpfe, zu Perlen das spitze Gestein, zu dunklen, zierenden Flecken und Streifen das dornige Buschwerk, die schlüpfrigen Pfade. Das Disharmonische in Akkorde zu bringen, das Häßliche, Widrige, Rauhe in sein Gegenbild zu verwandeln, das ist die Weisheit der Berge; das ist es, was unsere Seelen auf den Bergen so erhaben stimmt. Was trieb denn Moses, was Christus auf die Berge? Gab es in der Ebene nicht schweigende Wüsten genug, nicht Inseln der

„Le bon père"

Einsamkeit, wo keines Vogels Laut ihre Zwiesprache mit dem hinter Wolken Verborgenen gestört hätte?

Und ward nicht mancher, der seinen Gott in der Ebene verloren hatte, von Gott auf den Bergen wiedergefunden? Und ich selbst: Habe ich den Spruch des Psalmisten „Blicke auf zu den Bergen, von denen die Hilfe kommt" nicht oft genug an der eigenen Seele erprüfen können?

In Runsewe, Ende März 1898.

Brief XI.

Es war ein wundervolles Bild, das ich am 27. November von der Höhe des Tafelberges aus genoß, ein Bild, das ich in den nächsten Jahren noch — ach, wie oft — sehen sollte, für dessen seltsame Schönheit mein Auge nie stumpf geworden ist, dessen Reize aber damals mit erster Frische auf mich wirkten.

Eine Stunde weit dehnt sich das 1000 Meter breite Tal unter mir aus, von Papyrus bedeckt, dem heute der graue Himmel nicht jenes freundliche Grün gönnt, über das an sonnigen Tagen die violetten Wolkenschatten wie ungeheure, wandernde Mückenschwärme ziehen. Heute aber liegt er dunkel da, ernst, fast verdrossen, eine einförmige, nur selten von einsamen Phönixpalmen überragte, tiefgrüne Masse, die hier und dort kleine Tümpel wie bleierne Scheiben mit stumpfem Glanz unterbrechen. Eine Rinne ist nirgends zu sehen, geschweige ein offener Flußlauf. Zu beiden Seiten steigen jäh die finsterbewaldeten Berge zu mäßigen Höhen auf. An einzelnen Stellen greifen sie weit in den Sumpf mit kulissenförmig gestellten Steilwänden hinein, zwischen denen sie sich amphitheatralisch ausbuchten und im Halbkreis helle Graslichtungen umfassen. Dicht unter mir zieht eine mit üppiger Strauch- und Baumvegetation erfüllte Spalte, die nach dem Sumpf hin mündet und im Osten mit einer zweiten fast rechtwinklig zusammenstößt. Der Regen hat schon seit einigen Stunden aufgehört, aber noch streichen schwere Wolken wie Nachzügler langsam die Berghänge entlang und schmiegen sich ihnen dicht an, als tasteten sie nach einer Öffnung, durch die sie entweichen und ihre Gefährten einholen könnten. Von menschlichen Wohnungen ist nichts zu entdecken, obwohl man mir vor einigen Tagen im letzten Dorf am Ugalla den Namen einer Niederlassung genannt hatte. Aber auch die Tierwelt scheint in diesem Tal der Verlassenheit fast ausgestorben zu sein. Wohl dringt aus dem Dunkel unter mir von Zeit zu Zeit das lang ausgehaltene Kurren eines Pisangfressers, und irgendwo in meiner Nähe antwortet ihm klopfend ein rotköpfiger Specht, den ich schon beim Aufstieg an den morschen Ästen einer Akazie habe herumrutschen sehen, aber sonst ist alles still und leer, und nichts scheuchen meine Schritte auf, als ich zum

Lager, deffen Lärm hier oben zu feinem Summen erftickt ift, den Berg
wieder hinabfteige. Es begann fchon zu dunkeln, denn an trüben Tagen
ift die Dämmerung noch kürzer als fonft, und ich hatte mich in den
Anblick des felten fchönen und mir fo fremden Bildes verloren. Überall
erheben fich aus dem feuchten Grunde die feinen nächtlichen Nebel=
fchwaden und fchweben in leifer Unruhe zwifchen den hohen Gräfern
auf und ab, um zuletzt als dichte, weiße, unbewegliche Maffe mit fcharf
abgefchnittenem Rand wie ein Gemäuer mit flachem Dach auf dem
Sumpf zu liegen, den fie zu erdrücken fcheinen.

Mit rafchen Schritten ftürme ich den Berg hinab, meinen Lauf an
jedem Baume brechend, der mit einem Regenfchauer die geftörte Nacht=
ruhe rächt, und ich hemme erft meine Eile, als ich die Lagerfeuer in
den Waldrand ihre flackernden Reflexe werfen fehe. Denn ein beklem=
mendes Gefühl war jäh über mich gekommen, wie über einen Dörfler,
der um Mitternacht an der Mauer eines in Schnee und Mondfchein
fchlafenden Kirchhofs vorübergeht. War es feige Schwäche, oder gibt
es in uns allen alte Kinderftuben=Erinnerungen, die in einem Winkel
der Seele liegen bleiben, um, von günftiger Gelegenheit geweckt, aus
dem langen Schlaf emporzufahren und wie fchwarze Fledermäufe uns
zu umflattern?

Wie mochte aber erft dem armen Teufel zu Mute fein, deffen Schick=
fal mich die nächfte Nacht befchäftigen follte. Als ich nämlich ins Lager
zurückkehrte, fand ich mich bereits fehnlichft erwartet. Mein Mnjam=
para Hamiß, den die Pombe=Abftinenz der letzten im Pori verbrachten
Zeit in eine Art pathologifchen Stumpffinn verfetzt hatte, kam mir über=
rafchend lebhaft entgegen und meldete mir, daß einer feiner Träger
vermißt werde. Er fei mit einigen Kameraden wilden Honig fuchen ge=
gangen, habe fich im Dickicht der Bergfpalte von ihnen getrennt, unfrei=
willig getrennt und wahrfcheinlich den Heimweg nicht finden können.

Und nun gab es eine unruhige Nacht. Auf dem Kamm des Berges
wurden Scheiterhaufen aufgetürmt, deren Flammen hoch zwifchen dem
regenfchweren Gezweig der Bäume aufzüngelten, daß fein Dampf fich
mit dem gelben Rauch des feuchten Holzes mifchte. Antilopenhörner
fandten ihren gellenden Ruf durch den Wald und in die Schluchten,
aus denen ein gebrochenes Echo fern und gedämpft wie aus den Ein=
geweiden der Berge zurücktönt. Nach jeder Stunde ftieg eine Salve in
die Höhe, und jedesmal fiel praffelnd ein Hagel morfcher Äfte aus den
Wipfeln, dem langfam gaukelnd die zerfetzten Blätter folgen.

7*

Eine Stunde hatte ich mit den Wachen am Feuer gesessen und mir abwechselnd die eine Seite geröstet, während die andere fror. Es träumt sich gut am Feuer, wenn nur die einförmige Weise der Gubu=Gitarre und das Glucksen der Wasserpfeifen die Stille unterbricht, und wenn man mit eingelullter Seele in die Flamme blickt, die die Tabakswolken in sich hineinzieht, oder in die Höhe, wo Mücken und Motten und allerhand fliegendes Nachtgetier feine Striche über das Stückchen Himmel zeichnen, das zwischen den vom Glutstrom leise auf und nieder schwankenden Zweigen hervorlugt. Immer dieselben beiden Töne spielt der Mann neben mir; immer in gleichem Takt schlägt er mit dem Rohrstäbchen auf die Sehne des Bogens, dessen Holz in der Mitte einen halben Kürbis als Resonanzboden trägt; immer vier Viertel: hell, dunkel, hell, dunkel und dann ein gespaltener, hölzerner Vor= schlag, der mit einer Art Fingerhut gegen den Kürbis geklopft wird. Djink, djunk, djink, djunk; dekkedjink, djunk, djink, djunk.

Und welche Träume ziehen durch die schläfrige Seele? Und worüber hält sie Zwiesprach mit dem Monde, der mehr noch der Landfremden als der Verliebten Vertrauter ist? Ach, wovon träumt, wer fern von der Heimat ist, wovon könnte er träumen! Und während die Bilder von allem, was ich liebe, durch die Flammen ziehen, singt ein Lied in mir, eintönig wie das Spiel des Gubu und immer mit demselben Refrain endend: Djink, djunk, djink, djunk. Wann? Wann? Dekke= djinkdjunk, djink, djunk. Wann? Wann?

Aber wehe dem, der nicht stark genug ist, solche Träume in kurze wohl= und wehmütige Feiertagsstunden zu drängen: Ihm schweifen immer abwärts die Gedanken,

Ihm zehrt der Gram das nächste Glück
Von seinen Lippen weg — — —

Für solche Naturen wird Afrika zum Verhängnis. Sind doch selbst an der Küste, wo hunderte von Deutschen zusammenleben, schon einige allzu zarte Menschen an Heimweh zugrunde gegangen. Und in Wirk= lichkeit ist die Sehnsucht nach geliebten Personen anderer Art und vielleicht weniger aufreibend als das Heimweh nach teuren Orten und vor allem Stimmungen, die mit ihnen verknüpft sind. So erinnere ich mich, manchmal geradezu wie einen physischen Schmerz das Verlangen nach einem kalten, norddeutschen Wintertag empfunden zu haben, und ich hätte damals meine Seele an jeden Teufel verkauft, wenn er mir für eine halbe Stunde meinen Wunsch erfüllt hätte. — — —

Doch man lebt nicht von Träumen allein, und nachdem ich mich an jenem Abend jede Viertelstunde wie ein Huhn am Bratspieß um meine eigene Achse gedreht hatte, um nicht vorne zum Flunder, hinten zur Fürst-Pückler-Speise zu werden, strebte ich in Beherzigung des Philo= sophen, der da sagt, daß, wer weise wählt, Wolle wählt, meinem Zelt und Bett zu, das wenige Schritte vom Wasser seinen Platz hatte. Und wenn man am Tage einige Stunden durch Sümpfe getappt und auf schlüpfrigen Wildpfaden sich die Gelenke abwechselnd aus= und wieder eingerenkt hat, dann schläft man in kurzem wie ein Murmeltier, auch wenn Antilopenhörner gellen, Salven krachen und harmlos neugierige Flußpferde, 30 Meter entfernt, mit wohligem Geschnaufe das Wasser aus den Nüstern stoßen.

Als ich am andern Morgen erwachte, galt meine erste Frage dem Vermißten. Er war nicht zurückgekehrt. So hielt ich denn einen Kon= vent mit den vier Chargen ab, dem Führer der Askari und den Wan= jampara der Leute von Bagamojo, Pangani und Tabora. Ich hatte immer noch starke Zweifel, aber die anderen waren nur über die Todesart mit sich uneinig, ob Löwe oder Schlange, Leopard oder die Furcht vor den Schrecken der Nacht ihn gefressen hätte. Immerhin hielt ich es doch für angebracht, eine Patrouille durch die Schlucht zu schicken, in der man seine Leiche vermutete, während ich mit der Kara= wane weiter marschierte.

Seit dem frühesten Morgen fiel wieder ein feiner Regen, und ver= drossen zogen wir um den Fuß des Berges herum, um in das Sinidital zu gelangen. Zu meiner freudigen Enttäuschung fand sich ein Weg, der noch nicht zu sehr verwachsen war, dicht am rechten Ufer zwischen Sumpf und Bergen. Von der anderen Talwand war wenig zu er= kennen. Die Berge, die auch da, wo sie am weitesten zurückwichen, keinesfalls mehr als zwei Kilometer entfernt waren, schienen durch die Schleier von Nebel und Regen hindurch meilenweit abzuliegen. An einer Stelle klaffte eine mächtige Spalte, und an den dichten Nebel= massen, die sie erfüllten, konnte man erkennen, daß dort das breite Sumpftal eines Nebenflusses einmündete. Wir waren etwa $^3/_4$ Stunden marschiert, ich hatte unter dem Dach einer Fächerpalme gegen den stärker werdenden Regen Schutz gesucht und starrte, Heft und Bleistift zwischen den klammen Fingern, trübselig in die graue Verdrossenheit vor mir, als meine Leute mich auf zwei Punkte aufmerksam machten, die in einiger Entfernung sich bewegen sollten. Ich wischte mir das

Regenwasser aus den Augen und sah mit einiger Anstrengung zwei
Punkte durch die feuchten Schleier vor uns schwimmen, einen roten und
einen weißen, die scheinbar auf der Decke einer Hochgrasparzelle auf
und nieder huschten. Nach wenigen Minuten ließ sich unschwer erraten,
daß es zwei Köpfe waren, von denen der eine einen roten, der andere
einen weißen Turban trug, und als sie bald darauf in das Niedergras
der Weglinie traten, zeigte sich auch, daß an den Köpfen zwei aus=
gewachsene Körper hingen, die sich, als sie mich erreicht hatten, nach
vielem Kniebeugen und Händeklatschen als die Abgesandten der Sul=
tanin Sundikila von Butembo vorstellten, in deren Gebiet zu weilen
ich jetzt die Ehre hätte. Sundikila sei gesund und hoffe das gleiche von
mir, Sundikila grüße und erwarte freudig meinen Besuch, Sundikila
sage dies und sage das, kurz: in der nächsten Viertelstunde schwärmten
die Sundikilas wie Mücken um meine Ohren, und ich war herzlich
froh, als der Regen aufhörte und mein Weitermarsch einen Grund
gab, den Strömen der loyalen Beredsamkeit einen Damm entgegen=
zusetzen. Der Weg ging immer zwischen Sumpf und Bergen nach
Norden, und nur, wo diese sich ausbuchten, führte er über Grasflächen
mit morastigem Boden zum Ende der nächsten Kulisse. Gegen 10 Uhr
begann der Regen wieder, und ich überlegte gerade, wo ich auf diesem
schmalen Terrain heute mein Lager aufschlagen könnte, als die
schwatzenden Deputierten Sundikilas hinter einem Querriegel, dessen
Fuß wir passiert hatten, nach rechts und eine schmale Talspalte hinauf
bogen; in ihrer Mitte stand eine Tembe mit einem Komplex von
Hütten, über deren Dächer blauer Rauch, vom Regen gedrückt, hinab
zur Erde kroch. Was mich aber am meisten überraschte: Am Eingang
des Dorfes lehnte in einem Gewimmel schwarzer Leiber und grüßte
mit wohlwollenden Gebärden die Leiche des vermißten Trägers. Da
das doch etwas Ungewöhnliches ist, näherte ich mich ihm vorsichtig
und stellte einige Fragen, worauf ich erfuhr, daß er durchaus nicht
gestorben, sondern, weil er das Lager nicht finden konnte, in beliebiger
Richtung weitergegangen sei, bis holzsuchende Weiber ihn gefunden
und hierher geführt hätten.

Das kleine, unansehnliche, von zwei kinderreichen Familien be=
wohnte Dorf, das zwischen Felsgeröll und Buschwald in dieser Einsam=
keit sich eingenistet hatte, barg nichts Bemerkenswertes, es sei denn,
daß ich zum ersten Male in Afrika genötigt war, meine Augen sittsam
niederzuschlagen. Denn die Vertreterinnen des säugenden Geschlechts

zeigten sich vom Backfisch bis zur angejahrten Matrone den bewun=
dernden Blicken meiner Leute so „voll und ganz", daß wirklich nicht
viel mehr zu verbergen übrig blieb. Es war eigentlich fast alles aus=
geschnitten.

In den nächsten Tagen folgten wir dem Strombett, immer zur linken
den Sumpf und rechts das Gebirge. Der Weg war meist gut, nur bis=
weilen, wo der Papyrus bis dicht an die Berge herantrat, mußten wir
auf steilen und von dem nicht enden wollenden Regen schlüpfrigen
Pfaden klettern, und mehr als einmal stürzten Träger und Last. Das
Flußbett hatte sich sehr verschmälert und war durchschnittlich nicht
breiter als 200 bis 300 Meter; die Marschrichtung N. N. E. Von mensch=
lichen Ansiedelungen trafen wir nur zweimal kümmerliche Gehöfte mit
Euphorbienhecken und kleinen Bananenschamben, deren Bewohner
sich scheu verborgen hielten. Als Führer dienten uns Sundikilas Leute,
die die Zeit benutzten, um uns durch ausschweifende Lobpreisungen
einen möglichst hohen Begriff von dem Ansehen und der Tugend ihrer
Herrin zu geben. Als ich am vierten Tage der Karawane etwas Ruhe
gönnen wollte, baten sie mich, noch ein kleines Stück weiter zu mar=
schieren. Denn Sundikila, die aus ihrer Residenz sich an den Fluß be=
geben habe, weil ich selbst ihn nicht verlassen wollte, sei in der Nähe
und erwarte mich, um Geschenke und Höflichkeiten auszutauschen.
Trotzdem das Wetter zum ersten Male wieder schön und sonnig war,
und ich einen Lagerplatz mit Wiesen, Blumen und Bäumen und präch=
tigem Blick in das von den roten Sandsteinbergen eingerahmte Fluß=
tal gefunden hatte, wollte ich so liebenswürdige Ungeduld doch nicht
enttäuschen und setzte meine Karawane wieder in Bewegung. Nach
einiger Zeit kamen wir an eine Stelle, wo das Sumpftal des Sindi
stark nach rechts ausbuchtete. Wir folgten seinem Rande, um eine
einigermaßen trockene Furt zu suchen, was uns auch glückte. Im Be=
griff, sie zu durchschreiten, sahen wir aus einem Hüttenkomplex der
anderen Seite eine Kette von 100 Männern im Gänsemarsch uns ent=
gegenlaufen. Nachdem sie zu uns gestoßen waren und mich im Namen
Sundikilas stürmisch begrüßt hatten, führten sie uns auf kleinem Um=
weg zu den jenseitigen Hügeln hinüber. Ich hatte dort gerade mein
Zelt aufschlagen lassen, als einer der Führer aus einem Gehöfte her=
austrat. Auf seinen Schultern saß ein Kind, das ein Stück Zeug um die
Hüften geschlungen hatte, und um den Kopf ein zopfartig über den
Rücken fallendes Band von Rindsfell trug. Vorsichtig stellte er es vor

mich auf die kleinen Beine. Es war ein sechsjähriges Mädchen, das mit verlegen gesenktem Kopf dastand und die großen, schwarzen Augen scheu zu mir aufschlug und, während sie verschüchtert mit der Linken den zarten Schenkel kratzte, verschwand der Zeigefinger der Rechten in beängstigender Weise immer tiefer in dem breiten Näschen. Und dies war Sundikila, die Herrscherin, die Mächtige, die Tugendreiche, um derer willen ich mich so beeilt hatte. Ein sterbendes Reh soll ja, wie behauptet wird, in seinem Auge einen rührenden Ausdruck von Vor= wurf und Klage haben; ich glaube aber, daß der Blick, den ich in diesem Moment der Deputation Sundikilas zuwarf, von keinem ster= benden Reh der Welt erreicht wurde.

Missugi, Mitte April 1898.

Brief XII.

Ich hatte ursprünglich, als ich noch die schmählich getäuschte Hoff=
nung hegte, eine so interessante Erscheinung, wie die früher in
diesen Blättern geschilderte Bibi Njasso zu finden, die Absicht gehabt,
mich bei Sundikila etwas aufzuhalten, um mit ihr, wie sie es ge=
wünscht hatte, Geschenke und Höflichkeiten auszutauschen. Das erstere
geschah auch, das andere aber hatte seine Schwierigkeiten. Denn sie
war so beharrlich in ihrer Verlegenheit und kehrte trotz der Beleh=
rungen ihrer Minister so eigensinnig in die erwähnte wenig königliche
Position zurück, daß bei längerem Verweilen eine Katastrophe für ihr
Geruchsorgan zu fürchten war, weshalb ich den Abschied beschleunigte
und am nächsten Morgen schon wieder aufbrach. Man hatte mir ge=
sagt, daß ich das Butembo=Ufer verlassen und mich auf die andere Seite
nach Kawende begeben müsse, weil ich andernfalls auf einen breiten
Nebenfluß stoßen würde, dessen Sumpftal ich auf tagelangem Umweg
zu umgehen hätte. Daraufhin kreuzte ich am 30. November — zum
erstenmale — das Bett des Sindi. Wir querten das Tal, das sich wieder
verbreitert hatte, in schräger Richtung in etwa 20 Minuten. Dabei er=
eignete sich sonderbares. Als ich nämlich das andere Ufer erreichte,
atmete ich, wie von schwerem Alb erlöst, auf und wunderte mich nicht,
als ich von dort aus zurück sah, wie einige Weiber auf dem Wege hin=
stürzten, viele Träger aber blaß — auch ein Neger errötet und er=
bleicht — und schwankenden Schrittes die diesseitige Böschung erstiegen
und sich erschöpft ins Gras warfen. Wie geschah das?

Cameron, der vor mir den Sindi kennen gelernt und bei Tamballa
gekreuzt hat, spricht von den „îles flottantes" dieses Flusses. Der Aus=
druck Insel ist nicht ganz glücklich und vielleicht dadurch entstanden,
daß der Reisende den Fluß nur an der einen Furt von Tamballa über=
schritten hat und deshalb nicht wußte, daß fast das ganze Bett die
Eigenschaft hat, die ihm dort aufgefallen war. Es handelt sich um fol=
gendes: Betrachtet man das Flußbett, so sieht man zwischen den
Gräsern und dem Papyrusschilf einen schwarzen, scheinbar festen und
in der Trockenzeit wenig feuchten Humusboden. Sobald man aber nur
wenige Schritte die Furt begangen hat, beginnt der Boden bei jedem

Schritt nachzugeben und in weitem Umkreis in flacher Wellenbewegung zu wanken. Wie ein ausgespanntes Tuch, das elastisch jedem Druck nachgibt, so sinkt die Erde ein, um sich rasch wieder auszugleichen. Das verursacht ein infames Gefühl, das alle Schrecken der Seekrank= heit in uns wachruft, vermehrt um die Empfindung, jeden Augenblick durchbrechen zu müssen, um in einer unbekannten Tiefe elend zu ver= sinken. Am ausgeprägtesten ist das Phänomen natürlich dann, wenn Leute in langer Folge gleichzeitig das Bett kreuzen; im übrigen ist es nicht an jeder Stelle gleich stark, vielleicht auch in verschiedenen Jahreszeiten verschieden, aber doch überall zu beobachten; ich wenig= stens habe es von den fünf Furten, auf denen ich den Sindi überschritt, jedesmal wiedergefunden, am unangenehmsten allerdings an der, die mich am 30. November von Butembo in das Land Simba's führte. Es sind also nicht nur einzelne „Inseln", sondern es ist das ganze Strombett, das mehr oder weniger „flottiert". Wenn ich mich recht er= innere, nimmt Cameron an, daß in der Tiefe Wasser ist, auf dem die durch Wurzelwerk zusammengehaltene Erdmasse schwimmt. (Daß es sich tatsächlich so verhält, habe ich später am Kagera=Nil wiederholt be= obachtet. Es ist dieselbe Bildung, die am oberen Nil „Sedd" genannt wird und dort der Schiffahrt große Schwierigkeiten bereitet hat.)

Als ich das linke Ufer des Sindi erreicht hatte, befand ich mich im Gebiet der Wawende, das sich westwärts bis an den Tanganika er= streckt. Es ist in eine Unmenge kleiner Landschaften zersplittert, deren Herrscher sich früher durch ewigen Streit das Leben erschwerten, seit der deutschen Okkupation aber ruhiger geworden sind. Und wie fast überall sind die „Achäer" mit der Veränderung zufrieden, während die „Könige", soweit sie einst die Stärkeren waren, mit Wehmut der guten alten Zeit denken, da sie über einen schwächeren Nachbar herfallen und ihrem Harem frisches Blut, ihrem Volke neue Sklaven zuführen konnten. Einer der unruhigsten Köpfe war Simba („Der Löwe"), der in den Jahren Böhms und Reichards am Sindi herrschte. Ein Simba war es auch, durch dessen Gebiet ich die ersten Tage auf dem linken Ufer marschierte, aber da ich ihn nicht zu Gesicht bekam, so weiß ich nicht, ob der alte Löwe noch lebte, oder ob nur sein Name sich auf seinen Nachfolger vererbt hat.

Die Eingeborenen, die die Sindi=Länder bewohnen, halten sich vom Fluß selbst ganz fern; ich fand ihn fast leer von Ansiedelungen. Am 30. November traf ich keine, am 1. Dezember zwei, am nächsten eben=

soviel und bis zu meiner Ankunft an der Vereinigung mit dem Mala=
garaſſi, neun Tage ſpäter, noch etwa ſechs bis acht. Das iſt herzlich
wenig und um ſo auffallender, als der Boden einen vorzüglichen Ein=
druck macht, ſchöne Wälder mit viel Hyphaenen und anderen hoch=
ſtämmigen Bäumen häufig ſind und an natürlichen Brunnen überall
kein Mangel iſt. Aber ich glaube, daß das Klima in dieſem mücken=
reichen Sumpftal mörderiſch iſt und die Leute abſchreckt. Als ich am
1. Dezember eine Tembe mit reichen Feldern paſſierte und den Beſitzer
fragte, warum ſo wenig Menſchen am Fluſſe wohnten, antwortete er,
daß auch er nicht hier wäre, wenn er nicht einer „Giftprobe“ hätte
entfliehen wollen, und, um mir vielleicht zu zeigen, warum er ſich hier
nicht wohl fühle, holte er ſeinen alten Vater und zwei Frauen herbei,
deren kachektiſche Jammergeſtalten allerdings mehr, als Worte ver=
mocht hätten, mir die Ungunſt der hieſigen Verhältniſſe demonſtrierten.
Ich habe auch nie wieder ein ſolches Moskitotal angetroffen. Wenn ich
des Abends meine Lampe angeſteckt hatte, wurde ich ſo umſchwärmt,
daß ich es bald aufgab, mich zu wehren. Als meine Boys eines Tages
die Stiche an meinen beiden Ellenbogen und Knien zählten, erreichten
ſie nahezu die Zahl 50, und nur mit großen, entnervenden Chinin=
gaben gelang es mir, die immer wieder drohenden Fieber abzuwehren.
Man begreift, daß ſchon mächtige Gründe vorliegen müſſen, um in ſo
unwirtlicher Gegend ein Aſyl zu ſuchen; einer der häufigſten iſt der,
den der Mann einfach, ohne ein Wort der Klage, als ſpräche er von
einer unabwendbaren, vom Himmel geſandten Plage, mir angab: „er
ſei dem „mwawi“, d. h. der Giftprobe entflohen.“ Dieſe ſcheußliche
Inſtitution findet ſich in einem großen Teil von Afrika, beſonders
aber ſcheint ſie in den Gebieten der Wanjamweſi und ihrer Verwandten
und unter dieſen bei den Wawende am ſtärkſten zu wüten. Erſt in
einer ziemlich neuen Veröffentlichung eines Miſſionars finde ich, daß
er von zerſprengten Dörfern in Kawende erzählt, deren Einwohner die
Giftprobe auseinandergetrieben hat, und in demſelben Jahre, in dem
ich das Land bereiſte, fand eine beſonders ausgiebige ſtatt, die zahl=
reiche Leute tötete und noch mehr, wie man annehmen darf, aus ihren
Wohnſtätten vertrieb.

„Was iſt eine Giftprobe?“ wird mancher Leſer verwundert fragen,
der von dieſer Verirrung noch nichts gehört hat. Wer eine Blasphemie
nicht ſcheut, könnte ſie ein Gottesurteil nennen, ſonſt iſt ſie die Rache
eines Toten an den Lebendigen, iſt ſie der Hochmut des Negerherrſchers,

der nicht an die Möglichkeit glaubt, daß ein Mann wie er, eines natürlichen Todes sterben könnte und die abergläubische Unterwürfigkeit der schwarzen Masse, die die Konsequenzen eines solchen Dünkels geduldig erträgt.

Ein Sultan liegt im Sterben. Sein von Trunk und Ausschweifungen zerrütteter, von häßlichen Krankheiten zerfressener Körper will zu= sammenbrechen. Alle Mittel der Ärzte und Priester sind erschöpft; ver= geblich hat man diesem Geist unter jenem Baum geopfert; vergeblich alle verstorbenen Ahnen und Verwandten durch reiche Libationen zu versöhnen gesucht. Es geht zu Ende. Aber der Elende will nicht allein sterben. „Man hat mich verhext," stöhnt er, „aber ich verlasse mich darauf, daß mein Nachfolger mich an meinen Mördern rächen wird." Nun darf er seine Augen ruhig schließen, denn es geschieht nach seinem Wunsch. Doch wer ist der Schuldige? Niemand weiß es. Und nun geht ein Zittern durch alle Dörfer. Wann werden die Häscher kommen, wen wird man fortschleppen? Niemand fühlt sich sicher, denn die haltloseste Denunziation eines Feindes genügt, um zum Gerichtsplatz gezerrt zu werden, wo das Gift verabreicht wird. Wer an ihm stirbt, ist als Zauberer, als Giftmischer überführt, wer es erträgt, hat seine Unschuld bewiesen. Daran glaubt alle Welt und es scheint ein Widerspruch, wenn trotzdem Leute mit gutem Gewissen die Probe fürchten. Scheint! Denn, denken viele, könnte nicht ein böser Zauberer durch seine Künste fertig bringen, daß ich statt seiner sterbe, auch wenn ich unschuldig bin? Und so ziehen sie es vor, in irgend einer Wildnis sich eine neue Heimat zu gründen, wo sie fern von dem Hofe ihrer Tyrannen sicher sind, keinen Verdacht zu erregen.

Ich habe natürlich so wenig wie ein anderer Europäer je einer Gift= probe beigewohnt, aber ich habe einen Bericht in Händen, der nicht den Eindruck macht, als habe ihn ein Schönfärber geschminkt und auf= geputzt. Er stammt von einem Neger, der in Malta christlich erzogen wurde, dort Medizin studierte und später nach Afrika zurückging, wo er unter den Wawende und anderen Stämmen als Arzt und Katechist tätig ist. Von ihm rührt der Bericht her, der an einen seiner Oberen gerichtet ist und dem Bulletin der weißen Väter einverleibt wurde. Einer dieser Herren, Pater Brard, war so gütig, mir die Einsicht zu verschaffen und ich benutzte mit seiner Erlaubnis die Gelegenheit, um mir davon einen Auszug zu machen, den ich für interessant genug halte, um ihn den Lesern dieser Blätter nicht vorzuenthalten.

„Ich war überrascht, heißt es da, auf dem Platz eine so zahlreiche Menge zu finden, wie an den schönsten Festtagen; aus den entlegensten Teilen des Landes waren sie gekommen, um das Schauspiel zu genießen. Ich bemerkte vor allem eine seltsame Arena: etwa zwanzig Gräben, die mit Schilf eingezäunt und unter sich verbunden waren. In jedem Graben befindet sich eine Person, die zur Probe verdammt ist. Daneben sind Strohhütten, in denen die Unglücklichen liegen, bei denen die Wirkung schon eingetreten ist. Einige haben das Gift von sich gegeben, aber bei vielen zeigen die leichenfarbenen Züge, daß es bald den Tod herbeiführen wird. Andere, die kaum noch atmen, werden zwanzig Schritt entfernt auf einen Haufen geschleppt und ihr Ende durch Keulenhiebe beschleunigt. Am Abend werden dann die Kadaver vor das Dorf ge= worfen, zur Beute für Hyänen und Schakale. Ich sehe, wie der Henker Suira sich einem jungen Mann nähert, um ihm das Gift zu reichen, aber die Eltern des Jünglings erbitten einen kleinen Aufschub, um ihrem Sohn noch einige Worte sagen zu dürfen. „Mein Sohn", sagt der Vater, „ich habe nichts gegen dich, obwohl du mich einmal ge= schlagen und öfter beschimpft hast; aber du bist mein Kind und ich trage es dir nicht nach. Habe nur Mut und laß dich von der Angst nicht niederbeugen, dann wirst du das Gift schon von dir geben." „Es ist wahr", antwortete der Sohn, „ich habe dich geschlagen und beschimpft; es war nicht recht von mir, aber deshalb bin ich doch noch kein Gift= mischer. Bin ich aber einer, so möge ich sterben, wo nicht, so werde ich das Gift ausspeien." Suira nähert sich ihm und gibt ihm eine mwawi= Pille, die der junge Mann ohne Zögern verschluckt. Dann beginnt er in seinem Käfig auf= und abzuwandern. Von Zeit zu Zeit bleibt er stehen, trinkt etwas Wasser und setzt seinen Weg fort. Nach etwa zwanzig Minuten sehe ich ihn sich erbrechen. Suira winkt ihm, die Arena zu verlassen und bringt ihn in eine der Hütten, wo er unter dem Einfluß des Giftes aufgeregt zu schwätzen beginnt. Ein Greis, der gleich ihm die Probe überstanden hat, leistet ihm Gesellschaft und schreit nach Kräften: „Ich bin kein Zauberer und Giftmischer! Ich nicht! Ich habe niemandem etwas zu Leide getan! Tod den Giftmischern!" Aus einer anderen Hütte daneben antwortet es: „Jawohl, Tod den Vergiftern, weil unser Häuptling Mlera umgebracht wurde. Seine Schwester Wa= rumba hat ihn getötet, aber jetzt hat sie selbst daran glauben müssen. So ist es recht. Mögen alle Hexenmeister so enden." Und ein dritter von denen, die die Probe überstanden: „Da sieht man, wie es den Vergiftern

geht. Krepieren und den Hyänen zum Fraße fallen." Zu einem alten
Töpfer, der seit drei Stunden die Beute heftiger Schmerzen ist, sagen
die Umstehenden: „Wahrhaftig, du mußt ein großer Giftmischer sein,
du, weil du weder leben noch sterben kannst." Aber er: „Wäre ich einer,
so würde ich rascher sterben." Der Ärmste hatte den ganzen Leib gebläht.
Ein Bekannter von mir fragte mich: „Was gibst du mir, wenn ich ihn
dir verkaufe?" Ich bot ihm Stoffe an. „Gut", sagte er, und ließ ihn
herausbringen. Ich wollte ihm eine Arznei (ein emeticum) geben, aber
Huira verhinderte es: „Warte", sagte er, „wir wollen ihn ausblasen".
Dann zogen sie ihn ruckweise an den Haaren, Fingern und Zehen,
indem sie schrien: „Spei, Spei", und wirklich übergab er sich und entging
so dem Tode, der unvermeidlich schien. Der Urheber all dieser Greuel=
szenen wohnte der Probe nicht bei, aus Furcht, das Augenlicht zu
verlieren". Soweit der Bericht.

Das charakteristischste und erschütterndste an dieser Erzählung scheint
mir, daß gerade die, die dem Tode notsam entronnen sind, am tiefsten
von der Gerechtigkeit des Verfahrens überzeugt sind. Die Ärmsten!
Einst werden ihre Nachkommen vielleicht wissen, daß dieses „Gottes=
urteil" nichts anderes beweist, als daß es Menschen mit stark aus=
gebuchtetem Magengrunde gibt, wie ihn die Pferde haben, und andere
mit gering ausgebuchtetem, wie der von Säuglingen, und daß die einen
ihren Mageninhalt darum schwerer auswerfen, als die anderen.

Wird die Christianisierung solcher Völker diesen Greueln ein Ende
machen? Sicherlich. Aber ebenso sicher dünkt mich, daß wenn die
christianisierten sich wieder selbst überlassen sein werden, — und das
soll ja das Ziel aller Missionierung sein — andere Exzesse einer aus=
schweifenden Phantasie unter anderen Formen auftreten werden. Es
ist wahrlich kein Zufall, daß der schwärzeste Aberglauben im dunkelsten
Erdteil die wunderlichsten Blasen aufgetrieben hat. Religion kann
vieles, aber sie kann nicht alles, sie kann selbst den Charakter von
Menschen und Völkern umwandeln; sie kann Krieger zu Knechten und
Knechte zu Kriegern machen. Was sie aber nicht kann, auch mit Kreuz
und Schwert nicht kann, das ist: eine von den Jahrtausenden ererbte
und in physikalischen Ursachen tief wurzelnde geistige Rassenkonstitution
ausrotten. Die Natur kehrt immer wieder, gleichviel ob man sie mit
der Heugabel oder mit dem Weihwedel ausgetrieben hat. Aber die
Wissenschaft? Es gab eine Zeit, wo ich unter dem Einflusse von Buckle
u. a. an die allesseligmachende Kraft der Wissenschaft geglaubt habe.

Aber die Jahre haben mich skeptisch gemacht. Auch die Wissenschaft kann nicht alles. Aber gleichwohl glaube ich, daß jeder Fortschritt der schwarzen Menschheit, der Bestand haben soll, von einem Fortschritt ihrer Kenntnisse und ihrer Intelligenz erzeugt werden wird, und daß der Veredelung ihres Gemütes durch die Religion eine Veredelung ihres Geistes Schritt halten muß. Bisher aber ist für solchen Einklang noch nichts geschehen und nicht eher werde ich den Werberufen derer Glauben schenken, die von der Überlebtheit der christlichen Weltan= schauung predigen und dem Herandämmern einer neuen, in der jedes Gesetz der Moral ein Gesetz der Vernunft ist, als bis ich gesehen habe, daß sie Kraft genug in sich hat, um soviel selbstlose Hingabe für die Förderung des Geistes zurückgebliebener Rassen hervorzubringen, wie sie für die Veredelung ihres Gemütes die alte Lehre bis zum heutigen Tage in staunenswerter Fülle erzeugt hat. — —

Vom Marsch an einem Fluß wollte ich erzählen, aber ich merke, daß, während er schweigsam ein tiefgründiges Dasein führt, ich selbst über aller Dinge Oberflächen lustig zu plätschern beginne. Doch daran wird sich der Leser gewöhnen müssen.

Der Marsch am linken Flußufer war in den ersten Tagen wenig ab= wechslungsreich. Meist hatten wir dicht zur Rechten den Sumpf, zur Linken bewaldete Hügel mit viel hochstämmigen Palmen. Einmal überraschte mich mein Führer durch die Mitteilung, daß wir bald den „Berg der Perlen" passiren würden, aber es stellte sich gleich heraus, daß er ihn nur deshalb so nannte, weil die Farbe des Gesteins den blauen Perlen gleichen sollte, die in dieser Gegend bei den Eingeborenen beliebt sind. Als ich dann an den Fuß des Berges kam, sah ich nichts, als daß der Kamm des schroff abfallenden, im übrigen roten Sandsteins einen tiefblauen Rand hatte, von dem aus gleichfarbige Streifen ein Stück nach unten liefen. Die gebildetsten meiner Leute erklärten es für rutturuttu, das heißt Kupfersulfat und damit werden sie der Wahrheit ziemlich nahe gekommen sein.

An die nächsten Tage erinnern mich folgende Notizen:

2. Dezember. Marsch am linken Ufer. Vegetation wie gestern. Die Gegend menschenleer, nur zwei kleine Temben am Wege. Lager am Fuße des schroffen Kuba=Berges, zehn Schritte vom Papyrus. Der Raum für die Zelte mußte erst aus dem Dickicht mühsam herausgehauen werden, so daß sie wie in Gruben sitzen; die der Leute den Abhang hin= auf verstreut. Noch greulichere Mückenplage als an den letzten Tagen.

Meine Hände, drei-dimensional verschwollen, erregen mein Kopfschütteln; sehen ganz unmöglich aus; wie Klumpfüße. Des Nachts eigenartiges Bild der Feuer, die überall auf dem Hang durch Sträucher und Gräser schimmern; das Dunkel des Waldes von den hellen Flecken der von unten erleuchteten Laubmassen seltsam zerrissen.

3. Dezember. Heute morgen erbitterter Streit unter meinen Boys. Warum? Ich habe von einer Kröte geträumt. Von meinen beiden Traumdeutern behauptet der Sansibarite Kibana, mein Page, eine Kröte bedeute langes Leben; der Comorenser Dahoma, mein Koch, das Gegenteil. Einer wird wohl recht behalten. Sie ereiferten sich aber so, daß Dahoma die Milch anbrennen ließ und ich mir vornahm, nie mehr von einer Kröte zu träumen. (Übrigens halte ich Traumdeuterei in dieser Art bei den Negern für europäischen — oder arabischen? — Import, vielleicht durchgesickerte und mißverstandene Missionsan-schauungen. Allgemein verbreitet ist nur der Glaube an die Bedeut-samkeit eines Traumes von fernlebenden oder toten Personen; dann ist von den Lebenden — die Seele, von den Abgeschiedenen — der Geist erschienen. Ich habe mir eine Zeitlang die Träume meiner Leute erzählen lassen; ihr beliebtes Morgengespräch. Sie waren aber sehr eintönig und oft unangenehmer Natur; Gewehrschüsse spielten eine große Rolle. Übrigens — der schlafende Neger, darüber ließe sich ein Buch schreiben. So gleichmäßig gestimmt sie am Tage zu sein pflegen, des Nachts plagt sie der Teufel. Furchtbar viel Stöhnen und Seufzen; viele schwatzen im Schlaf von abends bis morgens. Ein Weib im Lager wimmerte und jammerte allnächtlich so laut, daß sie disloziert werden mußte. Besonders drollig ist die Art, mit offenen Augen zu schlafen, denn auch solche Käuze kommen vor. Die Pupillen werden freilich verdeckt, indem der Augapfel stark nach oben gedreht wird, aber die Lider bleiben halb offen und zeigen das schimmernde Weiße.)

Ich versuchte heute morgen vergebens, das Ufer entlang zu mar-schieren. Die Berge fielen so schroff zum Papyrus ab, und der Weg war so glatt, naß und verwachsen, daß ein Durchdringen unmöglich wurde. Wir mußten deshalb umkehren und über den Kuba-Berg klettern, jenseits dessen wir den Fluß wieder erreichten.

Unterwegs auf der Platte passierten wir ein Geisterzeichen, einen Stock, an dem Eisendraht- und Stroh-Ringe hingen, inmitten eines Haufens von Steinen und welken Gräsern. Von meinen Leuten, auch den Mohammedanern wagte keiner unaufmerksam vorüberzugehen,

Warundi.

sondern jeder nahm einen Stein oder einen Grasbüschel und warf sie
zu den übrigen. Ein ähnlicher Aberglaube, den dieser oder jener Leser
kennen wird, findet sich auch in Deutschland, ich meine die Steinhaufen,
die in der Mark „toter Mann" genannt und von vorbeiziehenden
Wanderern immer noch vergrößert werden. Ich weiß nicht, worauf
dieser Brauch zurückgeht. Hier in Afrika ist er überall im Innern ver=
breitet; es genügt aber, in die Richtung der heiligen Stelle zu werfen.[1]
Es handelt sich hier offenbar um ein symbolisches Opfer. Symbolik
findet sich auch sonst vielfach in den Bräuchen der Neger. An der Küste
wie im Innern gewöhnlich ist z. B. die Versinnbildlichung des Säuglings
durch die verschiedenartigsten Gegenstände, die die Mutter an sich trägt
oder ad occasionem ergreift, wenn sie sich — sei es auch nur für
Augenblicke — von ihm trennen muß.

4. Dezember. Marsch über den Fuß licht bewaldeter Hügel oder durch
nasse Grassteppen; der Sumpf bald zu riesiger Ausdehnung verbreitet,
bald wieder eingeschnürt; zuletzt hinüber zum jenseitigen Ufer auf
schlechter Furt mit tiefen schwarzen Wasserlöchern und Ankunft in
Tamballa, Land Uwinsa, in demselben Ort, wo Cameron einst den
Sindi kreuzte. Das Lager auf Wiesengrund nicht weit von einigen
Dörfern und Sumpfteichen, in denen zahlreiche Nilpferde schnaufen.
Eine wundervolle Deputation der Gemeindeältesten brachte mir küm=
merliche Geschenke. Falstaffs Rekruten! Ein Spitzfußlahmer, ein Ein=
äugiger und ein Dritter, dessen Arme und Beine glänzend rosa und
braun gefleckt waren, wie die Haut haarloser mexikanischer Rattler.
Diese Anomalie findet man nicht ganz selten, aber meist auf kleine
Partien beschränkt, bisweilen angeboren, häufiger in späteren Jahren
erworben, immer aber ekelhaft anzuschauen.

Von dem Marsch der nächsten Tage blieb mir nur wenig in Er=
innerung haften. Nur einen verhexten Berg habe ich nicht vergessen,
den wir dreimal hinanstiegen, um dreimal an seinem Fuß wieder an=
zukommen, wo wir begonnen hatten. Es war entschieden Zauberei im
Spiel. Wenigstens behauptete es Dahoma, mein Koch, und dem pflege
ich selten zu widersprechen.

Am 6. Dezember merkte ich gegen Mittag, daß die Landschaft ihren
Charakter veränderte. Die Wiesen wurden frischer, die Blumen

---

[1] Ich fuhr später öfter mit einem Boot an einer kleinen Insel im Kiwu vorbei, auf
der sich solche Geisterstätte befand; die Bootsleute nahmen dann etwas Gras oder
Bast aus dem Einbaum und warfen es nach der Inselseite zu ins Wasser.

mehrten fich, die Bäume fchloffen fich enger zufammen und waren von üppigem Schlinggewächs überwuchert; zahlreicher und bunter als in der letzten Zeit wurde die Vogelwelt, aus dem Dickicht drang glocken= rein der Ruf des Orgelwürgers — alles erinnert mich an die herrlichen Tage an den Waffern des Ugalla, und mein Herz begann fchon fehn= füchtig und traurig zu werden, als wir bei einer Wegbiegung vor einem fchmalen See ftanden, der mit feinen dunklen Uferwaldungen, die einen hellen Grasftrich begrenzten, feinen klaren, tiefgrünen Fluten, feinem Reichtum an Krokodilen, Flußpferden, Waffervögeln und fpringenden Fifchchen die Bilder verwirklichte, die ich eben noch kaum zu träumen gewagt hatte.

Mein Entfchluß war fehr rafch gefaßt. An einer der fchönften Stellen ließ ich das Lager auffchlagen, und die folgenden drei Tage vergingen in einem angenehmen far niente, dem die nächften Briefe gewidmet fein follen. Ich habe mich dazu entfchloffen, nachdem ich lange gefchwankt hatte, ob ich dies an Erlebniffen arme, an freundlichen Stimmungen reiche Kapitel meines Tagebuchs nicht überfchlagen follte; aber als ich die fchon halb vergilbten Blätter nach langer Zeit wieder überflog und im Geifte die lofen Glieder fefter zufammenfügte und Ungeordnetes ord= nete, fchien es mir doch, daß, wie es mich felbft vergnügte, noch einmal die fchönen Stunden zu durchleben, auch diefer oder jener Stadtmenfch es wohltuend empfinden muß, die Genüffe nachzufühlen, die die undreffierte afrikanifche Natur dem bietet, der ihr mit Liebe und Empfänglichkeit entgegentritt.

Aber aus rein technifchen Gründen — um nämlich den chrono= logifchen Zufammenhang der Expedition nicht zu fehr zu zerreißen — will ich im nächften Brief die Schilderung meines Marfches bis zum Malagaraffi fortfetzen und dann erft die Erinnerung an jenes füße Nichtstun einfchieben, die gleichzeitig zu mancher ernften und heiteren Betrachtung über diefes und jenes intereffante phyfiologifche und pfychologifche Problem aus dem Leben des Afrikaners Anlaß geben wird.

Miffugi, Mitte April 1898.

Brief XIII.

D rei Tage verlebte ich in angenehmſter Muße an dem Seebecken
des Sindi, dann 30g mich die Not weiter; denn wenn irgendwo
3eit Geld iſt, dann auf afrikaniſcher Expedition, wo der Mann nicht
nach ſeiner Arbeitsleiſtung, ſondern nach der Tageszahl beſoldet wird
wobei Ruhe= ebenſo wie Marſchtage berechnet werden. Am letzten
Abend wurde die Gleichförmigkeit unſeres Lebens durch ein Inter=
mezzo unterbrochen, das meinen Leuten für einige Wochen dankbaren
Geſprächsſtoff lieferte. Wieder war der kurzen Dämmerung raſch die
Nacht gefolgt, und ich war gerade damit beſchäftigt, um meine Lampe
herum ein Büchergebirge zu errichten, um dem Wind, der regelmäßig
nach Sonnenuntergang aufkam, zu wehren, als vom Fluſſe her, aber
ziemlich weit ab, langgezogene, gellende Hilferufe erſchallten. Sofort
wimmelte es im Lager und, ohne Befehle abzuwarten, ſtürzte alles mit
Gewehren, Lanzen, Stöcken und brennenden Holzſcheiten davon, wäh=
rend ununterbrochen der Notſchrei tönte und das Echo in den ſchlafen=
den Wäldern jenſeits des Stromes weckte. Ich wußte keine rechte
Erklärung dafür, trotzdem alle Welt „Simba" — „Löwe" kreiſchte,
denn die Weiber hatten nicht nötig, ſich ſo ſehr vom Lager zu ent=
fernen, um Waſſer zu holen, und eine Weiberſtimme ſchien es zu ſein.
Indeſſen ſah ich an dem Schein der lebhaft auf= und abtanzenden
Fackeln, daß die Leute im Sturmſchritt die ſchnurgerade Uferſtraße
entlang liefen, und es ſah luſtig aus, wie die Lichter bald zur Linken
aus den ſchwarzen Laubmaſſen helle Flecken ſchnitten, bald zur
Rechten auf den dunklen Fluten ſchwammen oder zuckend über den
Waſſerſpiegel ſchoſſen, bis ſie zuletzt in der Ferne ſtehen blieben, mit=
einander verſchmolzen und endlich erloſchen. Als dies geſchah, war
auch der Hilferuf ſchon verſtummt, und ich ging, der Kommenden
harrend, wieder an meinen Tiſch, um an meinem Gebirge weiter zu
arbeiten. Es dauerte auch nicht lange, und ich war gerade damit fertig,
den Pelion „Matſchie" auf den Oſſa „Reichenow" zu türmen, da kam
der ganze 3ug, zu dichten Haufen gedrängt, lachend und ſchreiend
zurück, und aus dem großen Klumpen löſte ſich ein junger, ſchlanker
Träger, dem das dünne Hemd total durchnäßt am Körper klebte, ſo

8*

daß die braune Haut überall durchschimmerte. Der Mnjampara von Bagamojo, der bereits sein Quantum wieder inne hatte — wenn dieses Epitheton einmal fehlt, wurde es nur vergessen —, wollte mir mit seinen bekannten, großen Geberden die Begebenheit erzählen, aber ich schnitt ihm das Wort ab und fragte den Betreffenden selber. Der aber antwortete mit verlegener Unwilligkeit nur „Simba" und wollte mich damit stehen lassen. (Es ist sehr beliebt bei den Negern, den Europäer aus einem Worte alles übrige erraten zu lassen, ich weiß nicht, ob aus Zutrauen zu seiner Klugheit oder aus Mundfaulheit. Wenn meinem Koch eine Ziege entlaufen ist, so kommt er zu mir und sagt: „Ziege, Herr"; und wenn er eine für mich schlachten will, so kommt er und sagt ebenfalls: „Ziege, Herr." Es hat mich unglaubliche Kämpfe gekostet, um wenigstens meinen Boys diese Unart abzu=gewöhnen.) Nach vielem Fragen und Wiederfragen stellte sich heraus, daß der Mann so vertieft geangelt hatte, daß er von der Nacht sich hatte überraschen lassen. Im Begriff, aufzubrechen, sah er plötzlich, wie ein Löwe aus dem Walde an den Fluß und in seine nächste Nähe trottete. Voll Angst sei er bis zum Halse ins Wasser gelaufen und habe von dort aus gebrüllt, jetzt weniger aus Furcht vor dem Löwen, als vor den Nilpferden und den zahlreichen Krokodilen. Aus dieser un=angenehmen Situation sei er erst durch das Eintreffen der Leute erlöst worden. Als ich ihm wegen seines eigenmächtigen Absentierens vom Lager Vorwürfe machte und auf die schlimmen Folgen hinwies, die ihn treffen konnten, antwortete er mir achselzuckend, was ich überdies hätte erwarten können: „Amri ja mungu" — „Gottes Wille".[1] Daß diese Historie an den Lagerfeuern bis tief in die Nacht hinein bis in ihre verstecktesten Möglichkeiten verfolgt, zerlegt, analysiert und atomisiert wurde, ehe jeder sein Zelt aufsuchte, ist leicht zu begreifen, und noch von meinem Bett aus sah ich im Türrahmen die groteske Silhouette des Mnjampara von Bagamojo bald an diesem, bald an jenem Feuer auftauchen und mit unnachahmlichen Hand= und Arm=bewegungen seiner Meinung Nachdruck verleihen. — — — — —

„Amri ja mungu" — das ist mehr als eine Phrase; es ist eine Weltanschauung, ist die Philosophie des Negers. Mit „amri ja mungu" springt sein Geist spielend über alle Gräben und Barrieren, die ihm das tückische Schicksal in den Weg stellt. Alles ist notwendig, lautet der

[1] Wörtlich: Gottes Befehl.

Kern feiner Lehre, weil Gott es wollte; wenn ich am Scheidewege rechts gegangen bin, war es notwendig; wäre ich aber links gegangen, so wäre es auch notwendig gewesen. Im Grunde enthält diese Lebens= weisheit nicht die Negation des freien Menschenwillens, sondern des freien Gotteswillens. Theoretisch sagt der Neger: „Was ich tat, tat ich, weil Gott es wollte"; in Wirklichkeit aber will Gott immer das, was er, der Neger, wollte. Das scheint mir überhaupt der Kern aller fata= listischen Religionen und Philosophien zu sein, wobei es gleichgültig ist, ob sich das Fatum mit dem Namen Gott oder mit einem philoso= phischen terminus technicus bezeichnet. Dem Willen die Freiheit nehmen, ist immer ein contradictio in adjecto, und heißt, ihn zum Herrn machen. Da sich der Wille Gottes erst aus der Handlung ergeben muß, läßt sich der Neger durch das amri wenig beeinflussen, nämlich nur darin, daß er leichtsinniger an eine Handlung mit zweifelhaftem Erfolge herangeht, indem er sich sagt, daß ohne Allahs Wille ein schlimmer Ausgang nicht zu befürchten ist. Besonders gern legt er aller= dings die Zukunft in den Schoß des Himmels, wenn nicht er selbst, sondern andere Gefahr laufen, durch ein unfreundliches amri geschä= digt zu werden, wie überhaupt charakterschwache Leute jede Schlechtig= keit damit decken möchten. Ein Beispiel: Mein Koch hatte einen kleinen eingeborenen Boy, der ihm jahrelang gute Dienste leistete. Dieser Junge wird schwer krank, liegt lange darnieder, magert zum Skelett ab und erholt sich nur sehr, sehr langsam, so daß seine Arbeit selbst den geringen Sold, den er von seinem Herrn erhält, nicht lohnt. Darüber findet eines Tages ein zufällig von mir belauschtes Gespräch statt, in dem der Koch seine Freunde um Rat frägt, was er mit dem Jungen anfangen soll.

„Schicke ihn doch fort", sagte mein Boy Max, ein mit allen Hunden gehetzter Mohammedaner heidnischer Abkunft aus Uganda.

„Aber er will nicht", antwortete der Koch, „er sagt, bis zu seinen Eltern seien es zehn Tagemärsche, und er habe nicht Kraft genug, dies zu leisten, überdies wisse er nicht, wie ihn seine Eltern aufnehmen würden, da er gegen ihren Willen von Hause fortgegangen sei."

„Haifai! Unsinn! Zehn Tage kann der Junge schon laufen, und wenn er nicht will, dann jage ihn einfach fort."

„Aber er wird sicher am dritten Tage auf dem Wege sterben", wirft ein gutmütiges, kleines Mtussimädchen von sieben Jahren ein.

„Amri ja mungu!"

Mit diesen Worten von Max ist die Sache für alle entschieden, und der Junge hätte bestimmt seinen Todesgang angetreten, wenn ich nicht als Mungu ex machina eingegriffen hätte. Ich trat nämlich plötzlich unter die Gruppe und machte eine lieblose Attacke auf das wollige Haupt meines Boys Max. Als ich ihn dann fragte, was das gewesen sei, und von ihm die Antwort erhielt: „Kofi bana, eine Ohrfeige, Herr", erwiderte ich: „Erstens waren es drei und zweitens war es amri ja mungu".

Ich brauche nicht zu versichern, daß der Junge blieb.

Viel stärker als der bewußte Einfluß auf das Handeln ist der un= bewußte und indirekte, im Gemütsleben wurzelnde. Reue, Trauer, Mitleiden und eine Menge anderer Gefühle werden dank jener Welt= anschauung unvollkommen ausgelöst; hier erst tritt der Fatalismus, den sie birgt, so recht in die Erscheinung und wird am stärksten dem Tode gegenüber offenbar. Es ist ein bekannter und oft wiederholter Satz, daß in Afrika das Menschenleben keinen hohen Preis hat, einer der nicht zu zahlreichen Sätze, deren Wahrheit ich bestätigt fand. Nota= bene, nur das fremde Menschenleben gilt nichts; das eigene wird durchaus geschätzt und so lange wie möglich geschont. Diese Empfin= dungsarmut und Gemütsleere ist es, die auch dem humanen Europäer das Leben unter den Schwarzen oft so schwer macht, daß er sich unter Tausenden wie in einer Wüste fühlt und mit Zarathustra seufzt: „Ein anderes ist Einsamkeit, ein anderes ist Verlassenheit, das lernte ich nun."

Nach dieser Abschweifung wird es Zeit sein, wieder an die Schilde= rung meines Weitermarsches zu denken. An die letzten Tage der Ugalla=Expedition erinnern mich folgende Notizen:

8. Dezember. Heute verließ ich das schöne Ugagabecken und kreuzte etwa unterhalb das Papyrusbett des Sindi, um einen großen Bogen abzuschneiden, den er dort, nach Osten ausweichend, macht. Jenseits stießen wir auf Felder und einige alte Hütten, die unbewohnt schienen. Eine Zeitlang hatten wir zur Rechten eine jetzt trockene, kurze Aus= buchtung, die wir bis zur Einmündung in das Haupttal verfolgten. In diesem, das ca. 700 Meter breit war, hatte sich der Sumpf in zwei Arme geteilt, die nicht ganz die Hälfte der Talbreite bedeckten und zwischen sich eine nur wenig höher gelegene Fläche faßten, mit einem kleinen Dorf, das ein uns begleitender Jäger Muntamuko nannte. Etwa dreißig Leute waren mit Feldarbeit beschäftigt und schauten, auf

die Hacken gestützt, dem Zuge nach, kamen aber weder auf unsere
Rufe heran, noch grüßten sie uns, gaben sich auch keine Mühe, ihre
bissigen Köter anzulocken, die ich mit dem Gewehrkolben auf den
Schädel schlagen mußte, damit sie sich verzogen. Ich sah auf den Fel=
dern drei oder vier Vorderlader mit Pulverhörnern an Baumpfosten
hängen und daneben kleine Kinder sitzen, die sich die Mäulchen mit
Erde vollschmierten. Ein paar Säuglinge wurden auf den Rücken
ihrer Mütter, in ein Fell gebunden, getragen und schliefen, durch
die Bewegung beim Hacken sanft eingewiegt. Wenn sie aber einmal,
von einem dunklen Drange ihres Innern getrieben, erwachten und
beweisen wollten, daß sie nicht nur Konsumenten, sondern auch Pro=
duzenten seien, dann reckten die Mütter, als wären sie von dem
Rieseln eines warmen Frühlingsregens erschreckt, einen Moment die
steifgewordenen Rücken, um gleich wieder emsig in ihrer Arbeit fort=
zufahren und der lieben Sonne die „Trockenlegung" von Mutter und
Kind zu überlassen.

Die beiden Arme des Sumpfes vereinigten sich bald wieder und bil=
deten eine zwar schmale, aber schlechte, nasse Furt, zu der man über
Felsblöcke hinunter= und wieder heraufklettern mußte. Einen Hügel
entlang marschierend, traten wir bald in eine Steppe ein, die sich nach
Westen dehnte. Dieselbe Richtung nahm auch das Flußbett, das sich
hier wieder in zwei Arme von wechselnder Breite teilte. Nur stellen=
weise sah man trübe Wasserlachen und Papyrushaufen, die das Schilf=
gras unterbrachen. Es wäre schwer gewesen, die Grenze des Bettes von
der fast im gleichen Niveau liegenden Grassteppe zu unterscheiden,
wenn zwischen dem Schilf nicht tausende von goldgelbleuchtenden
Blüten, die ich früher schon am Ugalla angetroffen hatte, ein Merkmal
geboten hätten. Jenseits der Steppe im Westen und Osten sah man
die stattliche Hügelkette des Ssanje und Kanjologo und andere, die die
bizarren Bilder des Itwe und Singoni, deren Hut= bezw. Pilzform
die Tage vorher uns zur Linken begleitet hatten, unserem Fernblick
entzogen. Am Rande der Steppe, auf einem vorspringenden, bewal=
deten Hügel bezog ich das Lager. Am Nachmittag wurden wir von
einem furchtbaren Hagelwetter heimgesucht, dessen Körner zum Teil
taubeneigroß und darüber waren. Ich wunderte mich, daß die Esel und
das Vieh, die, von dem lichten Grün der Bäume nur notdürftig
geschützt, im Freien standen, unversehrt blieben. Nur ein Huhn —
wahrscheinlich das sprichwörtliche Unglückshuhn — wurde mit total

eingedrücktem Schädel aufgefunden. Mir selbst war beim Schließen der Zelttür ein kirschgroßes Stück an die Hand geschleudert worden, so daß der getroffene Finger sofort schmerzend anschwoll. Hagelwetter sind im Innern Afrikas, trotz der vielen, schweren Gewitter, viel seltener als in Europa. Ich habe durchschnittlich kaum eins pro Jahr erlebt, teils in der großen Regenzeit, teils gleich bei Beginn der kleinen. Übrigens verbinden sich bei manchem Stamm mit dem Hagel abergläubische Vorstellungen. In Ruanda zum Beispiel gilt er als Strafe für das Brechen des „tsch'umweru", des „weißen Tages", das heißt, des jedem vierten Arbeitstage folgenden Feiertages, an dem alle Feldarbeit ruhen muß.

9. Dezember. Der heutige Marsch führte uns erst westlich, später nordwestlich längs des goldgelbschimmernden Bandes, oft hart am Rande des östlichen Flußsumpfarmes, bis zu seiner Vereinigung mit dem westlichen. Das gestrige Gewitter hatte die Luft außerordentlich gereinigt, so daß die Berge zum Greifen nahe sichtbar waren. Leider hatte es aber auch den Boden sehr erweicht, der in großen Schollen an den Stiefeln kleben blieb, von denen ich sie von Zeit zu Zeit durch einige Beingymnastik abschleudern mußte. Auch die Karawane kam auf dem glatten Terrain nur langsam vorwärts. Einige tiefeingeschnittene Wasserrisse, auf deren Sohlen massenhafte Baumabfälle in lehmig gelben Pfützen lagen, wurden ohne große Beschwerde überschritten. An zahlreichen niedrigen Akazien, deren von früheren Bränden geschwärzte Stämme einen seltsamen Kontrast zu dem hellen, frischen Grün der Kronen bildeten, waren die Blütenkätzchen vom Hagel abgeschlagen und lagen, wo der Boden sandig und spärlich begrast war, in großen Ringen um den Baum. Auffallend waren einige riesige Felsblöcke, die, 30 Meter hoch und darüber, isoliert am Sumpfrand lagen. An einzelnen Stellen sah man auf dem Kamme des nördlichen Gebirges groteske Sandsteinformationen, die an gewisse Partien der Sächsischen Schweiz erinnern. Gegen Mittag erreichten wir in lichtem Walde die Vereinigung beider Arme, von denen der westliche offenes Wasser führte. Nicht weit davon lagerte ich; Zelt und Tisch dicht unter einem kolossalen Felsblock, der ein mehrstöckiges Haus hätte fassen können. An seinen Wänden hatte eine große Kolonie von Angolaschwalben ihre Nester, die, unbekümmert um den Lagerlärm, ab- und zuflogen. Wir hatten des Nachts einen klaren Sternenhimmel und Mondschein, und es sah wundervoll aus, wie Fledermäuse und Palmen-

hunde mit seltsam rauschendem Flattern den Felsen umflogen, über den meine Lampe lange Schatten warf. Dazu das Zirpen von tausend Grillen in der Grassteppe zu unserer Linken, dahinter der dunkle Sumpf, aus dem der Sang der Frösche aufstieg, noch weiterhin vom Flusse her dumpfer Kranichruf und jenseits von Steppe, Sumpf und Gewässer der Wald, der dem unsicher in der Ferne verschwimmenden Gebirge vorgelagert ist und unter dem Einfluß des Mondlichts eine geheimnisvolle Tiefe gewinnt, als stände meilen= und meilenweit eine dunkle Laubkrone neben der anderen.

10. Dezember. An diesem Tage kamen wir noch weniger weit als sonst, weil die Karawane unterwegs durch einen Bienenschwarm über= fallen und aufgehalten wurde. Der Weg folgte dem Flußbette, das überall offenes Wasser, wenn auch in wechselnder Menge führte. Manchmal behielt es eine längere Strecke die gleiche Breite, und lag dann wie ein schimmerndes Band mit bunten Streifen und Flecken zwischen den Ufern. Der Wasserspiegel brach nämlich heute an vielen Stellen die Sonnenstrahlen in allen Spektralfarben, als wäre er mit einer dünnen Ölschicht bedeckt; ich weiß nicht, ob dies durch faulende Substanzen oder wodurch sonst verursacht wurde. Dann aber schnürte und weitete er sich in jähem Wechsel vielmals hintereinander, so daß ich mir wünschte, aus der Vogelperspektive auf dies Bild wie auf eine schimmernde Perlenkette herabschauen zu können; aus der Nähe be= trachtet, bot es wenig Reiz; auch wehte eine erstickende Hitze von dem stagnierenden Gewässer und dem Schilfdickicht her uns an. Hinter den Hügelketten, die immer in unserer Nähe blieben, wenn wir nicht direkt über ihren Fuß marschierten, sollte nach Angabe des Jägers der Mala= garassi fließen, was uns allen recht wäre, denn meine Leute wittern schon einen heimlichen Wohlgeruch von Pombegelagen, nachdem sie die letzten Tage in dieser menschenleeren Gegend hatten fasten müssen. Heute trafen wir nur alte, jetzt nicht mehr bearbeitete Felder und einmal eine halb eingestürzte Hütte, in der zerrissene und verfaulte Reusen umherlagen, und einige Schritte ab ein Stilleben aus einem Schädel ohne Unterkiefer und einem Paar Rippenknochen, vielleicht die Reste eines einsam hausenden Fischers.

Ich hatte mich gerade durch ein abscheulich dichtes Hochgras hindurch= gedrückt und schöpfte etwas Atem, ehe ich den Weg, der sich zwischen Fluß und Berg zwängte, weiterverfolgte, als von hinten Boten kamen, ich möchte warten, weil der Schwanz der Karawane von Bienen über=

fallen worden sei. Ich konnte zuerst ein boshaftes Lächeln nicht unter=
drücken, denn die Nachhut wurde immer von einem Haufen langsam
zottelnder Weiber gebildet, aber als ich hörte, daß auch noch die letzten
Träger angegriffen waren, wurde mir doch etwas schwül zu Mute.

Bienenattacken gehören immer zu den wenig angenehmen Reise=
episoden, denn die Träger lösen sich sofort nach allen Windrichtungen
in wilder Flucht auf, was für Flaschenlasten oder subtile Instrumente
nicht gerade förderlich ist; oder sie werfen die Lasten zur Erde, was
ihnen noch weniger förderlich ist. Manchmal bewirken die Bienen
übrigens überraschende Wunder. Ich hatte einmal einen Manjematräger,
einen etwas seltsamen Herrn, der eines Tages ohne objektiven Befund
schwer fußkrank wurde, seine Last nicht mehr tragen konnte und am
Ende der Karawane humpelte, wo er meinem Gesichtskreise entzogen
war. Nun ereignete es sich aber, daß ich in Urundi von den Einge=
borenen angegriffen wurde und infolgedessen gegen meine Gewohnheit
hinten marschierte, um die nachrückenden Gegner im Auge zu haben.
Dicht vor mir aber hinkte jener Träger. Am zweiten Tage der Feind=
seligkeiten stiegen wir einen unendlich steilen Berg zum Ruwuwu hinab
und passierten dabei ein verlassenes Gehöft, das am Abhange geradezu
klebte. Meine Karawane, die kaum vierzig Mann stark war, hielt sehr
zusammen, so daß wir den Hüttenkomplex ziemlich gleichzeitig durch=
schritten. Plötzlich ergoß sich aus einem großen Stock heraus ein
Bienenschwarm auf uns, und wir alle rannten wie toll den jähen Berg
hinab, während die Warundi, die auf dem Kamm zurückgeblieben
waren und den Grund unserer Panik nicht erkannten, in ein trium=
phierendes Geheul ausbrachen. Ich selbst hatte schon ein paar Angeln
in der Haut, aber ich mußte gleichwohl vor Vergnügen und Bosheit
heulen, wie mein fußkranker Träger, dessen Kopf durch keine Last
geschützt den Bienen ein besonders exponiertes Angriffsobjekt darbot,
wild und hurtig und wie eine verrückt gewordene Windmühle mit den
langen Armen durcheinanderfuchtelnd, einem Böcklein gleich, über die
Felsen hinabsprang und fast als erster von allen eine Platte dicht über
dem Fluß erreichte. In meiner boshaften Stimmung hatte ich große
Lust wie die armen Ungeheilten von Lourdes zu sagen: „ah, oui —
celui-là! il a la chance!" Den Segen aber, den er von mir für diese
Chance und als prophylacticum gegen Rezidive seines Fußleidens
empfing, würden sie ihm kaum mißgönnt haben. — — — — —

Indes ich es mir auf dem Fuße des Hügels im Schatten einer Euphorbie bequem machte, kam der Askariführer, der die Nachhut bildete, ein vierzig Jahre alter, bärtiger Abessynier mit krummen Knien und stets schläfrigen Hanfraucheraugen, der sich Schausch, das heißt Sergeant Ali nannte und nennen ließ, trotzdem er seine ehrenvolle Soldatenlaufbahn als Gemeiner abgeschlossen hatte und meldete mir, daß die Bienen zwei Lasten „genommen", aber nur zwei Weiber zer= stochen hätten. Ich ging nun selbst auf den Kampfplatz und fand dort zwei Kisten vollkommen bedeckt von unruhig hin und her laufenden Bienen und die Luft ringsum von dem aufgeregten Summen der anderen erfüllt. Während meine Leute Grasbüschel präparierten, um sie anzuzünden und durch den Rauch die Insekten zu vertreiben, widmete ich mich den beiden gestochenen Weibern, die sich gegenseitig im Jammern überboten, und wenn die eine: „Ich verbrenne" rief, so stöhnte die andere: „Nakufa baba, ich sterbe, Vater." Allein sie starben nicht, auch verbrannten sie nicht; sie schwollen nur etwas an, und in den nächsten Tagen sah die Frau meines Kochs, die die Angeln in den Backen gehabt hatte, aus, als ob sie fortwährend niesen wollte, so daß man geradezu Schnupfen von ihrem Anblick bekam; die andere aber, die eine von Geburt an etwas anspruchsvolle Oberlippe hatte, lief umher, als habe man ihr eine Schlummerrolle unter die Nase gebunden Doch erlitten sie — il hamdu lillah! — keine dauernde Einbuße an ihrer natürlichen Schönheit.

Übrigens sind die afrikanischen Bienen im allgemeinen sehr harmlos — vielleicht auch die europäischen, als Städter weiß man das ja nicht —; nur wenn sie viel Honig im Stocke haben, behaupten meine Leute, dulden sie nicht gern die Nähe von Menschen, vermutlich also zur Zeit der beginnenden Palastrevolution. Aber die herumschwärmenden, Nahrung suchenden sind nie aggressiv und genieren mich schon längst nicht mehr, auch wenn ein Dutzend gleichzeitig auf dem Frühstücksteller zwischen Messer und Gabel herumkriecht. Gegen Rauch sind sie ebenso empfindlich, wie ihre europäischen Schwestern, denn sie lassen sich von ihm wehrlos vertreiben. Man glaube übrigens nicht, daß die afrika= nischen Bienen, trotzdem sie der gleichen Art angehören, den unseren vollkommen in ihren Gewohnheiten gleichen. Es war weder mir be= freundeten Missionaren noch mir selbst möglich, die Bienen daran zu gewöhnen, ihre Waben an anderen als runden Rahmen zu bauen, offenbar weil sie vom Walde, wie von den Stöcken der Eingeborenen, an hohle Baumstämme gewöhnt sind.

11. Dezember. Ich lagerte die letzte Nacht unweit des gestrigen Schauplatzes der Bienenattacke, in einem Meer von Trümmern, die die Ebene von den 200 Meter entfernten Bergen bis an den Fluß hin bedeckten. Jenseits des Tals, das sich hier auf 80 Meter verengte, trugen die Hügel dichten Baumwuchs, der sich besonders in einer amphi= theatralischen Einsenkung zu kompakten Massen häufte. Nachdem es nachmittags stundenlang geregnet hatte, wurde die Nacht wieder herrlich, und, auf einem Felsen sitzend, ward ich nicht satt, das Spiel der vom Mond hell beleuchteten Nebelstreifen zu beobachten, wie sie den Fluß hinab= und hinaufzogen und den Kamm des Amphitheaters wie mit einem silbernen Dach abschlossen. Heute morgen — wir brachen eines feinen Landregens wegen spät auf — wandte sich der Weg erst be= schwerlich zwischen Trümmern hindurch, die von Schlingpflanzen und großblumigem Gesträuch umsponnen waren, wurde aber bald bequem und führte das hier wieder von dichtem Papyrus erfüllte Flußbett entlang, abwechselnd durch Niedergraslichtungen und Msimawald mit starrem, glänzenden Laub, das an Lorbeerblätter erinnert. Die Berge zur Rechten weichen immer mehr zurück, während sie jenseits des Tals direkt zum Sumpf steil abfallen. Im Norden tauchen neue Ketten auf. Ganz unvermittelt stießen wir auf eine Ebene mit Tausenden von Akazien mit brennend roten, von Ameisen bedeckten Stämmen, und während ich noch überlege, wie wohl der Weg weiterführen wird, stehen wir plötzlich vor einem breiten Gewässer mit reißender Strömung und von Schirmakazien und Fikus bewaldeten Ufern, in das der Sumpf des Sindi in der Nähe einer riesenhaften einzelstehenden Fächerpalme einmündet. Ein Zweifel war nicht möglich: Wir hatten den Malagarassi erreicht und damit das Endziel dieser Expedition, und ohne kommandiert zu sein, rollte ein dreifaches Hurra aus ein paar hundert Kehlen über den Strom und verlor sich jenseits in dem Buschwald, der, in einem tiefen Bergeinschnitt beginnend und langsam nach Norden ansteigend, in unendlichen Fernen verschwindet.

Usumbura, Ende September 1898.

Intermezzo.

Brief XIV.

7. Dezember. Es gibt nichts Pünktlicheres in Afrika, dem Lande der Unpünktlichkeit und Zeitvergeudung, als die Hähne. Der pünkt= lichste aber von allen ist mein Hahn Kasibure, „der ohne Lohn arbeitet"; so haben ihn die Träger getauft; und nach seinem stolzen, kriegerischen Wesen zu urteilen, fühlt er, daß er solchermaßen aus der namen= und titellosen Masse zahlreicher Reisegenossen rühmlich heraus= gehoben wurde. Stimmt er das erste Mal seinen Gesang an, so ist es noch tiefe Nacht, zwischen 3 und 4 Uhr; singt er aber das zweite Mal, dann kündet er den anbrechenden Tag. Das ist sehr bequem. Beim ersten Mal drehe ich mich noch einmal auf die andere Seite und beginne selig den träumereichen Morgenschlummer, das zweite Mal aber strecke ich meinen Kopf unter dem Moskitonetz hervor, um nach dem Wetter zu schauen, dem wichtigsten Faktor jeder, auch der afrikanischen Wan= derschaft. Also auch heute. Klar leuchtet schon der Himmel durch die Lücken der dunklen Stämme; die Dämmerung begann früh sich auf= zuhellen. Noch stehen einige Sterne über dem Horizont, blasse, kraftlose Schwimmer, die bald von dem Lichtmeer verschlungen werden. Alles kündet einen schönen Sonnentag. Aber kalt ist es noch, schauerlich kalt; feucht schlug mir beim Öffnen des Netzes die Morgenluft mit frischem Erdgeruch entgegen und kitzelte mich boshaft in Nase und Hals, daß ich rasch wieder bis zu den Augenbrauen in der Wolle ver= schwinde. Das Lager ist noch nicht wach. Nur aus der Tiefe des Küchenzeltes höre ich diskret Teller klappern; verfroren und mit krummen Knien schleicht ein kleiner Küchenjunge reisigbrechend umher, wobei er unter dem Sprühregen, der von den erschütterten Bäumen ihm auf den nackten Oberkörper fällt, jedesmal heftig erschauert. Auch aus einigen anderen Zelten tönen verschlafene Reden von Ehepaaren, die ihr Morgenschwätzchen beginnen. Aber sonst ist es noch recht still; die Leute wissen, daß heute nicht marschiert wird und nützen es aus. Aber über mir ist schon alles wach. Schon singt, mit den Schwänzen

Takt schlagend, ein Paar Grasmücken ein Duett, wozu das Weibchen
mehr guten Willen als Wohlklang beiträgt, und die Wildtauben
gurren ihr eintöniges, dumpfes hüh=huh—hühduhhüdüh; vom Wasser
her schnarrt ein verliebter Erpel, und über mir höre ich den wütenden,
metallisch klingenden Flügelschlag eifersüchtig kämpfender Täuberiche.
Wie sie, rücksichtslos die dichten Laubmassen durchbrechend, sich von
Ast zu Ast verfolgen; wie sie in kurzen Pausen einen leisen, kaum hör=
baren Zorneslaut ausstoßen; wie sie in blinder Kampfesbegier mit den
Schwingen gegen die nassen Blätter schlagen, daß der Nachttau in
großen Tropfen auf mein Zeltdach trommelt — es gibt nichts Eifer=
süchtigeres auf der Welt, als Täuberiche. Und indes sitzt das Weibchen,
kaltblütig, gleichgültig daneben, unbekümmert um Kampf und Kämp=
fende und putzt und glättet sich das Gefieder — sind sie nicht schlimmer
als Menschen=Weibchen? Aber auf, Langschläfer, was gehen dich
Tauben= und Menschen=Weibchen an! Schon schielt die Sonne mit
einem Auge über die fernen Hügel, die wie bläuliches Milchglas durch
den schmalen Waldstrich schimmern.

„Boŋ!“ — — —

Tiefes Schweigen.

„Boŋ!“

Du mußt es dreimal rufen.

Und „Boŋ“ dringt zum drittenmal mein Weckruf ins Lager, und
zum drittenmal schießt mein Atem als zitternde Dunstwolke in die
feuchtkalte Luft. Ein Weilchen noch und das breite Malayengesicht
meines Pagen Kibana erscheint im Türrahmen. Die von Natur kleinen
Augen verschwinden fast hinter den schläfrig verschwollenen Lidern
und schauen mich verdrossen an, als würfen sie mir vor, daß durch
meine Schuld: „Ach, im schönsten Moment war das Traumbild zu End.“
Um ihn völlig wach zu bekommen, — denn sonst bekäme er es fertig,
mir statt der Strümpfe die Frühstücksbutter ins Bett zu werfen und
dafür mein Frühstücksbrot mit Strümpfen zu schmieren, — beginnen
wir ein Gespräch, wie es ähnlich jeden Morgen sich wiederholt:

„Ist es sehr kalt, Kibana?“

„Es ist kalt, aber warm,[1] hoher Herr, aber inschallah wird die
Sonne bald Wärme bringen.“

„Es wird so sein, inschallah. Ist es zu kalt zum Baden?“

---

[1] Der Küstenneger sagt: kalt, aber warm; groß, aber klein; schön, aber häßlich
usw., wo wir ziemlich kalt, mittelgroß, annehmbar usw. sagen würden.

„Das Wasser ist warm, hoher Herr, aber es ist viel Nebel auf dem
Fluß, und Gras und Weg sind betaut."

„Hört man die Flußpferde? Ich will euch heute etwas Fleisch
schießen."

Mit gespanntem Gesichtsausdruck lauscht er stromaufwärts.

„Sie sind da, hoher Herr, denn ich höre sie schnaufen."

Nun, da ich sicher bin, ihn wach zu haben, schlüpfe ich rasch in die
Kleider und hinaus vor mein Zelt, wo der jüngere Boy indessen schon
Eimer und Waschschüssel im nahen Flusse gefüllt und den Frühstückstisch
auf der anderen Seite des breitästigen Baumes herzurichten begonnen
hat. Vor mir (aber in gemessener Entfernung, damit mich nicht der
Rauch der zahlreichen Herdfeuer belästigt) stehen in drei konzentrischen
Halbkreisen etwa fünfzig Zelte und Grashütten, die je drei bis vier
Leute beherbergen. Das erwachende Lager — wer malt mir das Bild?
Hundert blutrote, in den ersten Strahlen der Morgensonne fast zu stark
leuchtende Flecken auf grünem Grunde — das sind die Decken meiner
Leute, in die sie jetzt kälteschauernd ihre nackten Körper fest eingepackt
haben; denn der Neger liebt es, auch wenn er noch so viel Zeug sein
eigen nennt, hüllenlos unter der Schlafdecke zu liegen. Das dehnt und
reckt und biegt und rekelt und streckt sich, als hätten sie in enger,
harter Höhle einen Winterschlaf abgehalten. Auch gähnen sie, denn der
Neger gähnt wirklich. Es mag komisch erscheinen, daß ich dies aus=
drücklich versichere, aber in einem sehr ernsthaften anthropologischen
Lehrbuch wird, wenn auch unter Vorbehalt, das Augenmerk des For=
schers ausdrücklich auf diesen Punkt gelenkt, nachdem ein Reisender
bei einem farbigen Stamm, ich glaube in Südafrika, das Fehlen dieses
Ermüdungs=Phänomens konstatiert hat. Wie kam der Unglückliche
nur zu so absurder Behauptung? Ich wollte, er schaute jetzt an diesem
heraufdämmernden Morgen in all die ungeheuren, wie das Weltgericht
dräuenden, kraterförmigen, roten oder braun pigmentierten Schlünde,
vor denen die glänzenden Zahnreihen, geschaffen, um Eisen zu zer=
malmen, schön und schrecklich zugleich, schimmern. Auch die Weiber
werden allmählich wach und latschen, wie nur Negerweiber latschen
können, im Kreuze liegend und den Oberkörper faul in den Hüften
wiegend, mit wirrem Haar und ungewaschenen, vom Nachtschweiß
feuchtklebrigen Gesichtern, auf schlürfenden Sohlen durchs Lager. Daß
ich das jeden Morgen mit ansehen kann, ohne daß sich mir der nüch=
terne Magen umkrempelt, darauf bin ich wirklich stolz. — — — —

Die Sonne steigt, schon brechen wärmende Strahlen durch die lichteren Stellen des Waldes, und die schweren Decken werden von leichterem Zeuge abgelöst; dann eilen die Leute truppweise an den Fluß, um sich den Schlaf aus den Gliedern zu baden und Appetit für die erste Mahl=zeit zu holen. Aber bevor sie den vom letzten Abendessen reservierten und flüchtig aufgewärmten Mehlbrei verzehren, wird erst ein Geschäft verrichtet, dessen Gewissenhaftigkeit weiten Volkskreisen in Europa aus hygienischen Gründen zur Nachahmung sehr zu empfehlen wäre; ich meine die Pflege der Zähne. Dazu bedient sich der Neger eines Zweigstückes vom Mbulobaum, das er auf allen Reisen mit sich führt. Der Baum ist im Innern sehr verbreitet, nötigenfalls tut es aber auch das Holz mehrerer anderer Arten. Das Ende des 15 Zentimeter langer Stückes zerkaut er, bis es einem Pinsel ähnlich faserig geworden ist und mit dieser leicht im Wasser befeuchteten Bürste reibt er eine halb Stunde lang jeden seiner zweiunddreißig Zähne mit senkrecht geführten Strichen sorgfältig ab. Das ist neben der an Süße und Säure ziemlich armen Nahrung das ganze Geheimnis, dem die Neger ein weißes, gesundes und kräftiges Gebiß verdanken, trotzdem sie es fürchterlich malträtieren und zu den ungewöhnlichsten Verrichtungen benützen, wie Flaschen entkorken, Schrauben aufdrehen, Zeug zertrennen usw. Wenn Alexander Neger gewesen wäre, dann hätte er den gordischen Knoten sicherlich nicht zerhauen, sondern mit den Zähnen aufgelöst. Bei Stämmen, die wenig Wert auf Mundkosmetik legen, findet man dementsprechend auch weniger gesunde und schöne Kauer. — — — —

Das Gewehr am Riemen, ein Frühstücksbrot in der Tasche, schlendere ich den schmalen, grünen Uferstrich zwischen Wald und Wasser entlang. Die letzten Nebelwölkchen haben sich in die Wipfel gezogen und in der klaren Luft verloren, blau und leuchtend liegt die Flut im Sonnen=schein. Nur ein schmaler, zackiger Rand auf meiner Seite erscheint noch tief grün von dem Schatten der schräg beleuchteten Bäume. Um diese Zeit — es ist bald sieben Uhr — geht es am Flusse nicht mehr so leb=haft zu wie in der Morgendämmerung, wo es auf jedem Baum und Strauch singt, pfeift, flötet. zwitschert, schnarrt, wie einem jeden Stimme und Sang gegeben ist; aber doch scheucht auch jetzt noch jeder Schritt irgend einen kleinen Musikanten auf, der sich, seine Strophe jäh ab=brechend, seitwärts in die deckenden Büsche schlägt. Hier fliegen, in allen Farben schimmernd, die kleinen Nektarinen, holen sich mit dem

Watuffi.

langen, zierlich gekrümmten Schnabel wie Kolibris im Flattern ihre
Nahrung aus der Tiefe der Blüten; dort auf jenem Baum leuchtet das
violette Gefieder weißäugiger Stare, die wie Papageien ernsthaft vor
sich hinschwätzen und pfeifen. Aus dem Dickicht dringt erst leise und
fast zaghaft beginnend, allmählich anschwellend und immer höher
tonierend, um zuletzt jäh abzubrechen, das dreitönige Flöten der rot=
bäuchigen Cossypha, die vor Sonnenaufgang und besonders im Liebes=
rausch der beste afrikanische Sänger ist, den ich hörte.[1] Daneben pro=
duzieren Pisangfresser und schwarzröckige Würger aus den dichten
Laubmassen einer Tamarinde um die Wette ihr reiches Repertoire an
Tönen und Geräuschen, bald klopfend und sägend, bald wie ein junger
Hund bellend oder wie ein Sterbender röchelnd und stöhnend. Aus der
Luft von hoch oben tönt das Schackern einer prächtigen Spatelrake;
der große Wanderfalke, den sie mutig angreift, sucht sich ihr in eiliger
Flucht zu entziehen, ihr Keifen mehr als ihren Schnabel fürchtend.
Gleich weißer Seide leuchtend steht ein Graufischer in der klaren, un=
bewegten Luft, als sei er mit den Enden seiner Schwingen an unsicht=
baren Fäden aufgehängt, zwischen denen er nun mit Kopf, Körper und
Schwanz krampfhaft auf und ab rüttelt, bis die Fesseln plötzlich reißen
und der Befreite in steilem Winkel, wie ein Stein in die aufspritzenden
Fluten stürzt, um bald wieder mit der Beute im starken, schwarzen
Schnabel, einen kurzen Jauchzer ausstoßend, aufzutauchen. Hagedasch=
Ibisse fahren, von meinen Schritten erschreckt, aus dem Schilfdickicht
auf, und ihr klägliches Angstgeschrei, das wie Notrufe von Delirien
gepeitschter Wahnsinniger klingt, verhallt jenseits des Waldes in der
schweigenden Landschaft. Mit rauhem, kurzem Schreckton streicht ein
Reiher ab und scheucht die eben noch possierlich spielenden Kronen=
kraniche auf, daß sie mit gellendem Oh=rran, Oh=rran und dumpfem
Flügelschlag zum anderen Ufer hinüberflüchten. Schwalben schießen im
Sonnenglanz wie violette Leuchtkörper über die schimmernden Wasser,
aus denen, von metergroßen, räuberischen Welsen verfolgt, hier und
da ein Fischchen silbern aufblitzt. Überall Leben, Leben, Leben. — —

Da, wo das Seebecken beginnt, teilt es sich in drei schmale Arme.
In dem östlichsten, an dem unser Weg vorbeiführte, befand sich gestern
eine etwa vierzig Stück große Herde von Flußpferden, die uns neu=

---

[1] Dann schmettert sie vielmals hintereinander: kokkedilli oder kokkereküe, und
endet jauchzend: kokkedü—ljä!

gierig die Köpfe zuwandten und zum Teil dem Ufer sich näherten, um interessiert den Anblick der als erste diese Gegend betretenden Kara=wane zu genießen. So habe ich es noch jedesmal erlebt, wenn ich in von Menschen selten besuchten Gebieten auf diese Dickhäuter stieß, und es ist einleuchtend, daß es unter solchen Verhältnissen ein Kinderspiel ist, den ersten Schuß gut anzubringen. Schwierig wird es erst, wenn sie sich belästigt fühlen und dann nur rasch und für relativ kurze Momente zum Atemholen auftauchen. Aggressiv sah ich sie niemals; selbst ver=wundete nie, auch dann nicht, wenn sie in ihrer übrigens nicht ge=ringen Borniertheit oder Verwirrtheit ihren Rettungsweg in der Richtung des Schützen zu finden hofften. Meine Kenntnis gerade dieser Tierspezies stützt sich auf eine ziemlich umfangreiche Erfahrung, aber damit will ich nicht behaupten, daß andere Beobachter nicht zu anderen Resultaten kommen konnten. — — — — — — — — —
— — — — — — — — — — — —

Auch wenn man weiß, wie unangebracht es ist, fällt man doch immer wieder allzuleicht in den Fehler, seine eigenen Beobachtungen zu ver=allgemeinern. Würde ich nach meinen eigenen Erlebnissen allein urteilen, so käme ich zu dem Schluß, daß alle sogenannten „wilden" Tiere, ob Büffel oder Elefant, Flußpferd oder Nashorn, ihrem Namen wenig Ehre machen, denn mir gegenüber haben sie sich alle merkwürdig liebenswürdig und zivilisiert benommen. Am mutigsten schien mir noch eine Löwin, auf die ich, von hinten seitlich kommend, waffenlos, im trockenen Bett des Ugalla stieß, fünfzehn Schritt von ihr und hundert von meinem Gewehr entfernt. Wir blieben beide gleichzeitig stehen, und mein Herz sank mir — ich weiß nicht, ob nur in die Hosen oder bis in den Stiefelschaft, jedenfalls aber recht tief, während sie sich zu mir wandte, mich mit einem langen, schläfrigen und, wie mir vorkam, verächtlichen Blicke betrachtete, langsam die tiefe Rinne weiter trottete und erst nach etwa zehn Schritten, ohne mich noch einmal zu beachten, mit großem Satz linksum in das Dickicht sprang und verschwand. Ich fand das riesig nett von ihr, trug aber kein Verlangen, ein zweites Mal ihre Bekanntschaft zu erneuern, denn es ist doch immer mißlich, von der größeren oder geringeren Liebenswürdigkeit einer Löwin die Gestaltung seiner Zukunft abhängig zu machen. Noch behaglicher als mir muß dem Stationschef von Kilimatinde, Leutnant v. G., zu Mute gewesen sein, als er auf einem abendlichen Spaziergange plötzlich zur Rechten drei Löwen aus dem Dickicht auf die Straße treten und, als er vorsichtig nach links ausweichen wollte, auch von dort noch zwei, die dem gleichen Trupp angehörten, hinzukommen sah. Zwar hatte er eine geladene Schrotflinte bei sich, mit denen er aber keine fünf Löwen totschießen konnte, und so zog er es klugerweise vor, sich so bescheiden wie möglich zu verhalten, um nicht die Aufmerksamkeit der Bestien zu erregen, was ihm auch gelang. Schlimmer erging es einem anderen Offizier der Schutztruppe, Leutnant Br. Dieser Herr war von einem Löwen — wie und wo habe ich vergessen — angefallen worden und wurde von ihm fortgeschleift. Sein Karabiner hing ihm über den Rücken. Während er an der Schulter geschleppt wurde, war er in der höchsten Not besonnen genug, mit der Hand nach hinten zu fahren und das Gewehr abzufeuern. Der Löwe ließ seine Beute sofort fallen und sprang davon; wie der schwer Verwundete glaubte, vor Schreck; bei einer Suche aber am anderen Tage fand man das Tier in nächster Nähe verendet. Wäre mir selbst das Abenteuer passiert, ich würde mir lieber die Zunge abgebissen, als gewagt haben, es zu erzählen, denn es klingt zu ungeheuerlich und märchenhaft; aber daß es sich so zu= getragen bezw. daß es so in allen Messen der Kolonie erzählt wurde, dafür bürge ich.

Um übrigens noch ein Wort über die Gefährlichkeit der sogenannten wilden Tiere zu sagen, so haben ja die Ansichten darüber manche Stadien durchlaufen. In älteren, aber auch noch zu Brehms Zeiten, galten sie durchweg für außerordentlich furchtbar. Dafür müssen sie es sich in neuerer Zeit oft gefallen lassen, so zwischen Fuchs und Hase zu rangieren. Das ist natürlich auch übertrieben. Man darf nur nicht die Tiere und ihre Psyche anthropomorphisieren und von einem Rhinozeros oder Leoparden verlangen, daß er sein Handeln nach dem Sittenkodex der Menschen einrichtet. Sonst kommt man auf den Standpunkt des Korpsstudenten aus den Fliegenden Blättern, der den ausreißenden Hasen ein entrüstetes „Feige Kneiferbande" nachruft. Es ist überhaupt schon verkehrt, wenn auch schwer zu ändern, daß wir die Namen für die Charaktereigenschaften der Tiere von den Äußerungen der mensch= lichen Psyche entlehnen, während wir für ihre Körperteile oder gewisse Funktionen Sonderausdrücke geschaffen haben. Wenn ich den Satz ausspräche: „Der Hirsch blutete stark am linken Ohre" so würde er vielen Leuten (und natürlich allen Jägern) einen Riß geben, wie etwa einem musikalisch gebildeten Ohre das Katzengeplärr der 5 sisters Barrison oder einem Lord Roseberry der Anblick einer fertig gebundenen

Kravatte von Jandorf. Dieselben Leute aber fänden nichts darin, bei=
spielsweise zu sagen: „das Flußpferd ist feige", während uns in
Wahrheit diese Art, sich auszudrücken, noch viel schiefer und deplazierter
vorkommen müßte, wie die vorher erwähnte. Und nebenbei: welchen
Grund sollten denn die großen Pflanzenfresser haben, mit dem Menschen
anzubinden? Und wenn sie uns ausweichen, sind sie dann feiger, als
wenn wir vorsichtig Nesseln und Dornen aus dem Wege gehen? Auch
in dem besten populären Tierwerk der letzten Jahre von Dr. Heck
wird der Löwe feige genannt. Vergleicht man damit die fast allwöchentlich
in der Deusch=Ostafrikanischen Zeitung wiederkehrenden Berichte über
von Löwen getötete Leute (jüngst erst wieder sieben in einer Woche) und
die Tatsache, daß in manchen Gegenden, z. B. bei Kissakki, ganze Dörfer
wegen der Löwengefahr aufgegeben werden mußten, dann fragt man
sich doch unwillkürlich, ob die Reaktion, die der früheren Überschätzung
der „reißenden" Tiere zu danken ist, nicht doch etwas zu stark sich ent=
wickelt hat. — — — — — — — — — — — —
Eine kleine Erhebung, steil zum Wasser abfallend, mit alten Bäumen
und dicker, saftiger Grasnarbe dient mir als Ansitz; ein quer liegender
morscher Stamm als Deckung gegen die Flußpferde. Das ist vorläufig
allerdings eine überflüssige Vorsicht, denn mein Erscheinen hat gar keine
Aufregung verursacht. Über dreißig zähle ich, die fast alle in der Mitte
des schmalen Wasserarmes sich bewegen. Nur eines liegt faul auf einer
Sandbank halb im Wasser und schüttelt unaufhörlich die kurzen Ohren,
um sich gegen die Fliegen zu wehren. Ich wollte, ich könnte das auch,
denn ich merke bald, daß hier eine unausstehliche Sorte von Steck=
nadelkopf=großen, stahlblau schimmernden Fliegen ist, die mir dicht vor
Augen, Nase und Ohren auf und ab tanzen, in der Hoffnung, dort
ihre Eier ablegen zu können. Vergrämen wir sie durch den Qualm
einer Zigarette, sonst machen sie ein Zielen geradezu unmöglich und
schauen wir einstweilen dem Treiben der Dickhäuter zu. Es ist freilich
nicht viel an ihnen zu sehen, denn sie sind nicht sehr erfindungsreich in
ihren Vergnügungen. Sie bewegen sich in einem ziemlich kleinen Zirkel,
und es ist eigentlich wunderbar, daß sie da genügend Nahrung finden,
da sie, wie die tiefeingetretenen Wechsel beweisen, schon lange Zeit die=
selbe Wasserstelle aufsuchen. Es gibt da Unterschiede. Die einen, und
zwar nach meiner Erfahrung die meisten, treten kurz vor Sonnen=
aufgang ein und bleiben bis zum Abend; die anderen halten sich tags=
über am Lande verborgen und gehen nachts in die Gewässer. Beide

aber finden ihre Hauptnahrung in Wasserpflanzen, von denen sie sich möglichst die zartesten aussuchen, um damit den riesigen Magen bis zum Platzen voll auszustopfen. Es ist mir überhaupt zweifelhaft, ob sie (bei günstigen Bedingungen) außerhalb des Wassers nennenswert äsen, und ob ihre Landmärsche nicht mehr sicheren Schlaf= als Weideplätzen gelten.

Welch fürchterliche vorsintflutliche Erscheinungen! Wie unproportioniert in allen Maßen, wie ungraziös in ihren Bewegungen. Wenn man in ihren ungeheuren Rachen sieht, den sie mit lautem Gähnen öffnen und klappend wieder schließen, dann glaubt man zuerst an eine Sinnestäuschung; so unwahrscheinlich, widersinnig und unlogisch ist zunächst der Eindruck des Gebisses, das aussieht, als wäre dem Tier bei der Schöpfung eine handvoll Zähne in jeder Form und Größe in den Rachen geworfen worden, von denen jeder da gerade Wurzel faßte, wo und wie er zufällig hinfiel. Ein schrecklicher Gedanke, in diese Mühle zu geraten, wie es Reichard von zwei Negerweibern am Kingani erzählt. Widersinnig erscheinen auch die Ohren, die an dem riesigen Haupt wie ganz überflüssige Anhängsel sitzen und das Eindringen des Wassers in den äußeren Gehörgang doch nicht zu verhindern vermögen. Diel besser gebaut ist die Nase, deren enorm entwickelte Schließmuskeln einen sehr festen Abschluß nach außen bilden. So lang der Kopf ist, so bietet er dem Schützen doch nur ein relativ kleines Ziel, weil nur ein Gehirnschuß dem unglaublich zähen Tiere ein schnelles Ende bereitet. Ein Dollmantelgeschoß ist nach meiner Erfahrung für die Jagd auf so große Tiere absolut ungeeignet. Ja, ich glaube, daß es auch für den Krieg die Grenze der Brauchbarkeit, d. h. der Bestimmung, den Gegner möglichst schonend aber möglichst rasch kampfunfähig zu machen, hart streift.[1] Ich habe es mehrfach mit angesehen, daß Rinder durch Hals, Brust oder Leib geschossen, das Äsen nicht unterbrachen oder höchstens einen Moment wie horchend den Kopf hoben, auch wohl taumelten, dann aber weiter weideten. Sobald man aber nur die Spitze des Nickelmantels entfernt, hat man eine fürchterliche Waffe, die auf nahe Entfernung einem Menschen den Kopf so gründlich fortreißt, als hätte nie einer auf dem Rumpf gesessen. — — — — — — —

— — — — — — — — — — — — — — — —

Ein Schuß rollt über die Wasserfläche, und mit leisem Grollen antwortet, aus dem Schlaf geschreckt, das Echo aus dem jenseitigen Walde.

[1] S=Geschosse gab es, als dieser Brief geschrieben wurde, noch nicht.

Es gab einen kurzen, klappenden Laut, als das Geschoß einschlug. Kein Kopf ist mehr sichtbar, nur die zitternden Wellenkreise, die, die Strahlen der Sonne reflektierend, gleich zerbrochenen Silberringen auf den Fluten treiben, verraten, daß hier zahlreiche schwere Gewalten den Spiegel durchbrachen. Dort, wo das von mir aufs Ziel genommene Tier stand, steigen Blasen auf, und das Wasser färbt ein kleiner rotbrauner Streifen. Ich warte gespannt, denn bald muß es sich entscheiden, ob der Schuß sofort tötlich war. Verwundete, aber nicht bewußtlose Flußpferde nehmen sofort, wenn sie nicht stromabwärts fliehen können, die Richtung auf ein Ufer, und fühlen sie instinktiv, daß es zu Ende geht, so suchen sie sich mit dem letzten Rest von Kraft unter Wasser in die Uferwände einzubohren. Bei den eigentümlichen Bodenverhältnissen des Sindi kann es ihnen so gelingen, sich in den breiweichen Erdmassen ein Grab zu bereiten, das für Mensch und Tier unauffindbar, vielleicht nach Jahr= zehntausenden unseren Epigonen in den Knochenresten eine Rekon= struktion des Bildes der bis dahin längst ausgestorbenen Spezies ermöglichen wird. Sitzt der Schuß so, daß fast sofort der Tod eintritt, dann sinken sie auf den Grund, tauchen aber schon nach dreiviertel bis einer Stunde, von den rasch sich sammelnden Gasen stark aufgetrieben, wieder zur Oberfläche, die ihr Leib als Kugelsegment überragt: ein willkommener Sammelplatz für Reiher und andere, Aas nicht ver= schmähende Vögel. — — — — — — — —

Ich hatte nicht lange zu warten. Es war ja so leicht gewesen — ein Schlachten mehr als ein Jagen —, vom sicheren Platz aus mir den günstigsten Fleck in einem der mächtigen Profile auszusuchen, und schon an der Art, wie der klotzige Schädel von dem einschlagenden Geschoß zur Seite geworfen wurde, bevor er verschwand, erkannte ich, daß mir diese Beute nicht entgehen würde. Es dauerte auch keine 20 Sekunden, da brach sich das Wasser und das tödlich verwundete Tier taucht senk= recht bis zur halben Leibeshöhe auf, fällt mit voller Wucht auf den Rücken zurück, daß das Wasser hoch aufspritzt und verschwindet wieder. Aber bald kommt es an anderer Stelle wieder zum Vorschein, noch ver= zweifelter nach Luft ringend, noch rasender in die Höhe stoßend und mit noch heftigerem Aufprall zurücksinkend. Eine Viertelstunde dauert der Todeskampf des fast bewußtlosen Tieres, das von Ufer zu Ufer sich wälzend, die Fluten erschüttert und immer wieder jäh senkrecht sich aufrichtet, wobei der dem Schädel entquellende helle Blutstrom, auf der naſſen Haut raſch verteilt, ſich wie ein rotes Tuch über den unförmig dicken Hals breitet. Sein ſchwer röchelnder Atem, der das eingedrungene Waſſer nicht mehr aus den Lungen zu treiben vermag, zerſchneidet die Stille dieſes köſtlichen Morgens wie ein Jammerruf, in grellem, miß= tönendem Gegenſatz zu der heiteren Ruhe dieſer ſonnigen Landſchaft. Aber auch dieſer zähe Kampf erſchöpft ſich allmählich und endlich liegt, wenige Meter vom Ufer entfernt, wie ein grauer Granitfelſen der tote Körper.

Ich hatte zwar befohlen, daß das Fallen eines Schuſſes meinen Leuten ein Signal ſein ſollte, mit Meſſern und Äxten herbeizukommen, aber vermutlich war er im Toſen des Lagers nicht gehört worden, denn einſam und regungslos liegt der zu mir führende Uferweg. So muß ich die beiden Angler aufſtören, die nicht weit von mir in ihr edles Hand= werk ſich vertieft haben. — — — — — — — — —
— — — — — — — — — — — — — — — —

Angeln oder Anglern zuſchauen, das iſt die dem Neger kongenialſte Beſchäftigung. Ich bin auch überzeugt, daß auf irgend eine dunkle Weiſe vor Jahrtauſenden dieſe Kunſt aus Afrika den Europäern gebracht wurde, die ſie aber bis heute noch nicht zu der Vollkommenheit der Neger entwickelt haben. Ein europäiſcher Angler, ſo ſtumpfſinnig er auch im allgemeinen ſein mag, angelt wenigſtens nur an Stellen, an denen er Fiſche vermutet. Aber für den Neger, wenigſtens für den Amateurangler, iſt dies nicht unbedingt entſcheidend. Die Hauptſache iſt das Angeln, und es iſt köſtlich anzuſchauen, wie ſie an Regenteichen, in denen höchſtens ein paar abgemagerte Kaulquappen eine proletariſche Exiſtenz führen können, die Schnur auswerfen, anziehen, auswerfen, anziehen, von Zeit zu Zeit den Haken vom Schlamm befreien, friſche Fliegenlarven aufſetzen und immer ernſthaft und gewiſſenhaft dabei bleiben. Nach jeder Viertelſtunde wirft ein Zuſchauer die Frage da= zwiſchen: „Beißen ſie noch nicht, Herr?" und erhält dann die Antwort: „Nein, Herr, ſie beißen noch nicht!" Wer die „ſie" aber ſind und ſein könnten, das wiſſen nur die betreffenden Teichgötter. Nun muß ich allerdings zur Rechtfertigung des Negers erwähnen, daß er überall, wo ein größeres Waſſer iſt, Fiſche vermutet, weil er an eine von Mungu (Gott) gewollte generatio aequivoca glaubt. (Deshalb begriffen mich meine Leute auch gar nicht, als wir auf einer einſam mitten im Kiwuſee gelegenen kleinen Inſel Antilopen, Iltiſſe, Schlangen und anderes Getier fanden, wozu ich ihren Scharfſinn mit der Frage prüfte, von wo

all diese wohl hergekommen seien.) — — — — — — — — — — — —
— —

Während meine Leute herangeholt werden, ziehe ich mich in das
Uferdickicht zurück. Die Sonne steht hoch und lähmt mit ihren Strahlen
in den nächsten fünf Stunden alle Kreatur. Auch hier im Schutze einiger
Coranthus= und Herminen=Arten ist es schwül, aber doch schattig. Zum
Flusse hin ist das Gebüsch halb offen, und ich sehe die Luft über dem
jenseitigen Ufer zittern und sehe das Schilf und das Laub der Sträuche
wie durch fließendes Glas. Die Flußpferde haben sich längst wieder
beruhigt und tauchen wie vorher abwechselnd auf und nieder. Der
Todeskampf ihres Genossen hat sie wenig interessiert, nur eines war
wiederholt in seine Nähe geschwommen, hatte sich aber bald wieder
entfernt; was von Vögeln am Wasser lebt, hat sich gleich mir in das
Dickicht zurückgezogen. Wenn ich um mich schaue, welches Gewirr von
Ästen und Lianen! Zwanzig=, dreißigfach kreuzen sie sich und oft sind
sie miteinander verwachsen, wo sie sich berühren. Oder sie krümmten
sich in großem Bogen wieder zur Erde, schlugen noch einmal Wurzel
und sandten neue Arme nach oben, die sich bald wieder teilten und
nochmals teilten und wieder nach oben und unten Sprossen entsandten.
Oder sie kriechen als vielfach gewundene Schlangen auf der Erde im
Kreise, als könnten sie sich von dem mütterlichen Boden nicht trennen,
um dann, wie von einer plötzlichen Angst gepackt, jäh aufzuschießen,
durch jede Lücke im Geäst sich hindurchzuwinden und von oben mit
schwanker Spitze auf das dunkle Laubdach herabzusehen. Welch ein
Unterschlupf für kriechendes und fliegendes Gewürm. Überall störe ich
es auf, ob ich das Laub durchwühle, das vom vorigen Jahr den Boden
bedeckt, ob ich die Borken von den Stämmen abreiße oder einen Stein
aufhebe, überall ein Huschen, Krabbeln, Wimmeln, Rascheln und ver=
störtes Durcheinander. Und nicht anders über mir. Wo die Sonne durch
kleine Blätterlücken hindurchbricht, und zitternde Scheiben auf den
Boden wirft, deren Rand alle Farben des Spektrums — nicht zeigt,
nein, das hieße: zartestem mit groben Worten wehe tun, aber sie ahnen
läßt, da sieht man durchsichtige Flügel und Leiber in zuckender Hast sich
vielfach kreuzen und mit silbernen Strichen schimmernde Arabesken in
die unbewegte Luft zeichnen. Und dann wundert man sich nicht, daß
dort die kleine, graue Grasmücke, die im dichtesten Gebüsch ihr ver=
stecktes Dasein führt und nur durch ihr Kindertrompetenstimmchen sich
verrät, so munter herumspringt, und nach jedem Sprunge etwas Un=

fid)tbares hinabfd)ludt. Überall Leben, Leben, Leben. — — — — —

— —

Während einige meiner Leute dem erlegten Flußpferd mit großen Fafd)inenmeffern das dicke Fell abziehen, den ungeheuren, prall= gefüllten Magen und die Eingeweide entfernen und das Fleifch in große Stücke zerfd)neiden, die erft im Lager in kleinere zerteilt werden follen, nehmen andere mit Äxten das Gebiß heraus, deffen größere Zähne in der Luxusinduftrie vielfad) verwendet werden, z. B. zu Schreibtifchgarnituren, Stockkrücken ufw. Da id) nid)t beabfid)tige, fie jahrelang mit mir herumzufchleppen, um fchließlich mehr Koften für ihren Transport aufgewendet zu haben, als man in jedem Warenhaufe für die aus ihnen hergeftellten Nippes zu zahlen hat, fo überlaffe id) fie meinen Trägern. Mögen fie fid) in Gottes Namen, wenn fie Luft dazu haben, daraus Schreibtifchgarnituren machen laffen. — — — —

Indes die Leute emfig ihrer Arbeit obliegen, gehe, oder richtiger fchleiche id) den fonnendurchglühten Weg zum Lager zurück; mit halb= gefchloffenen Augen, denn die Lichtreflexe des Waffers blenden fürch= terlich. Mein Gewehr liegt mir fo fchwer im Arme, als hätte id) einen Fieberanfall hinter mir. Einen Moment fetze id) mid) nod) in ein Schilfdickicht an, in deffen Nähe fchnarrend ein paar Nilgänfe einge= fallen find, aber die erftickende Hitze, die die Gräfer ausftrahlen, und die Fliegen, die mid) verzehren wollen, treiben mid) bald wieder heraus, und aufatmend trete id) in den kühlen Schatten der Lager= bäume.

Am Malagaraffi, Mitte Dezember 1897.

Brief XV.

Mittag. Mein Page erscheint mit dem Essen, und seufzend lasse ich mich dazu nieder, beim ersten Bissen schon die Minute ersehnend, wo ich die Zigarette anzünden kann. Essen müssen, nur um zu leben, ist für Afrika eine besonders schlechte Erfindung. Könnte ich mich doch von dieser lästigen Einrichtung durch Zahlung in eine Armenkasse befreien, wie man es zur Ablösung von Neujahrsgratulationen tut. Jeden Morgen und jeden Nachmittag möchte ich verzweifeln, wenn der Koch nach dem Speisezettel fragt, trotzdem er doch weiß, daß immer dieselbe Antwort kommt: „So wie gestern", d. h. Reis= speise oder eine verdächtige Mischung von Mehl und süßen Kar= toffeln oder ein zähes Stück Ziegenfleisch oder ein zum Erbarmen mageres Huhn. Eine dieser oder ähnlich köstlicher Speisen wird immer ein paar Wochen Tag für Tag serviert, bis ich vor Ekel streike oder der Zufall mich ein neues Gericht kennen lehrt, das mir ein paar Tage mundet und dann allmählich auch wieder zum Strafgericht wird. Eigentlich habe ich erst in Afrika gründlich erkannt, daß essen nur dann eine menschenwürdige Beschäftigung ist, wenn Auge und Ohr gleichzeitig durch appetitliche Ausstattung von Tisch und Geschirr und durch würzendes Gespräch mitgenießen. Aber essen, nur um Eiweiß, Fett und Kohlehydrate zu verbrennen, von verbeulten Emailletellern, aus defekten Emailletassen von flüchtig gedeckter Platte schweigsam und hastig schlingen, das ist eine so traurige Beschäftigung, daß sie für mich gleich hinter dem Bezahlen alter Rechnungen kommt. — — —

Während ich im Bombay=Stuhl liege und an dem Trost jedes Ein= samen mich erquicke, d. h. eine Zigarette an der anderen anzünde, beunruhigt eine wichtige Frage mein Hirn, eine Frage, die nicht so leicht zu entscheiden ist, so lange ich auch schon nachdenklich den grauen Qualm verfolgt habe, wie er blauer und blauer werdend zwischen den Zweigen verweht. Es handelt sich um die Weiber in meiner Karawane. Ich möchte sie gerne los sein, denn sie sind wider= wärtig und rauben mir meine Ruhe; auch bilden sie in feindseligen Gebieten einen hinderlichen Troß. Aber dann wieder scheint es mir grau|am, an einem Tage drei Dutzend Ehepaare von Bett und Tijch, oder um mich afrikanijcher auszudrücken, von Schüjjel und Strohmatte zu trennen. Das kann Verdrojjenheit, Widerjetzlichkeit, Dejertionen erzeugen, was mir greulich wäre. „Nur keine inneren Krijen!" jagt Herr v. Bülow. Oder es könnten Gefahren für die Tugend der an unjerem Reijewege wohnenden Damen entjtehen oder Gewaltakte, trotzdem dergleichen rarijjime vorkommt, und dann natürlich Be= jchwerden oder Rache=Exzejje der beleidigten Gatten. Jedes Für und Wider muß jorgfältig gejammelt und bis zum Aujchlag gewogen werden, denn einmal verkündet, darf ein Bejchluß nicht ohne zwin= genden Grund umgejtoßen werden; es jchädigt immer die Autorität des Europäers bei jeiner Karawane, wenn er es an Überlegung, Kon= jequenz, Fejtigkeit fehlen läßt.

Als ich zum erjten Male ernjthaft die Möglichkeit der Weibervertrei= bung ins Auge gefaßt hatte, ließ ich die drei Wanjampara (Träger= chefs) und den Ältejten der Askaris zu mir rufen und befragte jie nach ihrer Anjicht. Sie hatten mir mit großer Wärme zugejtimmt, aber wie ich jehr rajch teils merkte, teils von meinen Boys erfuhr, aus von den meinen jehr verjchiedenen Motiven. Der Askari, ein alter Hajchijch= raucher, konnte kein Weib brauchen, und deswegen gönnte er den anderen auch ein einjames Zelt. Der Chef der Träger von Bagamoyo hatte zwar eine Gattin, aber jie machte ihm das Leben jauer, weil jie ihm jeinen täglichen Raujch neidete, weswegen er die Keijerin los werden wollte. Der Chef der Manjema war ebenfalls dafür. Er hatte eine Sklavin als Bibi, die jich mit einigen Weibern jeiner Leute nicht vertrug, da jich die Freigeborenen von der Sklavin nicht jchuhriegeln lajjen wollten und ihr bei jedem Streit ihre Abkunft vorwarfen. Da er nun in dem Irrwahn lebte, daß die Trägerchefs ihre Frauen behalten dürften, jo jtimmte er mir rückhaltlos zu, um die „Seinige" von ihren Widerjacherinnen zu befreien. Nur der Führer der Panganileute war etwas zurückhaltend in jeiner Anjicht. Er war der Klügjte von allen, und ihm jchwante mit Recht, daß mit ihren Leuten auch die Wanjam= para auf ihre weiß Gott jehr minderwertigen Hälften würden ver= zichten müjjen.

———————————

(Bei jolcher Gelegenheit zeigt jich jo recht die Unfähigkeit der meijten Neger, jelbjt wenn jie eine gewijje Verantwortung tragen, über ihre Empfindungen und Wünjche hinweg nach einem von Eigennutz nicht

befangenen Urteil zu ftreben. Die Frage wurde jüngſt an der Küſte
gelegentlich der Beſtimmungen über die Zuſammenſetzung der kom=
munalen Verbände berührt und beſonders betont, daß nach den Erfah=
rungen, die dort nicht nur mit Negern, ſondern überhaupt mit Farbigen
gemacht wurden, ſtarke Zweifel beſtänden, ob ihre Widerſtandsfähig=
keit gegen die Verlockung, amtliche Kenntniſſe zu eigenem Vorteil zu
verwerten, groß genug wäre. Soweit es die Neger angeht, teile ich
dieſe Zweifel; bei Arabern und Indern aber reichen meine eigenen
Erfahrungen nicht aus, um ein ausnahmslos und endgültig verdam=
mendes Urteil begründen zu können.) — — — — — — — — — —
— — — — — — — — — — — — — — — — — —

An dieſer Stelle möchte ich als Prophylaxe gegen Mißverſtändniſſe
eine generelle Anmerkung einſchieben. Wenn ich von Negern ſchlecht=
weg ſpreche, ſo meine ich niemals die anſäſſigen Barraneger, d. h. die
ſich redlich mühende Bauernbevölkerung des Hinterlandes — wo ich
dieſe im Auge habe, nenne ich ſie auch bei Namen —, ſondern ich habe
immer nur das Menſchenmaterial im Sinn, das in ſtändiger Bewegung
zwiſchen dem Meere und den großen Seen die Landſtraßen frequen=
tiert und in den wenigen Städten von Küſte und Hinterland ſich zu
größeren Mengen anhäuft: jene (im Gegenſatz zu den Wanjamweſi und
Waſſukuma, den Sachſengängern der Kolonie) heimatloſe, ewig fluk=
tuierende, durch einige äußerlich haftende Formen des Islam und durch
das Suaheli als lingua franca uniformierte Maſſe von Miſchlingen
aller Stämme des äquatorialen Afrika, die ſich Waſuaheli nennen, auch
wenn kein Tropfen Blutes ſie dazu berechtigt, oder Wangwana (Freie),
obgleich viele es nicht ſind. Und auch die Freien ſind meiſt Abkömm=
linge von ehemals zur Küſte verſchleppten Sklaven, die auf irgend eine
nicht immer legale Weiſe ihr Pflichtverhältnis löſen konnten. Jeder
anderen Arbeit als dem Laſtentragen abhold, bilden ſie eine im Grunde
ſozial minderwertige Geſellſchaft von Menſchen, die in Ländern mit
härterem struggle for life dem Untergang geweiht wären und zu
einem afrikaniſchen Proletariat ſich entwickeln würden, ſobald ihnen
die Laſten abgenommen und auf den eiſernen Rücken von Dampf=
wagen gelegt würden. Der Schaden, den ſie der Kolonie zufügen, iſt
wahrlich nicht gering zu ſchätzen. Auf allen ihren Wegen beunruhigen
ſie und verſcheuchen zuletzt die eingeborenen Stämme; wohin ſie ihren
Fuß ſetzen, da erhebt ſich und ſchleicht davon die Sicherheit vor Gewalt
und Willkür. Und doch, wenn die Stunde kommt, wo die letzte Laſt

auf Trägerrücken befördert wird, dann dürfen wir ein Weilchen auch
ihrer in Dankbarkeit gedenken; denn ohne ihre Hilfe, ohne ihre Wider=
standsfähigkeit, Geduld und Unterordnung läge das tropische Afrika
noch heute in tiefstem sagenumwobenem Dunkel. Sie waren es, die,
indem sie Forscher und Missionare, Händler und Soldaten begleiteten,
erst ihre Arbeit ermöglichten. Auf ihrem Rücken wurden Dampfer und
Altäre, wurden Kanonen und Telegraphen ins Innere gebracht; auf
ihren Schultern Elfenbein und Gummi und die Schätze der Wissenschaft
zum Meer befördert. Und wenn wir auch einst ihre Ablösung durch
Dampf und Schienen mit einem Seufzer der Erleichterung begrüßen
wollen, so wollen wir wenigstens einen Augenblick freundlich der
vielen Tausende von Toten uns erinnern, deren Gebeine, auf der un=
geheuren einsamen Fläche zwischen Indischem und Atlantischem Ozean
längs der Straßen zerstreut, vergessen und unbeweint, von Sonnen=
glut, Tropenregen und Steppenwind gebleicht, zerstört, verweht wurden.

———————————

Aber so wohlwollende Gedanken, die erst dann in uns sich rühren,
wenn wir am Leibe der eigenen Karawane Ungemach und Sterben
schaudernd erleben, beschäftigten mich damals noch nicht, damals, als
ich in den kleinen Sorgen des Tages befangen im Bombaystuhl lag
und nachdenklich den grauen Tabakqualm verfolgte, wie er blauer
und blauer werdend zwischen den Zweigen verwehte. Sondern ich
quälte mich mit der Lösung der geschilderten Frauenfrage und Frauen=
emanzipation, d. h. Emanzipation meiner Karawane von den Frauen.
Und ich konnte nicht schlüssig werden, obgleich schon genug Zigaretten=
stummel an der Erde lagen, um einer Legion neapolitanischer Lazza=
roni einen anständigen Tagesverdienst zu gewähren, und trotzdem ich
zu hören glaubte, daß die Mücken, die über mir zwischen den Laub=
massen ihre Hochzeitsreigen tanzten, sich bitter über die schlechte Luft
in den Festräumen beschwerten.

Ich hätte vielleicht noch ein paar Stunden länger über diesem
Problem gegrübelt, wenn mich nicht plötzlich das Gefühl von etwas
Ungewohntem, Ungewöhnlichem beschlichen hätte, dessen Ursache ich,
als ich meine Aufmerksamkeit darauf richtete, sofort in einer jäh ein=
getretenen Stille des Lagers anstelle des üblichen Lärms von 150 ge=
sunden Jungen erkannte.

Es war die Stille vor dem Sturm, der wütend losbricht, gerade als
ich mich erhebe, um nach der Ursache dieses mir nicht fremden Lager=

Phänomens zu forschen. Aber was war denn geschehen, daß eine so außergewöhnliche Ekstase herrschte, was ging denn vor, daß mein Erscheinen in dem Höllenspektakel so ganz unbemerkt blieb? Es war ein Toben, als hätte ein Irrenhaus all seine Insassen ausgespien. Und aus all dem Kreischen, Heulen, Wiehern, Brüllen, Bocksgelächter, das sich zu einer Symphonie, würdig, in der Walpurgisnacht die Brocken= gäste zu empfangen, vereinigte, hörte ich vernehmlich immer wieder nur die wenigen Worte: „Omari tschini und fundi tschini und manamukke dju" — — „Omari unten, der Schneider liegt unten, das Weib liegt oben". Und so war 's und so sahen es, als ich, rechts und links Püffe austeilend, mich durch den dichtesten Haufen gedrängt hatte, meine Augen, und ich merkte, daß mir schwach werden würde, wenn ich dieses Schauspiel lange genießen müßte. Da lag der eng= brüstige, gelbsüchtige Schneider Omari im Grase und auf ihm, halb liegend, halb reitend, ein Weib, dessen spitz zugefeilte Manjema=Zähne blutig gefärbt waren. Ihm war das Kanzu von oben bis unten auf= geschlitzt, und sie hatte in der Kampfeshitze von ihrem Gewand auch nicht viel übrig behalten und zeigte vieles, was ich immer noch lieber von Nacht und Grauen, als gar nicht bedeckt zu sehen gewünscht hätte. Beide aber wußten es nicht oder beachteten es nicht, denn ihre Auf= merksamkeit hatte sich in ein blaues Tuch verbissen, das ihre Hände krampfhaft umklammerten, hin und her zerrten und nur für blitz= artige Momente fallen ließen, die geschickt benutzt wurden, um mit kurzem energischen Ruck in die Haare des Gegners zu fahren oder ihm klatschend eine derbe Ohrfeige zu versetzen. Natürlich sprangen, als mein Erscheinen bemerkt wurde, sofort ein paar Dutzend Leute da= zwischen, und damit noch nicht zufrieden, machten sie mit entrüsteten Mienen den beiden die heftigsten Vorwürfe — und auch dies war natürlich. Während das Weib sich bei meinem Kommen schleunigst gedrückt hatte und die Glückwünsche ihrer Freunde in Empfang nahm, hielt ich mit dem Schneider das Schauri ab und ließ die Donna nur fern von mir durch einen Mnjampara vernehmen. Ich selbst würde auf Grund übler Erfahrungen mit solchen Megären nur nach dem System des heiligen Alfons von Liguori verhandeln, nämlich an den beiden Enden einer langen Bank — und sie müßte sehr lang sein — Rücken gegen Rücken sitzend. Die Ursache des Kampfes war sehr simpel gewesen. Seitdem „sie" vor drei Tagen zufällig bei ihm ein schönes Stück blauen Kaniki=Stoff gesehen hatte, träumte sie Tag und Nacht:

„Ach, wenn du wärst mein eigen", und kurz entschlossen trennte sie sich
von ihrem bisherigen Manne, einem anderen Träger, dem sie min=
destens schon fünf Tage als Gattin angehörte, und ging mit dem be=
glückten Schneider die Ehe ein. Am Flittertage — man wird den Aus=
druck begreifen — war der junge Ehemann natürlich in zärtlichster
Gebelaune und überreichte seiner Saida (zu deutsch „Gewinn") als
Morgengabe das blaue Tuch. Aber schon am vierten Tage des mit so
vielen Hoffnungen geschlossenen Bundes kam es zum Bruche, und da
keiner von beiden der schuldige Teil sein wollte, beanspruchten sie
beide den blauen Kaniki für sich. Die Folge war zunächst ein Wort=
geplänkel, das sich in bescheidenen Grenzen hielt, bis er den Geist ihrer
Mutter beschwor und beschimpfte, eine bei allen Negern sehr beliebte
Schmähform. Während der Unvorsichtige damit im Spiel der Zungen
einen unüberstechbaren Trumpf hingeworfen zu haben wähnte, mußte
er mit Schrecken erfahren, daß seine Gattin erst jetzt ihre Truppen
ernsthaft zu entfalten begann und aus dem heimischen Idiom und dem,
was sie auf den Märkten von Tabora und Udjidji sich angeeignet
hatte, wo die edelste Blüte holder Weiblichkeit ihre Bildung empfängt,
ungeahnte Reserven heranzog. Der unglückliche Schneider wußte sich
dagegen nicht anders zu wehren, als daß er begann, mit seiner Fuß=
sohle die Magengegend der feurigen Dame in unfreundlicher Weise zu
massieren. Das hätte er nicht tun sollen, und das sagte ich ihm auch
eindringlich, denn er hätte wissen können, daß, wenn erst die Füße sich
beteiligen, sie jeden Disput vergiften. Ich aber ließ nach beendetem
Schauri noch einmal alles, was ich an angenehmen und üblen Weiber=
geschichten in Afrika erlebt hatte, Revue passieren und zählte sie wie
ein Knopforakel ab; und als das heute erlebte mit tausend Zungen
„nein" schrie, rief ich die Wanjampara zu mir und befahl ihnen, sofort
der Karawane zu verkünden, daß an dem Tage, an dem wir die
Straße von Udjidji nach Tabora kreuzen würden, alle Weiber aus=
nahmslos eine Wendung zu machen und einen der beiden Orte als
Reiseziel zu wählen hätten. Und dies von Rechtswegen.

Hatte ich wirklich recht? Benützen wir diese Gelegenheit, um einige
Betrachtungen über die Beziehungen der beiden schwarzen Geschlechter
anzustellen; dann wird sich die Antwort auf diese Frage von selbst
ergeben.

Am Malagarassi, Mitte Dezember 1897.

Brief XVI.

Die in ständiger Bewegung auf den Karawanenstraßen fließende und oben näher gekennzeichnete Masse hat sich im Laufe der Zeiten eine Horde von Weibern als Weg= und Lagergenossinnen heran= gezüchtet, die, trotzdem sie, wenn möglich, aus noch mehr Stämmen gemischt sind als die Männer, doch in Erscheinung und Charakter noch uniformer sind als jene. Ihr Gesamteindruck ist im Gegensatz zu dem von Optimisten „das stärkere" genannten Geschlecht für den Neuling höchst widerwärtig. Aber auch ein alter, abgebrühter und für ekelhafte Einflüsse sonst nicht mehr poröser Afrikander versteht den Abscheu, den die wenigen europäischen Damen, die Gelegenheit hatten, solche Weiber im Innern der Kolonie kennen zu lernen, vor ihnen empfan= den. Und in Wahrheit: Man muß alle Ideale, die man je für Frauen= würde und Keuschheit gehegt, man muß alle ehrfürchtigen Gedanken, die man je mit dem Garten der Ehe verknüpft, man muß alle Empfin= dungen von selbstlos reiner Zuneigung bis zu der Glut begehrender Leidenschaft, die je in uns wach wurden, wenn das hohe Lied der Liebe in unser Leben seine lockenden Klänge sandte, auslöschen, vergraben und vergessen, wenn man dieser Menschenspezies gerecht werden und die Webart der Bande verstehen will, die sie meist nur zu locker an= einander fesseln. Ich erwähnte oben die äußere und innere Gleichtracht dieser Weiber. Wenn nämlich eine Frau durch Kauf oder auf irgend eine andere Weise von ihrem heimischen Stamm dauernd losgelöst und der Wangwana=Gemeinschaft eingereiht wird, so wandelt sich ihr Äußeres schon nach einer recht kurzen Frist durch die willigen Hände älterer Genossinnen nach dem Modell einer Küstenbibi bis zum Eben= bild um. Das fordert selten ihr eigener Trieb, sondern fast immer der Wille des Herrn oder Gatten, der solchermaßen ein Wertsteigen der eigenen Persönlichkeit in der öffentlichen Meinung zu erwirken trachtet. Das ist zwar nur eines von vielen Mitteln, aber nicht das unwichtigste und geringste. Dreierlei Eingriffe muß sich die Schenzi, d. h. die Barbarin, wie die unhöfliche Bezeichnung lautet, gefallen lassen, um sich dem Ideal jener kleinen, schwarzen Lastertierchen an= zunähern, die die Märkte und Gassen der Küstenstädte bevölkern und

Feierabend.

„Weder Fräulein, weder schön,
Selten ungeleitet nach Hause gehn".

Dreierlei, nämlich erstens eine neue Körperumhüllung, zweitens eine
Verstümmelung der Ohren und drittens und zuletzt eine Veränderung
der Frisur. Fellstück, Grasschurz, Rindenstoff, Bananenblattschürze,
oder was sonst ihre Blößen bedeckte oder es wenigstens versuchte,
weicht der Kanga, einem in Europa fabrikmäßig hergestellten, in allen
Farben — außer dem nefasten Grün — und mit den unmöglichsten
Ornamenten bedruckten Kattun, der von den Achseln bis zu den Fesseln
den Körper fast zweimal umhüllt und neuerdings in der Taille von
einem ebenfalls importierten, meist recht geschmacklosen Gürtel fest=
gehalten wird. Diese Einkleidung findet in der Regel noch an dem=
selben Tage statt, an dem das Weib das heimische Herdfeuer verläßt;
denn daß ein Suaheli sich etwa in den Markthallen von Tabora mit
einer fellbekleideten Gattin zeigen würde, ist so wenig denkbar wie
etwa, daß ein Gardeleutnant mit einer Dame der verlängerten Acker=
straße den Subskriptionsball besucht — beides ist eben einfach unmög=
lich. Mit der Einkleidung ist das wichtigste geschehen; die übrigen
Prozeduren folgen erst nach mehr oder minder langer Zeit, wenn die
Frau in Sprache und Gewohnheiten sich den neuen Verhältnissen
etwas akklimatisiert hat. Aber doch ist meist schon vor Ablauf des
ersten Jahres die Operation an den Ohrmuscheln vollendet, die an
vier, fünf Stellen durchbohrt und durch immer stärkere Pflöcke all=
mählich erweitert werden, bis sie Raum für die groschengroßen, bunten
Papierscheiben bieten, die nach Bedarf von Zeit zu Zeit durch neue er=
setzt werden können. Damit ist schon viel gewonnen. Findet sich endlich
auch die geschickte Hand, die den Neophyten lehrt, wie man den
spröden Wollkopf in sieben bis zehn von der Stirn bis zum Nacken
parallele Haarreihen teilt, zwischen denen die ölglänzende Haut in
hellen Streifen schimmert, und die am Halse als kurze, nach oben ge=
bogene Rattenschwänzchen enden, dann dürfen wir es den Pionieren
der Küsten=Kultur gönnen, wenn sie angesichts der der Barbarei ge=
schlagenen Bresche ein triumphierendes „Es ist erreicht" anstimmen.
Die Zahl der Rekruten, die alljährlich dem Weiberheer der Wangwana
eingereiht werden, ist heute noch sehr groß, trotzdem die Zwangsein=
stellungen en masse durch Raubzüge unter der Ägide von Arabern
vergangenen Zeiten angehören. Aber andererseits bringt jeder Fort=
schritt in der Erschließung der Kolonie die Möglichkeit zu vermehrter

Werbetätigkeit, weil die Eröffnung neuer Gebiete zur Voraussetzung und zur Folge hat, daß zahlreichen Wangwana als Soldaten und Trägern Gelegenheit zur Anknüpfung von vorher brach gelegenen Beziehungen zu den eingeborenen Stämmen gegeben wird. An dem Tage, an dem das Weib ihre Heimat verläßt, um an dem fremden Nomaden zu hangen und Zelt und Lager mit ihm zu teilen, gibt es mehr auf als Eltern und Elternhaus, und nicht nur ein Ziegenfell und ein Grasschurz fällt da von ihr ab und bleibt zurück, sondern auch eine Reihe von Vorzügen, die den Barraweibern eignet: Arbeitsamkeit, Ehr=barkeit, Nüchternheit, Bescheidenheit und last not least die Tugend, die Zarathustra als erste und höchste am Weibe schätzte, wenn er sprach: „Also will ich Mann und Weib: kriegstüchtig den einen, gebärtüchtig die andere". Lassen wir diese passive Tugend einstweilen unbeachtet.

Vielleicht könnte mancher, der die Verhältnisse aus eigenen An=schauungen kennt, meinen, die Einreihung der Weiber unter die Wangwana bedeute doch einen Fortschritt, trotz des Verlustes der übrigen Tugenden, die nicht Früchte einer in gesundem Grunde wur=zelnden und aus ihm hochgewachsenen Ethik, sondern Folge der an Rechten armen, an Pflichten reichen, unwürdigen Stellung der Frau bei den ansässigen Stämmen seien. Diese Definition will ich gerne gut=heißen, soweit sie erklärt, warum die Peripetie der Lebensführung eine so tief in den Charakter schneidende Wirkung ausübt, der meist noch durch die Jugendlichkeit der Betroffenen Vorschub geleistet wird, aber einen Fortschritt kann ich die Metamorphose nur nennen, wenn ich in weinerlichem Mitgefühl jede Gebundenheit eine menschen=unwürdige Erniedrigung, oder in schablonisierender Betrachtung der menschlichen Natur jede Freiheit einem Himmelsgeschenk gleich er=achten will. „Mancher warf seinen letzten Wert weg, als er seine Dienstbarkeit wegwarf." Wohl ist es wahr, ihr Leben hört auf, eine Folge von mit harter Arbeit erfüllten Tagen und Wochen zu sein. Sie behängen den Körper nicht mehr mit Amuletten, um die Zuneigung des Mannes sich zu erhalten, und nehmen Teil an den Trinkgelagen, für die sie bisher nur den Stoff bereitet hatten, um vielleicht alsdann von den Trunkenen Mißhandlungen zu ernten. Wohl hatten sie es schwer, aber da die von tausend arbeitenden Generationen ererbte Kraft ihren Körper gestählt hatte, so daß er von der Last nicht erdrückt wurde, und da nichts in ihnen gegen ihr Schicksal rebellierte, weil sie außer bei ihren Fürstinnen kein anderes Frauenlos kannten, so waren sie nicht zu beklagen. Jetzt fürchten sie nicht mehr, von Haus und Hof vertrieben zu werden, weil sie Haus und Hof nicht mehr haben; sie zittern nicht mehr, von ihrem Manne verstoßen zu werden, weil sie das Weib aller Männer werden können, die ihnen einen Vorteil bieten; sie sind zwar auch jetzt noch den Schlägen Trunkener ausgesetzt, aber sie sind nicht seltener selbst des süßen Gottes voll und dann nicht minder skandalsüchtig. Wo liegt in alledem ein Fortschritt? Und doch habe ich so manches Mal aus dem Munde eines Europäers, der ein Mädchen, das er als geduckte Barbarin kaum beachtet hatte, als grande dame in Tabora oder anderswo wiederfand, im Brustton der Überzeugung die begeisterten Worte gehört: „Herr Gott, ist das ein zivilisiertes Weib geworden, wer hätte solchen Fortschritt für möglich gehalten!" Falsche Distanz, falsche Gesichtswinkel.

Ich erinnere mich hier eines Gesprächs mit einem Missionar. Eingeborene Katechisten waren auf eine noch heidnische Insel als Herolde geschickt worden, um der Mission den Boden zur Saat vorzubereiten. Als sie nach einiger Zeit über ihre Erfolge Bericht erstatten kamen, klagten sie, daß es ihnen nicht möglich sei, größere Mengen zum Unterricht zusammenzutreiben, weil die Leute von morgens bis abends beschäftigt seien, die Sprödigkeit ihres insularen Bodens zu bekämpfen. Der Superior beruhigte sie mit den Worten, daß übergroßer Fleiß noch niemals ein Hindernis, Faulheit aber meist ein unüberwindliches für die Bekehrung zum Christentum gewesen sei. Was der Mann in frommer Beschränkung auf das ihm zunächst liegende Gebiet sagte, gilt auch in anderem Sinne. Wenn wir je hoffen dürfen, nach Jahrhunderte langen Bemühungen Afrika ein dem unseren ähnliches Frauengeschlecht zu schenken, so werden es die Nachkommen der vielgeplagten Arbeiterinnen und nicht der Dämchen sein, die auf den Märkten von Tabora und Udjidji ihre spärlichen Reize spazieren führen. Das ist um so wahrscheinlicher, als die Fähigkeit, die Art zu erhalten, diesen Nomadenweibern in auffälliger Weise verloren geht. Ist es das unstäte Wanderleben? das Fliegen von Arm zu Arm? der Einfluß des Alkohols? Organerkrankungen? Frivole Willkür, die die Beschwerden der Wanderschaft nicht noch vermehren will? Kindermord? Wahrscheinlich wirkt all dies und noch vieles andere zusammen. Tatsache ist, daß die Ehen dieser Leute, im Gegensatz zu denen der säßigen Stämme, dem Klapperstorch höchst unsympathisch zu sein scheinen. —

_____ _____ _____ _____

Es liegt nahe, sich zu fragen, ob überhaupt Nomaden fähig sind, wenn nicht besonders günstige Umstände es erleichtern, ihre Art dauernd zu erhalten. Oft genug drängte diese Frage sich mir auf und ebenso oft regten sich im Zusammenhang damit Zweifel, ob die so weit verbreitete und geläufige Anschauung von der Entwicklung des Urmenschen vom schweifenden Jäger über den Hirten zum Ackerbauer, die Wahrscheinlichkeit verdient, die uns in der Schule gepriesen wurde. Warum soll der Mensch, sobald er in der Entwicklung der Erde auftritt, nicht gleich festen Wohnsitz gehabt haben, da doch zahllose Tiere, Vögel wie Säuger, an einer engbegrenzten Heimat festhalten? Ich erinnere mich einer schmalen Urwaldparzelle, in der drei Affenarten (zwei Meerkatzenarten und Schimpansen) hausten. So oft ich die Gegend — und zum Teil in längeren Intervallen bis zu einem Jahr — besuchte, immer fand ich die beiden Meerkatzen, jede für sich, in denselben Baumgruppen, immer tönte der Schimpansenschrei aus derselben engbegrenzten Schlucht. Und Analoges kann man hundertfach an Vögeln, Reptilien und selbst Insekten beobachten. Und könnte die Kette nicht so gewesen sein: Feste Wohnsitze und Ackerbau — Züchtung von Haustieren — Anwachsen zu großen Herden — Weidewechsel — Verlust der Herden (Seuche, Krieg) — entweder Schließung des Ringes durch Rückkehr zu festem Wohnsitz und Ackerbau oder Wandlung zum Jäger? Diese letzte Entwicklung konnte man in Afrika noch im letzten Jahrzehnt an den Masai beobachten, die nach Verlust ihrer Rinder teils ansässig und Ackerbauer, teils nomadisierende Wanderobbojäger wurden, die man lange irrtümlich für einen besonderen Stamm hielt.[1]

Es ist hier nicht der richtige Platz, auf diese Dinge näher einzugehen, ich habe sie auch nur angedeutet, um zu zeigen, ein wie tiefgreifendes Mißtrauen gegen alles Nomadentum und seine Lebensfähigkeit sich einem Betrachter der hiesigen Verhältnisse aufdrängen muß, wobei ich gerne zugebe, daß dieses künstlich gezüchtete wirtschaftliche Nomadentum vielleicht zu falschen Schlüssen verleitet, im übrigen aber mögen sich gelehrtere Leute als ich den Kopf darüber zerbrechen, was unsere Ahnen getrieben haben, als sie — nach der grotesken Vorstellung moderner Götzenanbeter — ihrer Schwänze überdrüssig wurden und den großen Sprung ins Menschentum machten. — — — — —

---

[1] Vergleiche hierzu das merkwürdige Buch des allzufrüh verstorbenen Hauptmanns Merker: Die Masai. (Verlag Dietrich Reimer, Berlin 1904.)

Liebe, ſagt man ſchön und richtig,
Iſt ein Ding, was äußerſt wichtig;
Nicht nur zieht man in Betracht,
Was man ſelber damit macht,
Nein, man iſt in ſolchen Sachen
Auch geſpannt, was andre machen.

Laßt uns alſo zuſehen, was der Schwarze aus dieſem „äußerſt wich=
tigen Dinge" macht. Der mohammedaniſch beeinflußte Neger kennt
wie wir den Begriff der wilden und der legitimen Ehe. Es gibt da ein
Wort, das heißt „Bibi ja kitabu", „das gebuchte Weib". Vermutlich
bezieht ſich der Ausdruck auf den Koran, der bei der Eheſchließung
eine Rolle ſpielt und nicht, wie andere meinen, auf die Soldbücher der
Askari, in die der Name der Frau und berechtigten Erbin eingetragen
wird. Gleichviel woher das Wort ſtammt. Heute bezeichnet der Neger
damit ein Weib, das von guter, d. h. freier Herkunft, aus dem Hauſe
ihrer Angehörigen unter den traditionellen Bedingungen und mit
religiöſem Zeremoniell geehelicht wurde, wobei der Wunſch bei beiden
Teilen beſtand, gemeinſam ein ſtabiles Hausweſen zu begründen,
Kinder zu zeugen und — inschallah — ſich nur durch den Tod trennen
zu laſſen. Gewiß ein höchſt ehrenhaftes Ideal, nur kommen leider die
wenigſten dazu, es in die Tat umzuſetzen. Wozu auch? Es lebt ſich ja
ſo auch nicht unbequem. Sobald man einigermaßen eine Laſt ſchleppen
kann, ſchließt man ſich zunächſt als Boy einem Träger oder Soldaten
an, ergreift ein paar Jahre ſpäter den Beruf ſeines Herrn und lernt,
ſtatt ſich auf ſeinem Gütchen zu plagen und ſich über Heuſchrecken und
Mißwachs zu ärgern, die Welt kennen, lebt, ſo lange man in Stellung
iſt, in den blauen Tag hinein und ſchmarotzt, wenn man außer Dienſt
iſt, bei irgend einem von Allah eigens dazu geſchaffenen Ndugu (Ver=
wandten). Wo aber hätte der Neger keinen Ndugu? Das iſt ſtaunenswert,
iſt verblüffend. In Gegenden, die ſein Fuß nie vorher betrat, findet er
im Handumdrehen einen oder zwei oder ſoviel du verlangſt. Du
fährſt mit deinem Boy im Luftballon zum Mars, dein Vehikel landet
und du ſelbſt biſt lange ſtarr vor Staunen über die doch jedenfalls ſehr
ſeltſamen Weſen, die dich dort begrüßen und vielleicht wie die Mond=
menſchen populärer Naturbeſchreibungen, nur aus Armen und Beinen
beſtehen; aber ich wette, daß, ehe drei Minuten verſtrichen ſind, dein
Page bereits um ruksa (Urlaub) bittet und freudeſtrahlend davonſtürzt,
um eines dieſer Gliederhäufchen zu umarmen, weil es ſein Ndugu iſt.

Also für die Befriedigung der leiblichen Genüsse ist in seinem Leben hinreichend gesorgt, und findet er im übrigen sein Dasein nicht aus= gefüllt, so stellt ein Weib zur rechten Zeit sich ein. Auf eine „Buchgattin" darf er freilich nicht leicht hoffen, denn die besseren Bürgermädchen von der Küste haben nur selten Lust, sich den Mühsalen des Wanderlebens auszusetzen, aber er findet sich darin, verzichtet auf das „Buch" und nimmt sich eine Gattin, eine Bibi, wie das bedeutungsvolle Wort lautet, an dessen Klangschönheit sich mein Ohr immer wieder erfreut. Da sein Geschmack nicht sehr wählerisch ist, so stellen sich der Erfüllung seiner Wünsche Schwierigkeiten nicht hindernd entgegen. Wenn die zu kopu= lierende nur nicht zu auffällig die Anzeichen von greisenhaftem Maras= mus oder ansteckender Krankheit trägt — Blatternarben gelten nicht als Schönheitsfehler — so darf sie nie verzweifeln, Gefallen zu erwecken. Die Liebesneigungen der Neger sind nicht wie die unserigen individuell differenziert, ja selbst auf einen Typus nur sehr unbestimmt und unsicher und meist nur theoretisch gerichtet; in der Praxis ist es überwiegend eine ganz primitive Heterosexualität; mit anderen Worten; es zieht ihn zu seiner Saida oder Satme nicht, weil sie die „Saida" oder die „Satme" ist, auch nicht, weil sie etwa stattliche Figuren mit nicht zu dunkler Hautfarbe und schmaler Nase sind oder wie sonst das Typen=Ideal eines schwarzen Jünglings sein kann, sondern einfach, weil Saida oder Satme dem weiblichen Geschlecht angehören. In manchen Ländern sind eben die Katzen auch bei Tage alle grau. Das ist sehr angenehm für die Katzen, aber auch für den Kater ist es sehr bequem und erspart ihm viele Kämpfe und Konflikte, die dem komplizierter organisierten Euro= päer das Leben oft verbittern.

Primitiv wie die Liebe des Negers, ist auch der Ausdruck seiner Gefühle. Vergebens wird einer hier das freundliche Bild wieder zu finden hoffen, das namentlich in der Provinz den Städten abends einen so anheimelnden Anblick zu gewähren pflegt; umsonst wird sein nach Heimatseindrücken dürstendes Auge nach schwarzen Pärchen ausschauen, die in liebevoller Umschlingung auf einsamen Pfaden die Menschen fliehend lustwandeln. Solches Bedürfnis zur Absonderung ist dem Neger fremd. Für das in Europa so alltägliche Bild Verliebter, die sich im Schutze der Haustüren oder im Schatten der Bäume zärtlich striegeln, findet man hier kein Seitenstück, das auch nur entfernt daran erinnert.[1]

---

[1] Wissenschaftlich ausgedrückt lautet das sexuelle Grundgesetz der Neger und ähnlich empfindender Völker: Der Kontrektationstrieb spielt im Verhältnis zum Detumes= cenztrieb eine ganz untergeordnete Rolle.

Und was das Schrecklichste ist, nie würde ein schwarzes Gretchen ihr sehnsüchtiges Stammeln nach dem Geliebten mit den Worten enden: „Und ach, sein Kuß", denn die Fäuste Afrikas küssen ihre Gretchen nie und nimmer. Diese Kunst hat ihnen der Himmel versagt. Es mag Herren von kolonialer Vergangenheit geben, die es anders und besser zu wissen behaupten. Diesen sage ich: „Schweigt, denn ihr blamiert euch." Made in Germany. Es gibt auch Import=Objekte, die an den Zollhäusern von Tanga und Daressalam nicht verzollt werden, so wenig wie die leider immer noch nicht häufig genug importierten Gedanken. Nein, der Neger kann weder erotisch küssen, noch hat er einen Namen dafür. Wohl kann man bisweilen eine Mutter, die mit ihrem Säugling spielt, beobachten, wie sie liebkosend mit halbgeöffneten Lippen über das von Milch oder Schliewer schmutzige Mäulchen des jauchzenden Kindes hin= und herfährt oder sogar die Wange an sich drückt, aber das geschieht unbewußt und spielerisch. Küßt man, um dem Ding auf den Grund zu gehen, seine eigene Hand und fragt nach dem Namen dessen, was man getan hat, so erhält man bisweilen die Antwort „Lecken", fast immer aber „Saugen". (Jüngst las ich in einer französischen Missionszeitschrift die Beschreibung eines bischöflichen Besuches. Da war den Kindern, weil sie solcher Ehre noch nicht teilhaftig geworden waren, eingeprägt und wahrscheinlich auch andeutungsweise demonstriert worden, daß sie bei der Begrüßung den Ring von „Sa Grandeur" zu küssen hätten. Aber was taten die ebenso folgsamen wie unwissenden Kinder? Viele leckten den Ring und viele wollten ihn ganz in den Mund schieben. Das ist ein ebenso natürliches Mißverständnis wie das eines alten Negers am Tanganika, der in seiner Heidenzeit oft gesehen hatte, wie sich Patres durch Umarmung begrüßten und am Tage seiner Taufe verlangte, der Pater, der ihn und seine Frau unterrichtet hatte, möchte ihnen beiden doch auch in die Ohren gucken, damit er sich über= zeuge, daß sie seine aufrichtigen Freunde seien.)

Ist es eigentlich wunderbar, daß die Neger den Kuß nicht kennen oder, präziser ausgedrückt: den erotischen Kuß nicht kennen? Und stehen sie deshalb unter den Völkern beider Hemisphären isoliert da? Gewiß nicht! Wer sich mit diesem sicherlich interessanten Problem nicht beschäftigt hat und nur aus eigener Beobachtung weiß, wie triebartig in einem Stadium leidenschaftlicher Erregung jener Drang den Menschen beherrscht, den wird allerdings die Kunde in Erstaunen setzen, daß dem Neger dies Kapitel der ars amandi bis heute ein siebenfach versiegeltes Buch ge=

blieben ijt. Aber tatjächlich ijt es nur ein kleiner Teil der Menjchheit, der diejes Siegel gebrochen hat. Die Chinejen 3. B., die eine alte und reiche Liebeslyrik haben, bejingen niemals den Kuß. Ja, jelbjt den Japanern, die jich doch in jo vielen Beziehungen den Abendländern angeähnelt haben, joll er bis heute fremd geblieben jein. Früher glaubte ich — habe dieje Meinung aber jpäter aufgegeben — daß bei all jolchen Völkern der Kuß zwar bekannt, aber publice verpönt jei, weil er für ihre Empfindungen bereits ein allzu jinnlicher Akt jei, der deshalb die Öffentlichkeit zu jcheuen habe.[1] Mich bejtärkte darin eine kleine Epijode, die in einer Jagdzeitung als Kuriojum erwähnt wurde, und die mir unverdächtig jchien, weil der von wijjenjchaftlichen Ambitionen freie Erzähler jie ganz nebenjächlich jeinem Jagdbericht eingeflochten hatte. Diejer Globetrotter jchäkerte in einem japanijchen Teehaus mit einem Paar niedlicher Geijhas; als er aber in angeheiterter Stim= mung aggrejjiv wurde, und einer der kleinen Damen einen Kuß auf= zwang, jeien die jpärlich anwejenden Gäjte teils unbändig lachend, teils tief errötend davon gelaufen, gleichjam als hätte der Gajt in lächerlicher und zugleich jchamlojer Weije eine Blöße gezeigt. In diejer Weije würden die Neger nicht reagieren, wenn jie zufällig Zeugen einer ähnlichen Szene wären. Sie hätten nur den Eindruck einer fremd= artigen „dasturi" (Tradition), wie ihr Lieblingswort lautet, deren Sinn jie verjtehen würden, aber ohne Neigung jie nachzuahmen.

Ich habe auch zu erforjchen verjucht, und wie ich gleich bemerken möchte: rejultatlos, ob man bei den Negern irgend eine andere Pro= jektion ihrer Liebesempfindungen findet, die auf die Genejis des Küjjens irgendwie Licht werfen könnte. Über den Urjprung des Kujjes ijt aber jchon mancherlei Unjinn gefabelt worden. Einige Zeit bevor ich dies hier niederjchrieb, ging durch einen großen Teil der Tagesprejje eine Notiz über dies Problem von Lombrojo, die aber jo kindijch war, daß der Turiner jie gewiß nicht verbrochen hat. Lombrojo hat ja oft genug mit jo gewagten Kombinationen gejpielt, daß er jich nicht wundern darf, wenn jein Name bisweilen von irgend einem objcuren kleinen Zeilenjchinder gemißbraucht wird, der jeiner eigenen geijtvollen Ent= deckung durch den Namen Lombrojo Gewicht und Zugang zu den Spalten einer Zeitung verjchaffen möchte. Darum gehört in den jtoff= ärmeren Sommermonaten jeit Jahren irgend ein von Lombrojo zuerjt

---

[1] Dem Vortrage eines Japaners in Berlin entnehme ich, daß dieje meine urjprüng= liche Anjicht für jeine Landsleute zutreffend war.

erforſchter Atavismus zu den beliebteſten Gäſten der „Vermiſchten Nachrichten" aller Generalanzeiger, den man immer wieder gerne ſieht, ebenſo wie die ſchreckliche Feuersbrunſt in Temesvar, die Engelmacherin von Warſchau, die auch bisweilen nach Stockholm überſiedelt, den lebendig Begrabenen im Szegediner Komitat, den Zyklon im Staate Nebraska und den Mord aus Eiferſucht in der Oſteria an der Porta San Giovanni in Rom, der gewöhnlich am erſten Freitag jedes Juli 7½ Uhr abends verübt zu werden pflegt.

Nach jener Notiz geht das Küſſen auf das Tränken der jungen Vögel durch die Alten zurück und ſei den Europäern vermittelt durch die — Feuerländer! Welch ein Nonſens. Die Feuerländer nämlich beſäßen keine Trinkgefäße (??) und wenn ſie auf Reiſen an einen Bach kämen, ſo würden die kleinen Kinder verdurſten müſſen, wenn nicht die Mütter Waſſer in den Mund nähmen und es ihnen einflößten. Das iſt wirklich ſchon ein haarſträubender Unſinn, den man nur mit dem Mauſchelwort „ausgerechnet die Feuerländer" richtig charakteriſieren kann. Und in welche Zeit denkt ſich der Verfaſſer dieſe Vermittelung? Meines Wiſſens iſt die Landbrücke zwiſchen Europa und Amerika via Island ſchon ziemlich lange eingeſtürzt: Oder ſoll die Entdeckung der neuen Welt uns außer der Kartoffel und vielen anderen ſchönen Dingen auch den Kuß gebracht haben? Ich erinnere mich aber, ſchon als Primaner ge= leſen zu haben, daß die Römer die „Mäulchen" (Oscula) kannten und eifrig übten. Fordert doch Catull in ſeinem reizenden — Chanſon würde man es heute nennen — „Vivamus mea Lesbia atque amemus", „Laſſet uns leben, meine Lesbia, und uns lieben", die Geliebte auf, ſoviel Küſſe mit ihm zu tauſchen, tauſend und immer wieder tauſend, bis die neidiſchen, klatſchſüchtigen Greiſe verzweifeln müſſen, ſie zu zählen. Die Feuerländer mögen ſehr viel andere Verdienſte um uns haben, den Urkuß aber haben ſie ſicherlich nicht erfunden.[1]

Und die ataviſtiſchen Beziehungen zu dem Tränken der jungen Vögel? Ich halte nicht viel von ſolchen ſpekulativen Spielereien, mit denen ſich alles und nichts beweiſen läßt; wenn aber das Küſſen durch= aus ein gar lieblicher Atavismus ſein ſoll, ſo ſcheint mir die von den Vögeln abgeleitete Erklärung doch unnötig weit hergeholt. Jeder Tierbeobachter weiß, daß Säuger wie Vögel einen Zärtlichkeitsausdruck beſitzen, der mehr oder minder dem Küſſen der Menſchen analog erſcheint,

---

[1] Eine 4000 Jahre alte Statue im alten Muſeum in Berlin zeigt, daß die Egypter zum mindeſten den nichterotiſchen Kuß kannten.

trotzdem er bei ihnen meist eine Reaktion auf Geruchssensationen ist. Wer daraus weitere Schlüsse ziehen will, — schön. Andere werden vielleicht meinen, daß die Neger recht haben, wenn sie küssen und saugen identifizieren, weil tatsächlich die Bewegungen der Mundmuskulatur die gleichen sind, und daß das Küssen nur ein körperlicher Erinnerungs= reflex an die Zeit sei, wo jede unangenehme Empfindung durch die Befriedigung des Saugtriebes in eine angenehme umgewandelt wurde. Denn das Bedürfnis nach dieser Muskelbewegung tritt beim Säugling noch häufiger auf als der Hunger, sonst würde er sich nicht durch einen leeren Schnuller sofort beruhigen lassen, was nicht möglich wäre, wenn der Magen aus ihm schrie; denn der läßt sich nicht betrügen, wie naive Mütter glauben. Und die Negerkinder, die keinen Schnuller haben, kauen förmlich stundenlang an dem, was wir höflich Mutterbrust nennen wollen, trotzdem wir alle Phantasie zu Hilfe nehmen müssen, um die Ähnlichkeit mit heimatlichen Spreewalderinnerungen herauszufinden. Und auch wer an diese Genesis glauben will, hat meinen Segen. Ich bin in solchen Fragen nicht intolerant. Die Hauptsache ist und bleibt, daß überhaupt geküßt wird; ob es sich aus diesem oder jenem Urkuß zu so erfreulicher Höhe entwickelt hat, ist graue und mehr als graue Theorie, und darin werden, hoffe ich, alle Leser mit mir überein= stimmen — und vielleicht selbst Lombroso.

Man könnte rein deduktiv denken, ein Volk, das primitiv nicht nur in der Art, sondern auch in der Projektion seiner Geschlechtsempfindungen ist, muß in sittlicher Beziehung — sittlich in rein juristischem, straf= rechtlichem Sinne — festeren Boden unter sich fühlen, als ein höher geartetes. Und doch sind die Chinesen — und nicht erst, seitdem sie uns Anlaß zu gerechtem Groll gegeben haben — wegen ihrer Lasterhaftigkeit verschrieen. Vielleicht mit Unrecht. Denn die Voreingenommenheit, Unkenntnis und Ungerechtigkeit der Völker gegeneinander, ist uner= schöpflich groß. Wenn ein Deutscher längere Zeit in fremden europäischen Journalen die Anschauungen über deutsche Verhältnisse und den deutschen Charakter gelesen und täglich Gelegenheit hatte, sich verblüfft an die Stirn zu fassen ob der horrenden Unkenntnis, dann dämmert es erst in ihm, welcher Abgrund von Unwissenheit uns von Völkern trennt, die uns ihrer ganzen Natur nach fremdartiger und unverständlicher sein müssen.

Welch unerhört weit vorbei greifende Urteile über die Neger und Afrika habe ich selbst mir aufladen lassen und von Hause mitgebracht!

Und als ich daranging, die Wirklichkeit mit den vorgefaßten Meinungen zu vergleichen, da zeigte sich meist sehr bald, daß sie inkongruent und oft genug nicht einmal ähnlich waren. Um zu solchem Bekenntnisse zu kommen, muß man freilich ehrliche und mehr noch bewußt anti=auto= suggestive Begriffsgeometrie treiben und nicht naiv an den Dingen so lange zerren, bis sie sich mit dem Vorurteile decken. Das ist leider allzu häufig und ich fürchte, ich werde noch manchen guten afrikanischen Kameraden erzürnen müssen, wenn ich diese der Wahrheit gefährliche Methode zu bekämpfen als Pflicht erachte.

Die Hypothese, die ich im Einleitungssatz des vorletzten Absatzes aufstellte, hat für den Neger tatsächlich Berechtigung. Seinem primitiven Liebesleben stehen die Himmel der Leidenschaft nicht offen, aber auch ihre Höllen sind ihm verschlossen. Jeder Beichtvater, mit dem ich über diese Dinge sprach, und erst jüngst der Bischof von Bukumbi, bestätigte mir das auf Grund seiner reichen Erfahrungen. Knabenhafte Exzesse und Perversitäten auf hetero= oder homosexuellem Gebiet sind ver= schwindend selten und bei den Stämmen des Inneren kaum vom Hören= sagen bekannt.[1] Man wird danach begreifen, welchen Eindruck es hier machen mußte, wenn auf einem Juristentage ein Schwärmer für die Deportation ausrufen konnte: „Auch der unsittlichste Verbrecher ist immer noch sittlicher als der Eingeborene." Das Umgekehrte ist zum mindesten ebenso richtig. Was uns vielleicht auf den ersten Blick bei den Schwarzen unsittlich erscheint, wie die Polygamie oder bei einzelnen ansässigen Stämmen das Connubium, gewinnt sofort ein anderes Aus= sehen, wenn wir es durch eine andere, als die von den heimischen Moralbegriffen entlehnte Brille betrachten. Dann wird es sich oft genug erweisen, daß gerade das, was wir unsittlich zu nennen uns berechtigt fühlen, für diese Völker sittlich ist.

Aber wie den richtigen Maßstab finden? Wer erkannt hat, daß der mächtigste Trieb in der Natur auf die Erhaltung der Art gerichtet ist,

---

[1] Bei der durch Jahrhunderte in einer Schule fremder Einflüsse erzogenen Bevölkerung der Küste und Sansibars mögen diese Verhältnisse anders liegen. Was im Innern von Sonderbarkeiten im Sexualverkehr der Geschlechter bei diesem und jenem Stamm erzählt wird, stellt sich bei näherer Besichtigung meist als schmutziges Gewäsch europäischen Ursprungs heraus und als Erfindung psychischer Exhibitionisten. Stets? Das wage ich heute nicht mehr aufrecht zu erhalten, nachdem mir zuverlässige Berichterstatter das Gegenteil versichert haben. Doch handelt es sich in den mir bekannt gewordenen Fällen nicht um libidinöse Exzesse Einzelner, sondern um traditionelle Sonderbarkeiten, die zum Teil in falsch verstandener Hygiene wurzeln

fo mächtig, daß es Wefen gibt, die in ihrem ephemeren Dafein weder
Speife noch Trank kennen lernen, weil es mit Hochzeitsreigen erfüllt
ift, der wird zu keiner anderen Definition kommen, als: „Sittlich ift,
was der Erhaltung der Art dient; unfittlich, was ihr widerfpricht."
Mir will fcheinen, daß dies der einzige Wertmeffer ift, mit dem man
alle Lebensäußerungen aller Völker auf ihren ethifchen Gehalt prüfen
kann, ohne Gefahr zu laufen, ihnen nicht gerecht zu werden. Solche
Erkenntnis ift wie ein Rettungsboot, mit dem man alle Klippen umfährt,
die fich abfchreckend einem Verftändnis des ethifchen Problems entgegen=
ftellen, wie z. B. die ungleiche Wertung gleicher oder ähnlicher Erfchei=
nungen in verfchiedenen Zeiten und Ländern. Es ift hier nicht der Raum,
um auf diefe Frage näher einzugehen, ich mußte mich mit Andeu=
tungen begnügen, die jeder felber weiter fpinnen kann, aber ganz
unterdrücken wollte ich meine Anfchauungen fchon deswegen nicht,
damit ich mich leichter und kürzer verftändlich machen kann, falls ich
fpäter auf einige foziale Gebilde, die im Leben gewiffer afrikanifcher
Stämme eine Rolle fpielen, näher eingehen follte. Noch eines ift zu
berückfichtigen, was namentlich für die anfäffigen Stämme in Betracht
kommt. Wenn tatfächlich der Neger in irgend einer Beziehung nach
unferen Begriffen unfittlich ift, fo ift er es in aller Unfchuld wie die
Tiere und nicht, weil ihm das Leben ohne Lafter langweilig dünkt.
Will ich damit behaupten, daß er zweifellos dem befferen Vorbilde
nacheifern würde, fobald er es kennen lernt? Zweifellos? Gewiß nicht!
Mich befuchen bisweilen an dem Ort, an dem ich dies fchreibe, An=
gehörige eines noch dem Kannibalismus frönenden Stammes, deffen
Land ich in einer 1 1/2 ftündigen Bootsfahrt erreichen kann, und ich höre
jedesmal, wie fie von den hiefigen Eingeborenen als „abaryabantu",
d. h. Menfchenfreffer verfpottet werden. Auch früher fchon, als ich ihr
Gebiet paffierte, war ich Zeuge der nachbarlichen Verachtung. Das ficht
fie jedoch nicht an, und fie huldigen auch weiterhin, fo oft fich die
Gelegenheit dazu bietet, ihrem fcheußlichen Gebrauch. Aber anderer=
feits erleben wir viel häufiger, daß der Neger böfe Sitten, durch gute
Beifpiele angeregt, fänftigt, und fchon deshalb müffen wir, folange
ihnen diefe Gelegenheit nicht geboten wurde, milde Richter fein. —

Ich kehre nach diefer langen Abfchweifung wieder zu dem Aus=
gangspunkt diefer Erörterungen zurück, den Ehen der Karawanen=
träger. Wenn ich aus dem zuletzt Gefagten die Nutzanwendung auf die

taufende von Ehen ziehe, die die Wangwana mit ihren Weibern ein=
gehen, so hat man wohl das Recht, sie unsittlich zu nennen — und so
hatte ich sie instinktiv empfunden, bevor ich über sie nachgedacht hatte.
Denn diese Leute gehen bewußt ein Verhältnis ein, dessen minder=
wertige ethische Grundlage sie selbst anerkennen. Daß ihre Ehen äußerst
wenig tauglich sind, ihre Rasse fortzupflanzen, brauche ich nicht zu
wiederholen. Nun kann man mir freilich einwenden: Diese Leute, die
ein Leben ständig auf dem Marsche führen, folgen doch nur einem
starken, natürlichen Triebe. Und so, wie sich ihre Ehen darstellen, sind
sie nichts als eine folgerichtige Entwickelung aus den Bedingungen des
Karawanenlebens. Und warum wählst du denn für diese Art Verhält=
nisse den hochklingenden Namen „Ehe"? Nenne diese Weiber doch
einfach wandernde Prostituierte, denke dann an die heimischen Ver=
hältnisse und überlege dir, ob du auch dann noch die Schale deines
Zornes über diese Häupter ausgießen wirst.

Dieser Einwand ist allerdings berechtigt, und ich gestehe, daß
ich jedesmal, wenn ich das Wort „unsittlich" ausspreche, selbst einen
leisen Horror empfinde, weil ich, besonders durch meine frühere Tätig=
keit als Irrenarzt, die abgrundtiefe Verlogenheit kenne, die in unserem
Sexualleben herrscht, und weil ich die grausame Borniertheit, die
Heuchelei und die Rachsucht des Unvermögens kenne, die sich hinter
der ethischen Maske vieler Sittlichkeitsfanatiker bergen. Was ich aber
den geschilderten Ehen nicht verzeihen kann, das ist der Mangel an
Anmut und die unverhüllte Schaustellung der häßlichsten, menschlichsten
Eigenschaften: der Habgier, der Treulosigkeit dem Freunde gegenüber,
der Lüge und vieler anderer. Hätte ich später nicht die Ehen der an=
sässigen Stämme kennen gelernt, so wäre ich mit einem großen Wider=
willen gegen die schwarzen Frauen aus Afrika geschieden.

Da die Ehen der Träger mit ihren Weibern selten von einem seeli=
schen Bande gehalten werden, so ist es nicht zu verwundern, daß sie
nach Belieben aufgelöst und neu geknüpft werden. Am schlimmsten ist
es, wenn in einer Gemeinschaft die Zahl der Männer, wie in jeder
Karawane, überwiegt, dann gibt es täglich wahre und falsche Bezichti=
gungen, Schimpfszenen, Prügeleien, Ehebruch usw., und der Europäer,
besonders wenn er ein Neuling in Afrika ist, der alles ernst nimmt, hat
täglich eine Stunde die widerwärtigsten Anklagen und Widerklagen
anzuhören und zu schlichten. Oft ist das Weib Kläger, weil bei jeder
Trennung, die bei meinen Leuten durchschnittlich alle acht Tage er=

folgte, Streit um den Fetzen Stoff entstand, mit dem der Mann sie angelockt hatte.

Darin sind die Neger fürchterlich gemein. Es kommt nämlich (namentlich auf Regierungs=Stationen) auch vor, daß die Leute längere Zeit zusammenleben. Wenn das Weib auch ein Jahr und darüber die Hütte ihres Gatten geteilt hat, so beraubt er sie doch aller Geschenke, wenn sie freiwillig von ihm geht, oder ihm angeblich gerechten Grund, sie fortzuschicken, gegeben hat. Also selbst in diesem locker gefügten Verhältnis behält die Frau einen Rest von Sklavenansehen. Natürlich verhindert der Europäer mit Fug solche Dinge, so oft er sie erfährt. Dadurch erhalten aber wieder die Weiber Oberwasser, weil der Neger in seiner furchtsamen Abneigung, sich vor dem Msungu zu verantworten, auf sein angebliches Recht auch Weibern gegenüber, die alle paar Tage oder Wochen von Arm zu Arm fliegen, verzichtet, wenn er besorgt sein muß, daß durch den entstehenden Streit die Aufmerksamkeit des Europäers erregt würde. Ich habe in den häufigen Schauris, in denen die Entschädigungsfrage eine Rolle spielte, den schuldigen Teil, wenn es der Mann war, zu gehöriger Buße bewogen, wenn es aber die Frau war, durch Zurückweisung ihrer Ansprüche bestraft, und habe auf diese Weise auch einige pädagogische Erfolge erzielt. Übrigens beobachtete ich, daß das Gesetz der sexuellen Anziehung, das auf erzieherischem Gebiete erfahrungsgemäß bedeutungsvoll ist, hier völlig versagte. Und nicht nur bei mir; sondern alle Expeditionsführer, mit denen ich darüber sprach, bestätigten mir, daß es ihnen viel leichter fiel, unter den Männern die Disziplin aufrecht zu erhalten, als unter den Frauen.

Es gibt fürchterliche Megären unter ihnen. Ich habe auf meinen Reisen öfter beobachtet, wie solche Weiber ihre schwerkranken Männer malträtierten, oder auch gesunde, aber besonders charakterschwache Naturen, die sich aus Bequemlichkeit oder Sinnlichkeit ihnen vollkommen unterwarfen — ich suche nicht viel Menschenwürde in solchen Leuten, aber trotzdem empörte sich alles in mir gegen ein solches Verhältnis.

Sonderbar sind die Ausbrüche von Eifersucht, die aber selten sind. Merkwürdig war mir auch, wiederholt zu konstatieren, daß dieselben Leute, die auf das anwesende Weib eifersüchtig waren, sich über eine eventuelle Untreue der abwesenden den Kopf nicht im mindesten zerbrachen. Die Leute, die mit mir in Bergfrieden wohnen, schickten von Zeit zu Zeit ihre Weiber nach dem acht bis zehn Tage entfernten

Ufumbura, um Einkäufe zu machen. Das geschah einige Male wenige Tage nach einem vorausgegangenen Eifersuchtsausbruch. Fragte ich sie dann, ob sie glaubten, daß ihre Frauen ihnen in der Ferne die Treue bewahren würden, dann bezweifelten sie es genau so wie ich, und wenn ich dann weiterforschte, was sie dazu sagten, so erhielt ich die Antwort: „haithuru", was zu deutsch heißt: „Das ist mir Wurst". Bei Berufsjägern ist es allerdings anders; bei ihnen hat die Treue der fernen Gattin große Bedeutung für die Erfolge ihrer Jagd.

Für die geschilderte Sorte von Karawanenehen ist folgender Vor= gang nach verschiedenen Richtungen hin charakteristisch. Bei einem meiner Leute entluden sich Eifersucht und Karabiner gleichzeitig. Er hatte ihn wohlweislich gegen seinen Arm gerichtet, denn es lag ihm ja nichts daran, zu sterben, sondern er wollte nur demonstrieren. Aber während er auf eine harmlose Fleischwunde gerechnet hatte, war das Geschoß so boshaft, ihm den Knochen total zu zerschmettern, so daß er heute zu keiner anstrengenden Arbeit fähig ist. Als sein Weib ihn zu Tode erschöpft und im wilden Schmerze sich krümmend am Boden ihrer Hütte fand und seinen Zustand erkannte, was glaubst du wohl, o Leser, welche Wirkung dies auf ihr Gemüt hatte? Sie weinte nicht, sie jammerte nicht, auch raufte sie nicht ihre Haare, sondern sie schnürte noch in derselben Minute ihr Bündel und siedelte in eines anderen Mannes Hütte über, weil sie weder den Drang noch das Talent zur Krankenpflegerin in sich spürte. Wenn ich aber den Invaliden heute frage, wie er so gottverlassen dumm sein konnte, sich um dieses Weibes willen zum Krüppel zu schießen, so darf ich sicher sein, die Antwort zu erhalten: „amri ja mungu" — es war Allahs Wille.

Insel Kwidjwi, August 1901.

Brief XVII.

Jch hatte gehofft, nach acht Tagen mit der Konstruierung meiner Ugalla-Sindi-Reise fertig zu sein, aber als diese Frist verstrichen war, sah ich, daß noch viel daran fehlte, um aus meinen Zeichnungen und Schriften ein Paket zu machen und es in die Heimat abzuschieben. Aber ich hätte auch ohne dies nicht fortkommen können.

Es war nämlich unter meinen Leuten eine Epidemie von schweren Fiebern und Blattern ausgebrochen. Der Neger ist gegen Malaria so wenig immun, wie der Europäer; auch der Küstenneger nicht, selbst dann nicht, wenn er die Küste nicht verläßt. Unter den Trägern, die ich von dort mitnahm, waren wenige, die in den dreizehn Monaten unseres gemeinsamen Reisens ganz vom Fieber verschont geblieben wären, und viele, die öfter daran litten, als ich; alle aber versicherten daß sie an der Küste jedes Jahr ein-, zwei-, dreimal — dies war ver= schieden — ihr Fieber hätten. (Und der Neger hat eine durchaus zu= verlässige Empfindung auch für geringe Temperaturerhöhungen.) Bei manchen dauert der Anfall nur wenige Stunden und ist sehr leicht; bei anderen aber ist die Eigenwärme tagelang außerordentlich erhöht und diese Form, bei der sie sehr leiden, überwog am Malagarassi bedeutend. Bei Eingeborenen mancher Stämme, z. B. den Gebirgsvölkern im Westen der Kolonie ist Fieber sehr häufig, aber ich glaube nicht, daß es die gewöhnliche Malaria ist, sondern eine spezifische Abart, wenn es nicht überhaupt Rekurrens ist; sie erkranken fast ausnahmslos und viele gehen daran zu Grunde, wenn sie ihre Heimat verlassen. Besonders wirkt die Ebene auf sie wie tötliches Gift, und die Hoffnung, aus den Millionen, die sich im Westen zusammendrängen, Plantagenarbeiter für die Küste heranzuziehen, ist, selbst wenn man ihre Abneigung gegen Ortswechsel überwinden könnte, aus diesem Grunde allein aussichtslos. Sie würden dahinschwinden wie Wespen in den Schauern des Herbstes.

Bei dieser Gelegenheit bringe ich vielleicht am besten auch eine Frage an, die für mich allerdings keine Frage mehr ist, und die ich trotzdem mit einem gewissen Unbehagen anschneide. Denn nur zu leicht kann, was meine ehrliche Überzeugung ist, für Sucht zu verblüffen gehalten

Zwergin als Töpfer.

werden, und ich wüßte nicht vieles, was mir unsympathischer wäre, als einen Freund für einen guten Witz oder sein Gewissen für eine blendende Antithese zu verkaufen. Meine Antwort, die auch die Frage enthält, lautet: Wenn das tropische Afrika kein Aufenthaltsort für den Europäer ist, dann erst recht nicht für den Afrikaner, für den Neger. Denn ich zweifle keinen Augenblick, daß ceteris paribus seine Mortalitätsziffern größer sind, als die des Europäers. Ceteris paribus — ich gebe zu, daß das schwer zu erreichen ist, aber doch gibt es eine Vergleichsmöglichkeit. Unsere kolonialen Beamten und Militärs sind ausgewählt kräftige Leute, im Alter von 20 bis 40 Jahren. Dasselbe gilt für die Träger, nur daß diese darin im Vorteil sind, daß sie meist im Alter von 18 bis 30 Jahren stehen, und wenn ich den Prozentsatz von Toten rechne, den allein meine Träger im Laufe von vier Jahren erlitten haben, wobei zu berücksichtigen ist, daß ich, da die Leute seit drei Jahren entlassen sind, nur einen Bruchteil der Todesfälle erfahre, so muß ich sagen, daß, wenn die Weißen dieselben Ziffern aufwiesen, sie längst in wilder Flucht dies Land des Schreckens verlassen hätten. Und zu der gleichen Ansicht komme ich, wenn ich die Zahl der Leute betrachte, die seit drei Jahren auf dem Berge gestorben sind, auf dem meine Station „Bergfrieden" liegt.

Und nun gehe man hin und frage einen Herrn, der im Innern der Kolonie tätig war, wieviel alte Neger er dort kennen gelernt hat. Seine Antwort wird lauten: „Man sieht außerordentlich wenig alte Leute!" Hier in Ruanda z. B. fangen die Eingeborenen über 40 Jahre schon an selten zu werden, Leute über 50 Jahre verschwinden in der Menge und Greise über 70 Jahre sind einfach Kuriositäten, so wie bei uns 90= bis 100jährige. Die alten Weiber sind um ein geringes häufiger. In anderen Ländern mag es vielleicht etwas besser sein, aber außer an der Küste wohl nur um eine Lappalie. Denn wo ich auch herumgefragt habe, bei Missionaren, Offizieren u. A., immer bekam ich die Antwort: „Es gibt so gut wie keine alten Leute." Sieht man aber einmal einen Greis, so ist er gebrechlich, ach so gebrechlich und in Wahrheit dem Dachgreise gleich, der sich nicht zu helfen weiß, so daß die Missionäre, unter denen doch zahlreiche ältere Herren sind, daneben wie Jünglinge wirken.

Was ist die Ursache dieses frühzeitigen Hinsterbens? Natürlich nicht eine allein, sondern viele zu gemeinsamer Wirkung vereint. Krieg? O nein, das glaubte man wohl früher. Heute wissen wir, daß die Kämpfe der Eingeborenen selten größere Opfer fordern, und daß eine einzige europäische Strafexpedition meist mehr Menschenleben vernichtet, als selbst gehäufte Kriege der Schwarzen untereinander. Hungersnot? Schon eher, wenn auch mehr indirekt durch Schwächung des Körpers und Disponierung zu interkurrenten Krankheiten, als direkt. Direkt wirkt Nahrungsmangel ähnlich wie bei uns die Influenza, indem er die aus besonderen Gründen an Widerstandsfähigkeit schwächeren Elemente dahinrafft, sei es konstitutionell schwächere — Kranke, Alte, Säuglinge, sei es sozial minderwertigere — Sklaven. Nein, nicht Krieg, nicht Hunger, sondern ein Heer von Leiden, zum Teil dunklen Ursprungs, dezimiert sie in der Blüte ihrer Jahre.

Man vernimmt oft in Europa Geschichten von der „unglaublichen" Kraft des Negers im Überwinden von Krankheiten und dem nicht minder unglaublichen Stumpfsinn oder Heroismus im Ertragen von Schmerzen. Unglaublich allerdings, denn man hat nicht nötig an sie zu glauben, weil sie vor der Wirklichkeit nicht Stich halten. Das sind suggestive Übertreibungen von der Art, die nie sterben will und von denen des Dichters Wort gilt:

Sie pflanzen von Geschlecht sich zu Geschlechte
Und schleppen sich von Ort zu Ort.

Tatsächlich erträgt der Neger weder Schmerzen standhafter wie wir, noch sein Körper Krankheiten. Im Gegenteil, er erliegt oft Leiden, die an sich nicht tödlich wären, weil sein Herz oft durch Alkoholexzesse geschwächt ist, oder weil er, der an ein Übermaß von Nahrung in gesunden Tagen gewöhnt ist, in kranken sofort jede Speise außer Wein und Bier zurückweist und dadurch ungemein rasch verfällt. Robust ist er nur, soweit sein harter, durch eine dicke Schwarte geschützter Schädel in Frage kommt. Auch die oft hervorgehobene Heilungstendenz vernachlässigter Wunden kann nur den Laien in Erstaunen setzen, der nicht weiß, daß derlei auch bei uns in der vorantiseptischen Zeit nicht selten war. Schon die eine oben erwähnte Tatsache vom Fehlen der alten Leute spricht gegen solche Historien. — — — — — —

Ich glaube, das Märchen von dem Stoizismus der Neger ist durch die Bewunderung entstanden, die manche Herren ihnen zollen, weil sie im allgemeinen ihr hams' ischrin („25") tapfer aushalten, obgleich auch dies mit Unterschied. Denn „famos schlagen" und „famos stillhalten", sind Namen von Tugenden, die man in Afrika sehr bald zu hören bekommt und oft mit großer Begeisterung. Aber du lieber Gott! Wenn

mein Vater und Groß= und Urgroßvater und alle meine sechzehn Ahnen
so oft gegerbt worden wären, wie wohl die meisten Negerahnen, dann
wäre ich wahrscheinlich auch mit einem natürlichen Bergmannsschurz
zur Welt gekommen. Denn die Nilpferdpeitsche ist keine Erfindung, die
die Deutschen mitgebracht haben, sondern eine sehr alte, gewiß beinahe
so alt, wie das Nilpferd selber. Überdies ist die Haut des Negers nicht
nur in der Farbe von der unseren verschieden, so daß es schwer für uns
ist, das Maß der Schmerzen und danach der Standhaftigkeit zu schätzen.
Die wenigen Europäer, die als Gefangene Farbiger hierin einen prak=
tischen Kursus durchgemacht haben, haben trotzdem auch dies unter
Umständen, wenn nicht dulce, so doch decorum sein kann, unsere
Kenntnisse nicht bereichert. — — — — — — — — —
   Dabei fällt mir ein nettes und wie mir versichert wurde, wahres
Geschichtchen ein, das sich in unserer Kolonie abgespielt hat. Zwei
deutsche Unteroffiziere plagte die seltsame Neugierde, wie es täte, „25"
zu erhalten und wie sie diese Wohltat ertragen würden. Sie beschlossen
also, sich gegenseitig mit dem kiboko zu versohlen, und damit die Sache
einen doppelten Zweck hätte, sich zu verpflichten, daß derjenige, der
vor dem 25. Hiebe halt rufen würde, für jeden fehlenden dem Gegner
eine Reichsmark zu zahlen hätte. Also geschah's. Der erste hielt es bis
zum 15. Hieb aus, dann hatte er genug und schuldete dem zweiten, der
jetzt an die Reihe kam, 10 Mark. In seiner Furcht, diese zu verlieren,
hieb er so mörderlich zu, daß der am Boden liegende am liebsten schon
bei 5 ein Ende gemacht hätte, aber da er dann seinerseits dem ersten
10 Mark zu geben hätte, bezwang er sich und subtrahierte bei jedem
folgenden Hieb eine Mark, bis auch er den 15. erreicht hatte und mit dem
Rufe „Quitt" aufsprang. Nachdem die beiden im Bade ihre edlen Teile
etwas gekühlt hatten, saßen sie beim Glase Bier zusammen; aber
während der eine sehr munter und gesprächig den „Witz" noch einmal
belachte, war der andere merkwürdig in sich gekehrt und in schwere
Gedanken versunken. Endlich schien er zu erwachen, schüttelte den Kopf
wie einer, der vergebens ein Problem zu lösen versucht hat, starrte
seinen Kameraden mit einem abwesenden Ausdruck an und brach zuletzt
das lange Schweigen mit der Frage: „Wissen Sie vielleicht, Kamerad,
warum wir uns gegenseitig verprügelt haben?" — — — — — —
———————————————————————————————
   Was die Mortalitätsziffern der Eingeborenen so ins Ungemessene
steigen läßt, ist mit dem oben gesagten noch nicht erschöpft; es ist die

geradezu ungeheuerliche Kinder= und unter ihnen wieder Säuglings=
sterblichkeit. Hier in Ruanda ist das zum Teil leicht nachzuprüfen. Um
die Hütten der Eingeborenen erheben sich nämlich andere en miniature,
entweder ganz kleine oder mittelgroße, gleichsam die Denksteine ge=
storbener Verwandten. Die größeren für Erwachsene, die kleineren für
Kinder. Und da ist kaum ein Gehöft, in dem nicht eine, zwei, drei
solcher Kinderhütten wären, bestimmt, die dem Geist des Toten dar=
gebrachten Opfer aufzunehmen. Aber ich habe deren auch schon acht
und neun, in der Provinz Mganamukari sogar einmal elf gezählt.

Es ist eine furchtbar düstere Tragödie der Kindheit, die aus solchen
Zahlen zu uns spricht; nicht einmal mitgerechnet sind die vielen in den
ersten Lebenswochen Gestorbenen, weil ihre Zahl, da sie keine Grab=
hütten bekommen, nicht zu konstatieren ist. Aber doch enthalten sie
auch einen Trost für das Volk und seine Existenz, weil aus ihnen auch
die große Fruchtbarkeit der Ehen hervorgeht. Das würde mich auf die
Frage bringen, wie diese Stämme trotz der großen und frühzeitigen
Sterblichkeit der Individuen ihre Art zu erhalten vermögen, aber ich
widerstehe der Versuchung, dieses Thema, das zuviel Raum bean=
spruchen würde, zu erörtern. Ich will nur einige der wichtigsten Leit=
sätze gleichsam wie Stichwörter anführen. Möge an sie der Leser, wenn
er anders Lust hat, selbst den erläuternden Text anknüpfen und weiter=
spinnen. Nämlich:

1. Wie oben erwähnt: die Ehen der ansässigen Völker sind sehr
fruchtbar;

2. die Neger erzeugen dank des frühzeitigen Heiratens nicht wie wir
drei, sondern mindestens fünf Generationen in einem Jahrhundert;

3. Polygamie verhindert, daß der Überschuß von Weibern verblüht,
ohne Frucht getragen zu haben.

4. Wo, wie in Ruanda alternierendes Connubium, d. h. wechsel=
seitige Paarung mehrerer blutsbefreundeter Männer mit allen ihren
Frauen stattfindet, wird verhindert, daß durch die Untauglichkeit eines
männlichen Teils auch der weibliche Teil der Ehe für die Erhaltung
der Art verloren geht.

Das sind nicht alle, aber die wichtigsten Hilfen; andere, auch nicht
unbedeutende, sind sozialer Natur. Aber ich breche hier ab und be=
zwinge mich, wenn auch mit einiger Gewalt, sonst käme ich nie mehr
in den Msimawald am Malagarassi zurück. — — — — — — —

Mfima=Wald. Während ich dies schrieb, fiel mir auf, daß das „ge=
sunder Wald" heißt. Dies war nun leider nicht der Fall, denn in
meinem Lager hatte sich, wie schon erwähnt, ein schlimmer Gast, die
Blattern, eingestellt. Als ich vorher nach den Ursachen des Neger=
Sterbens forschte, sprach ich nur im allgemeinen von dem Heer der
Leiden, das ihn bedroht und das ihn am Leben verzagen lassen müßte,
wenn seine Seele nicht einem flachen Teich ähnlicher wäre als einem
tiefen Brunnen. Auf medizinische Einzelheiten ging ich nicht ein, weil
es dem Wunsche der Leser gewiß nicht entsprechen würde. Eine
Krankheit aber muß ich doch mit ein paar Worten erwähnen, weil sie
für den Neger eine noch größere Bedeutung hat, wie für uns die
Tuberkulose, und weil sie die Pest von Afrika ist, ich meine die Blattern.

Es wird unsere vornehmste koloniale Aufgabe sein, dem Neger in
dem Kampf gegen sie beizustehen, und wir werden es um so lieber tun,
wenn wir uns bewußt sind, wie viele Tausende junger Männer wir
der an Menschenüberfluß nicht gesegneten Kolonie als Säemänner der
Zukunft jährlich erhalten können. Die Aufgabe wird durch drei Mo=
mente erleichtert. Erstens, weil wir das Gegengift kennen und im
Lande selbst produzieren können. Zweitens, weil die meisten Neger sich
gerne impfen lassen, da viele von ihnen das Impfen schon vor den
Europäern gekannt haben und es leider nur deshalb nicht konsequent
durchführen, weil bei dem Impfen mit ungeschwächtem Virus vom
Kranken auf den Gesunden tödliche Fälle nicht ausbleiben konnten.
Und drittens, weil es zwei oder drei Herde in der Kolonie gibt, von
denen aus die Impfung geleitet werden kann.

Der Hauptherd ist Tabora und Umgebung, der zweite das kongole=
sische Ufer des Tanganika, von dem die Übertragung nach Udjidji und
Usumbura und von dort in die angrenzenden Länder erfolgt. Drei
Epidemien habe ich unter meinen Leuten gehabt, und stets stammte
die Infektion nachweisbar von einem der genannten Orte, in denen die
Blattern geradezu endemisch sind. Und da von Bergfrieden aus jedes=
mal die Seuche auf die Bevölkerung am Kiwusee übergreift, so ist es
mir oft, als müßten die vielen Toten als Ankläger gegen mich auf=
treten. Aber du lieber Gott, was vermag ich, der Einzelne. So lange
nicht rücksichtslos in den drei Stationen die ganze Bevölkerung geimpft
wird, und so lange vor allem nicht jedes Mitglied durchziehender
Karawanen einen Schein über erfolgreiche Impfung — am besten
keinen papierenen, sondern ein tätowiertes Merkmal — aufweisen

166

muß, werden wir der Seuche nicht Herr werden. Die regellose Impfung dieses und jenen, der von selbst kommt und darum bittet, wie es seit einigen Jahren geschieht, ist zwar auch von Segen, aber bei dem in= dolenten, immer einen Stimulus heischenden Charakter des Negers lange nicht genug. Hier hilft nur wohltätiger Zwang, der gerne er= tragen werden wird. Daß die Aufgabe für die betreffenden Bezirkschefs und vor allem für die Ärzte nicht ganz leicht ist, gebe ich gerne zu. Aber unsere Offiziere, Beamten und Doktoren sind nicht so geschaffen, daß sie vor einer Arbeit zurückschrecken, weil sie schwierig ist.

Insel Kwidjwi, November 1901.

Und sie schreckten nicht zurück. Heute, wo seit der Niederschrift des hier gesagten zwölf Jahre verflossen sind, darf ich, ohne zu übertreiben, sagen: Das, was auf dem Gebiet der Blatternbekämpfung geleistet und erreicht wurde, ist das schönste Denkmal, das deutscher Pflichttreue in den Kolonien gesetzt wurde. Die wirtschaftlichen und sozialen Um= wälzungen, die mit jeder Kolonisation verbunden sind, haben gefordert und fordern täglich: „Menschenopfer unerhört". Aber um wie vieles schlimmer ständen diese Dinge, wenn nicht Tausende jetzt dem Leben erhalten blieben, die früher den jährlich neu ausbrechenden Blattern erlagen? Wenige können so gut Vergleiche hierin anstellen wie ich. Rettungslos waren Hekatomben von Menschen in Ruanda dem Tode verfallen, so oft früher Blattern eingeschleppt wurden. In diesem Jahre aber, als nach langer Pause vom Kongostaat her ein Blattern= kranker die Seuche im Südwestzipfel von Ruanda zu verbreiten drohte, da ließ der inzwischen oft belehrte König alle Wege, der Resident jeden Handelsverkehr zu dem bedrohten Gebiet sperren, und ein Arzt der Schutztruppe impfte sofort 20 000 Menschen in der Umgebung der be= reits infizierten Gehöfte. So gelang es, die glimmende Gefahr gleich im Entstehen zu ersticken. Solche Dinge sollten vor allem die nicht übersehen, die zwar die Eingeborenen schützen wollen, aber um der Parteidoktrin willen jeden Pfennig für kolonisatorische Zwecke ver= weigern.

Ruanda, 1. Oktober 1913.

Vom Blatternlager nach Tabora.

Brief XVIII.

Und nun wie weiter? Diese Frage, die sich dem Afrikaforscher, so lange er noch nicht wieder die Planken eines Ozeandampfers unter den Fußsohlen spürt, in derselben Minute aufzudrängen pflegt, in der er ein bestimmtes Ziel erreicht hat, erfüllte natürlich auch meine Seele, als ich den Malagarassi erreicht hatte und vorwärtsblickend einen flüchtigen Riß der nächsten Zukunft zu entwerfen versuchte. Ich hatte an Flußexplorationen Geschmack gefunden. Wohl bieten sie un= endlich mehr Schwierigkeiten als etwa das Durchqueren von Ländern, zwar in bestimmter Richtung aber mit Benützung der vorhandenen Verkehrsadern und ohne Rücksicht auf eine den Weg bis ins Einzelne vorschreibenden Aufgabe. Dennoch zogen sie mich an. Es hat mich an der Tätigkeit des Afrikaforschers stets am wenigsten angenehm die Diszentralisation seiner Kräfte berührt, und ich habe deshalb, wo es anging, mir immer eine scharf umgrenzte Parzelle zur Bearbeitung ausgesucht.

Darum plante ich auch, als ich die Sindi=Mündung erreichte, mich sofort an einen anderen Fluß zu hängen, nämlich den Malagarassi. Er entspringt dem Randgebirge im Osten des Tanganika, läuft seinen Oberlauf nach Osten und kehrt in einem Bogen wieder nach Westen zurück, um in den See sich zu ergießen. Ich beschloß also, dem Strom den Bogen entlang zu folgen bis zur Einmündung des Lukoke und dann diesem stromaufwärts, bis ich in die Nähe von Missugi in Urundi kommen würde.

Missugi war ein neugegründeter, und damals der vorgeschobenste, Posten der weißen Väter von Afrika, den ich als Rendezvous für eine Karawane von Tauschlasten bestimmt hatte. Da ich nämlich am Ugalla merkte, wie sehr ich mich in der Größe der nötigen Mittel verrechnet hatte, hatte ich durch Boten die Station Tabora gebeten, mir eine Anzahl Stofflasten durch den dortigen Händler nachzusenden. (Der Mann soll jetzt tot sein und ich hoffe, daß er die ewige Seligkeit ge=

wonnen hat. Wenn er freilich andere Leute ebenso übers Ohr gehauen hat, wie den unglücklichen Schreiber dieser Zeilen, dann bin ich für sein Seelenheil etwas ängstlich.) Da ich sicher sein durfte, daß der stets gefällige und hilfsbereite Chef von Tabora, Hauptmann Willy Langheld, sich der Erledigung meiner Bitte unterziehen würde, so hätte ich unbesorgt meinen Weitermarsch längs des Malagarassi antreten und Missugi in etwa einem Monat erreichen können.

Bevor ich aber die Reise den Malagarassi entlang fortzusetzen gedachte, wollte ich erst meine bisherigen geographischen Aufnahmen konstruieren, wofür ich acht Tage rechnete. Für den Fall, daß die Frist überschritten würde, und weil die Regenzeit sich täglich stärker entfaltete, ging ich daran, mir einen behaglicheren Wohn= und Arbeitsraum zu schaffen, als ein Zelt ihn bietet. Denn von den Zelten gilt, was ein bekannter Maler von den Frauen zu sagen pflegte: „Ingeniöse Erfindungen und zugleich notwendige Übel". Scheint die Sonne, so herrscht im Zelt, namentlich in den ersten Jahren, wenn der unstrapazierte Stoff die Luft nicht passieren läßt, eine unerträgliche Hitze; bei Regen und Wind aber muß man die Türen schließen und hat es dann erst recht schwül und nebenbei dunkel.

Ich nistete mich also in einen Msima=Wald ein und ließ mir eine langgestreckte Veranda mit einer offenen Seite bauen, deckte das Fachwerk mit Palmenfächern, was namentlich solange sie frisch waren, sehr nett aussah, bespannte innen die untere Hälfte mit rotem Stoff, der mit dem Grün der Tapeten schön zusammenklang, hing Karten und Photographien an die Wände und ein paar geblümte Tücher vor das Fenster und hatte, als der Boden unter Strohmatten verborgen war und Tisch und Stühle an ihrem Platz standen, wieder seit Langem einmal etwas, was Heim= und Herdgefühle in mir hervorrief. Außerdem führten die Leute aus freien Stücken rings um das Lager einen riesigen Zaun und schlossen ihn nach Norden, wo der Weg zu dem ein paar hundert Schritte entfernten Fluß führte, durch ein zweiflügliges Gittertor ab.

Aber all dies genügte den Kindsköpfen noch nicht. Sie kramten weiter in ihren Küstenerinnerungen und der Mnjampara von Pangani, ein junger, schreibkundiger Arabersklave mußte auf ein Holzbrettchen meinen Namen in arabischen Lettern schreiben und diese eigenartige Visitenkarte an das Tor heften. Als Schlußtrumpf und Krönung aber wurde nach Art der Scheuchen, mit denen die Neger des Nachts aus ihren Hütten heraus die Vögel im erntereifen Feld vergrämen, eine

Schnur vom Eingang längs des Zaunes bis zu meinem Zelt geführt
und dort mit dem Scherben eines zerbrochenen Topfes verbunden. Diese
Klingel wurde allerdings von mir bald außer Betrieb gesetzt, weil
selbstverständlich jeder — vom ältesten Askari bis zum jüngsten
Trägerboy — das Tor nicht passieren konnte, ohne die Glocke in Be=
wegung gesetzt zu haben. Auch für sich selbst sorgten die Leute und
bauten sich nicht nur Hütten, sondern sogar Lauben mit Tischen und
Bänken zum Kartenspielen. Europäerbänke nannten sie sie, also keine
Barbarenbänke, wie sie z. B. die Wanjamwesi vor vielen ihrer Dörfer
im Schatten eines Feigenbaumes haben, und die nur aus einer schlanken,
unbehauenen, auf zwei Gabeln ruhenden Stange bestehen. O nein, für
solche Bänke dünkten sich meine Leute doch zu vornehm; also bauten
sie Europäerbänke. Aber nach drei Tagen saßen sie schon des Spielzeugs
überdrüssig auf der Erde und spielten unter dem Tisch ihr Kartenspiel.
Aber Tische und Europäerbänke hatten sie. — — — — — — — —

Ich hatte damals fast zwei Dutzend Schwerkranke in meinem Lager,
darunter vier oder fünf mit Blattern. Ich erkannte diese erst spät. Denn
einmal waren es etwas sonderbar verlaufende Fälle — so starb der
Askari Mohamadi plötzlich vier Wochen nach scheinbar vollkommener
Genesung — dann aber hatte ich auch, trotzdem ich Arzt bin, nur
einmal in einem Schweizer Hotel ganz flüchtig einen Blatternfall ge=
sehen, und die Abbildungen, die ich im Gedächtnis hatte, zeigten
natürlich andere Verhältnisse als auf der dunklen Negerhaut. Aus jener
tristen Zeit, wo das Lager von dem Stöhnen der Schwerkranken wider=
hallte, stammt ein Weihnachtsbrief an einen Freund, aus dem das
folgende Stück nach Weglassung unwesentlicher Personalia meiner und
meiner Leute Stimmung am besten charakterisieren kann.

„Seit drei Tagen hat der Regen nicht aufgehört; bald hüllt er den
Wald in seine Wolken ein, bald trommelt er gleich Erbsen auf die
Dächer unserer Hütten und Zelte und spritzt von den roten Lachen des
Bodens, der die Fülle nicht mehr fassen kann, gegen die Wände und
in die Veranda, in der ich dies schreibe. Und immer neue Fluten strömen
in unsinnigen Mengen aus der grauen Wölbung über uns. Niemand
und nichts kann sich davor retten. Überall dringt die Nässe ein, durch
die Poren der Zelttücher, durch die Hüllen der Lasten, durch die Spalten
der Kisten, so daß jeder Gegenstand, den man anfaßt, von ihr durch=
sättigt scheint, die Bettwäsche einen feuchten dumpfen Modergeruch

ausſtrömt und die Strohmatten mit einem ſamtartigen grünen Schimmel= belag ſich überziehen. Nur ſelten Pauſen von kurzer Dauer, wo das Grau verblaßt und die Sonne die weißen Decken zu durchleuchten beginnt, daß man auf ein Ende der Sintflut zu hoffen anfängt und gerne zuſchaut, wie es über der Erde und den Gräſern wie in einer Waſchküche dampft; aber dann zieht ſich das Gewölk wieder zuſammen und von neuem rieſelt es von den Blättern und tropft durch die Lücken der Palmenblätter, die mein Haus decken, daß ich mich kaum auf eine trockene Inſel zu retten weiß. Das Lager liegt wie ausgeſtorben da. Auch die Raben, die unſere Geſundheitspolizei bilden, ſitzen mit triefendem Gefieder verdroſſen auf den Staketen des Zauns, und allein vergnügt ſind die Fröſche hinter uns im Sindiſumpf und wollen gar nicht aufhören mit ihrem O und A. Von meinen Leuten ſehe ich nichts. Die Geſunden liegen unter ihren Decken und ſchlafen, oder hocken trübſelig eng wie Sardellen in einer Hütte am Feuer und qualmen ſchlechten Tabak; und die armen kranken Teufel liegen froſtſchauernd auf ihrem Lager und wetteifern in Seufzern und Jammerlauten, denn was die Alten von den Akragantinern ſagen, daß ſie übermütig im Glück und im Unglück verzagt ſeien, gilt ebenſo ſehr für die Neger. Manchmal ſehe ich einen Boy oder ein Weib durch das Portal hinaus= ſchleichen und nach einer Stunde durchnäßt, mit krummen Knien und verfrorenem Geſicht, Nahrungsmittel in ein Tuch gebunden, wieder= kommen. Denn die Eingeborenen aus den benachbarten Dörfern, die ſonſt in der Morgenſtunde im Lager einen Markt abhalten — darunter die Mehrzahl Weiber, die aus reizenden Tonkännchen eine gräßliche Tabaksjauche auf die Hand gießen und in die Naſe ſchnaufen und den Reſt über die Lippen ſchmieren, — ſind bei dieſem Hundewetter ſchon tagelang ausgeblieben, und wer wollte es ihnen verübeln?

Geſtern war heiliger Abend; ein triſtes Weihnachten für mich, denn alle meine Vorräte ſind erſchöpft. Kaffee, Zucker, Tabak, Petroleum, Seife, Salz — alles zu Ende oder am Sterben. Ein paar Tage von hier iſt ein Unteroffizierpoſten, der ein Salzlager beaufſichtigt. Ich glaubte, ſeine Station wäre gut ausgerüſtet und ſchickte ein halbes Dutzend Leute zu ihm mit der Bitte, mir die nötigen Sachen zu ſchicken. Aber der arme Kerl hatte ſelbſt gar nichts, dafür ſchickte er mir, um ſich willig zu zeigen, ſechs Laſten Salz, — zwar zu billigem Preiſe, aber was ſollte ich wohl mit dreihundertſechzig Pfund Salz anfangen? So um meine letzte Weihnachtshoffnung getäuſcht, ſaß ich geſtern, ſchrieb

oder lauschte dem Heulen des Windes in den Schirmakazien des Mala=
garassi, dem Prasseln des Regens gegen die Dächer, dem Wimmern
der mit dem Tode ringenden Kranken und sang zu dieser Melodie den
einzig passenden Text: „Triste-tristius-tristissime".

Um meine Stimmung noch mehr dem Gefrierpunkt zu nähern, hatte
ich neulich das Malheur, mir meine Wirbelsäule zu stauchen. Die Ge=
schichte ist nicht ängstlich, sondern nur schmerzhaft und meine Haltung
gleicht vorläufig der des guten Professors L., den wir lieblose Primaner
πῆχυς nannten, weil er eine Elle verschluckt haben sollte. Aber das ist
mir ziemlich farcimentum, weil Schönheit und Grazie hierzulande doch
nicht gewürdigt werden. Ich erzähle es dir nur, um dir zu zeigen, auf
wie dumme Weise man hier verunglücken kann. Ich ging spazieren
und hatte mir als Ziel eine riesige Palme genommen, deren es zwei
krankhaft lange Exemplare am Malagarassi gibt. Da ich mir bei der
einen nicht klar war, ob Dum oder Borassus, bückte ich mich um nach
Früchten zu suchen und sah bei dieser Gelegenheit durch eine Lücke in
dem Schilfrohr dicht am Fluß am jenseitigen Ufer eine wunderschöne
Baumgruppe. Um sie näher genießen zu können, gehe ich harmlos
durch die Lücke hindurch, als ich drei Schritt vom Ufer plötzlich versank.
Weißt Du, was ich dabei dachte? Nichts als „braun", d. h. ich dachte,
was ich sah, nämlich die Farbe der Erdwände. Der Mann, der vom
dritten Stockwerk herunterstürzte, und als er an der ersten Etage
vorbeiflog, dachte: „Diese Meyers haben's gerade nötig, wochentags
Gänsebraten zu essen", ist sicher eine Ausnahmenatur gewesen, denn
man denkt, wenn man stürzt, nicht in Worten, sondern in Bildern. So
wie ich in den Ötztaler Alpen, als ich eine Moräne herabrutschte, nur
„grau" dachte, so diesmal nur „braun". Und erst als ich wieder festen
Boden hatte, merkte ich, daß ich in einer Nilpferdfalle saß, in der ich
nichts zu suchen hatte. Diese Dinger sind wirklich perfid erdacht; sie
laufen unten keilförmig zu, so daß schon meine Füße sich einklemmten,
die doch nicht ganz so groß sind, wie die eines Hippopotamus. Das
Hinauskommen war leichter, als ich zuerst dachte; ich stemmte die Beine
wie ein Schornsteinfeger an die Wände, bis ich den oberen Rand fassen
konnte und schwang mich dann hinauf. Wäre das Loch ein paar Fuß
tiefer gewesen, dann hätte ich allerdings darin verhungern oder zum
mindesten übernachten können. Meine Wanjampara machten mir sehr
drollige Vorwürfe als ich über und über beschmutzt ins Lager kam und
die Aventiure erzählte. Besonders der eine, ein Männchen, das stets

voll ist, sagte: „Was soll denn aus uns werden, Herr, wenn du immer fortgehst und einmal verunglückst? Bist du nicht unser Vater? Und sind wir nicht deine Kinder?" Ich glaube, meine Kinder würden sich zunächst einen fürchterlichen Rausch antrinken und allerhand Unfug begehen. Ich werde allmählich etwas mißtrauisch gegen diese Phrasen."

Es war einige Tage nach diesem freudlosen Weihnachten, als ich ein Schreiben und 24 Stunden später ein zweites erhielt, das zwar den gleichen Inhalt, aber aus besonderen Gründen die Konsequenz hatte, daß in Afrika wieder einmal erstens alles anders kam, zweitens als man dachte.

_____

Eines Tages, kurz nach Weihnachten, machte ich von meinem Lager aus dem kleinen, sechsjährigen Lulengerule, dem Sultan von Uwinsa, meinen Gegenbesuch in seinem einige Stunden entfernten Dorf. Es war, um zu ihm zu gelangen, erst der Sindi auf einer abscheulichen Furt zu passieren, die sich in vielen Windungen durch das zwei Männer hohe Papyrusschilf zwängt. Wir mußten über die umgeschlagenen Stauden von Wurzelstock zu Wurzelstock springen, um die zahlreichen Löcher zu vermeiden, deren Tiefe man wegen des schwarzen, mit kleinen, linsenförmigen Blättchen bedeckten Wassers nicht erkennen konnte. Das Schilf, zwischen dem üppige Kräuter und besonders häufig ein niedriger, sägeförmig gelappter Farren wucherte, war drückend heiß, weil kein Wind die rasch rechts und links sich zu Mauern zu= sammenschließenden Pflanzen durchdringt und von den modrigen, mephitischen Dünsten, die der feuchte, pechfarbige Boden aushaucht, lüften kann. Tausende von Lucilien, die dort den Augen der Frösche nachstellen, stürzten sich gierig auf uns und bedrohten in heftigem, auf kurzer Linie auf und ab sich bewegendem Tanze unsere Ohren, Nase und Augen. Und als wenn damit des Unangenehmen noch nicht genug wäre, greift die nach einer Stütze tastende Hand oft in ein hohes Gras, dessen feine Härchen sich von den Blattscheiden loslösen und, in die Fingerhaut eindringend, ein brennendes Jucken erregen. Aber schließ= lich kommt man ja auch einmal an das Ende einer Furt, nur daß die Freude darüber wegen der Aussicht, sie auf dem Rückwege noch einmal zu berühren, nicht sehr groß war. Jenseits hinauf; steil, steinig, zwischen dichtem Unterholz und an Harzknoten reichen Akazien, mit viel Pausen zum Atemschöpfen und zum Genießen des Blickes auf die schmutzig=gelben, wirbelnden Gewässer des Stromes, die dunklen Berge des jenseitigen Ufers und den in weiter, weiter Ferne sich ver=

lierenden Bulchwald, zwilchen dem hier und dort ein lenkrecht auf=
steigendes blaues Rauchwölkchen zum wolkenlos herablachenden
Himmel lich hinaufringelt. Und dann lind wir unvermutet oben und
zerlprengen durch unler Erlcheinen gleich eine große Bande von gelben
Hundsaffen, die in kurzem Galopplchritt und mit häufigen Kopfwen=
dungen hinter einer Baumgruppe verlchwinden. Als letztes lteht noch
einen Moment ein altes, riesiges Männchen halb aufgerichtet da, mit
einer Hand gegen einen Stamm geltützt und einen merkwürdig rekog=
noszierenden Blick zu uns herüberlendend, dann taucht es hinter den
anderen her in das Dunkel des Dickichts. Jetzt zieht lich der Weg
lange über den Rücken des Berges, einer weithin lich dehnenden
Platte, deren Ränder lich verbergen, lo daß man oft in der Ebene zu
marlchieren glaubt, und lteigt dann weniger lteil als über den öft=
lichen Hang nach Norden zum Malagaralli hinab. Wo dieler in eine
Anzahl von Armen und Kanälen geteilt ilt, liegt auf einer Inlel die
Relidenz des Lulengerule. Aber die Inlel ilt groß, und wir pallieren
erlt viele Gehöfte, in denen mir leparate Hütten für die Hühner auf=
fallen und Felder, auf denen die mit ihren Weibern gemeinlam arbei=
tenden Männer falt alle ihr Gewehr zur Seite haben. Lulengerules
Tembe ilt ziemlich verwahrlolt. Erlt erlcheint lein Premierminilter und
Dormund, ein älterer, ruhiger Mann, der ewig einen Regenlchirm in
der Hand hält. Dann kommt Lulengerule auf den Armen eines Kinder=
mädchens, eine lchwarze Gliederpuppe, die ich ihm neulich gelchenkt
habe, felt an lich drückend. Dieler kleine Sultan, den ich für ein
Mädchen hielt, ilt lehr artig, lehr manierlich und hat die Finger nicht
immer an der Nale wie Fundikila, die Herrlcherin des Nachbarreiches.
Allo machen wir einen kleinen Klatlch, für den auch Könige empfäng=
lich lind, und rühmen wir Lulengerules Erziehung unter Hinweis auf
Fundikilas lchlechte Kinderltube. Ich glaube, der Eindruck meiner
Worte war nicht übel, denn als ich mich erhebe und verablchiede, bringt
man noch drei Eier, die der Sultan lelblt mir einzeln überreicht. Aller=
dings ltellen lie lich im Lager als angebrütet heraus, aber in Afrika
heißt es oft: Wenn auch die Eier faul lind, lo ilt doch der gute Wille
zu loben. Begleitet von allen Miniltern gehen wir zum Fluß und
fahren ltromaufwärts in einem Boot, das aus einem riesigen Wald=
baum und nicht, wie die meilten dieler Fahrzeuge, aus einer männ=
lichen Boralluspalme gehöhlt ilt. Wieder diesleits gehen wir diesmal
im Tal, wo ich auf dem anderen Ufer Niederlallungen bemerke, deren

Hütten gleich Pfahlbauten auf hohen, durch Leitern zu ersteigenden Platten stehen. In der Nähe der Sindifurt angekommen, erreicht mich ein Träger, der mir gefolgt ist, mich aber jetzt erst eingeholt hat, und übergibt mir einen Brief, den in meiner Abwesenheit ein „Wilder" ge= bracht hat. — Der Brief kam von Hauptmann Bethe, dem neuen Bezirkschef von Udjidji, der eben auf seinen Posten marschierte, und benachrichtigte mich, daß in Urundi und Ruanda große Massen kon= golesischer Rebellen eingefallen seien. Er fügte hinzu, daß, da unter diesen Umständen ein Betreten des Landes unmöglich sei, er mir vor= schlage, nach Udjidji zu kommen und meine Dienste als Arzt der Kompanie für den Fall von Feindseligkeiten zur Verfügung zu stellen. Da es für mich, so wie die Dinge lagen, keinen Grund zu langer Über= redung·gab, so schickte ich noch am gleichen Tage meine Antwort fort, daß es mir unmöglich sei, meine Pläne aufzugeben. Wenn ich mich auch nicht blind ins offenkundige Verderben stürzen wollte, so müßte ich die Verhältnisse doch erst selbst aus der Nähe betrachten, um einen für meine Expedition so weittragenden Beschluß zu fassen. Ich blieb also dabei, daß ich zunächst nach Missugi in Urundi ging; fände ich die Mission nicht mehr vor, so würde ich mich schon auf diesem oder jenem Weg nach Westen zum Tanganika durchfinden. 24 Stunden später erhielt ich ein zweites Schreiben von dem Bezirkschef von Tabora desselben Inhalts und die Mitteilung, daß man mich bestimmt in Tabora erwarte, um dort die weitere Entwicklung der Affäre abzu= warten. Dies war ein harter Schlag, denn der Bote, der mich auf langen Irrwegen gesucht hatte, hatte sich mit dem gekreuzt, durch den ich gebeten hatte, mir die nötigen Tauschwaren nach Missugi zu senden. Ich war also jetzt absolut im Ungewissen, ob mein Auftrag ausgeführt oder in Erwartung meiner Ankunft in Tabora zurückgehalten wurde. Auch war es möglich, daß bei den umschwirrenden Gerüchten sich gar keine Leute fänden, um nach Urundi zu reisen. Schickte ich Boten nach Tabora, so mußte ich zwanzig Tage auf ihre Antwort warten, weil ich der vielen Kranken wegen keinen Träger entbehren und ohne sie nicht abreisen konnte. Andererseits glaubte ich nicht riskieren zu können, aufs Geratewohl nach Missugi zu marschieren, denn wenn ich dort keine Tauschwaren vorfände, was dann? Dann saß ich noch viel weiter von Tabora ab als jetzt. Daß aber die Mission einem ihr Unbekannten einen so großen Bedarf zur Verfügung stellte, schien mir ausgeschlossen, selbst wenn sie ihn entbehren könnte. Doch sie hat ihn oft gar nicht einmal. Ist die Mission aber aufgehoben, dann fehlen mir alle Mittel, weiterzukommen, wenn ich nicht plündern und marodieren will. Kurz, wie ich die Sache drehte und wandte und wieder drehte und wieder wandte, ich sah keine Möglichkeit, meine Pläne in der beabsichtigten Weise durchzusetzen. Und doch hing ich an ihnen und wollte sie nicht lassen und wütete wie Ajax in seinem Zorn gegen mich und meine un= schuldigen Leute, denen ich gar nicht den Grund meines Rasens ver= raten durfte, um sie nicht kopfscheu zu machen. Es dauerte mindestens zwei Tage, bis ich mich beruhigt hatte und einsah, daß mein Zorn un= vernünftig und grundlos war, denn mich hinderte ja nichts, in Tabora meine Vorräte zu ergänzen und dann meine alten Pläne zu verfolgen. Daß ich zwanzig Tage und ein paar tausend Mark einbüßte, war unangenehm, doch nicht zu ändern und nicht ganz ohne meine Schuld. Aber in diesem unseligen Wald noch länger zu sitzen, das vermochte ich nicht, dazu war ich zu ungeduldig geworden. Einige Tage mußte ich noch opfern, um die Genesung einiger notwendiger Träger abzu= warten, dann wollte ich selbst mit den kräftigsten in Eilmärschen nach Tabora und von dort an den Malagarassi zurück, um die beabsichtigte Route fortzusetzen.

Einmal entschlossen führte ich meine Absicht auch rasch aus. Was an Trägern nicht laufen konnte, sollte langsam hinterherhumpeln und auf dem Rückweg von der Karawane aufgenommen werden; ihre Lasten wurden auf die der gesunden Leute verteilt, die es sich gern gefallen ließen, als sie hörten, daß die Reise nach Tabora ging. Auch auf die Rekonvaleszenten hatte dieser Name einen merkwürdigen Einfluß und beschleunigte ihre Erholung.

Von der nun folgenden Zeit und den Märschen nach Tabora ist in meinem Gedächtnis nicht viel haften geblieben und ich besitze auch kein Mittel, um ihm nachhelfen zu können, denn meine Tagebücher aus dieser Zeit sind mir mit einigen anderen ein Jahr später in einem furchtbaren Unwetter verloren gegangen und haben den Boden des kongolesischen Urwaldes im Westen der Kirunga=Vulkane gedüngt. Aber ich erinnere mich, daß wir von morgens bis nachmittags mar= schierten und rasch vorwärts kamen, da ich die Route, die schon von anderen kartographiert war, nicht aufzunehmen brauchte, und daß ich oft einige Stunden warten mußte, bis die Träger mit dem Zelt mich erreichten. Von der Landschaft, die wir durchzogen, weiß ich nur, daß wir zuerst ein Hügelland passierten, in dem ich sieben Tage östlich des

Tanganika eine Ölpalme fand. Beim zweiten Marsche erreichten wir
die Karawanenstraße, die durch endlose Mnombo=Wälder führte und
dann wieder über bebend heiße, oft sandige Steppen, oft auch an großen
Reisfeldern vorbei und an halbverfallenen Gehöften mit alten, riesigen
Milumba=Bäumen, in deren Schatten die ganze Karawane sich erholen
konnte. In einer solchen Tembe, deren Dächer eingestürzt waren und
über deren zerbröckelte Mauern und mit Schießscharten armierte Basti=
onen die Schlingpflanzen wucherten, lagerte ich eines Tages. Man hieß
sie sonderbarerweise: „Mama jake", gleich „Seine Mutter" oder auch
„Mama ja Fopola", gleich „Fopolas Mutter". Aber noch sonderbarer
war, daß, als ich nach dem Häuptling der Tembe und dieser Gegend
fragte, man mir einen enormen Schafbock zeigte, der mit einer kleinen
Herde friedlich das Gras der Höfe und der Fußböden in den zerstörten
Wohnräumen abweidete. Fopola ist ein Chef, der einige Stunden entfernt haust und jener Hammel soll den Geist des alten Fopola beher=
bergen, der bei Lebzeiten seine Opfer unter Assistenz des Schafes vollzog
und dafür nach seinem Tode ein seliger Schafskopf wurde. Infolge=
dessen wird er von der Witwe treu gehegt, die mich zwar nicht ihres
hohen Besuches würdigte, aber mir ein nobles Gastgeschenk in Gestalt
eines einzigen, noch dazu angebrüteten Eies schickte, worauf ich nicht
minder nobel, ihr eine einsame, von Rost angebrütete Nähnadel sandte.
Dann erinnere ich mich an ein Lager, wo ich zu meinem Staunen kon=
statierte, daß mein Affe und treuer Begleiter nach mosaischen Speise=
gesetzen lebte, denn er riß den Heuschrecken, die damals schwärmten,
bevor er sie verzehrte, erst Kopf, Beine und Flügel aus, wodurch sie,
wie ich gelegentlich erfuhr, koscher werden. (Leviticus.) Später merkte
ich freilich, daß dies eine Marotte vieler Affen ist. Interessanter aber
war die Beobachtung, daß in vielen Mnombo=Wäldern, die wir passier=
ten, ungezählte Tausende von schwarzen, weißgezeichneten Spinnen
lebten, deren goldgelbes Gewebe so zart und elastisch ist, daß ich sofort
zu meinen Leuten äußerte, es müsse sich aus ihren Fäden Seide weben
lassen. Die Spinnen saßen so dicht, daß es gar nicht möglich war, ab=
seits des Weges durch die Bäume zu gehen, ohne fortwährend von den
Fäden belästigt zu werden; und selbst über den Weg spannen sie sich,
so daß Reiter sich unaufhörlich bücken müßten. Später las ich, daß
man in Madagaskar feinste Seidenstoffe aus Spinnengeweben fabriziere
und neuerdings hörte ich, daß auf der Pariser Weltausstellung solche
Produkte durch ihre Schönheit aufgefallen seien. Ich habe nicht den

Mhutu Rindenkleidung bereitend.

geringsten Zweifel, daß die Spinnen, die ich in den Myombo-Wäldern der Karawanenstraße angetroffen habe, einer verwandten Art, wie die der französischen Kolonie angehören. Also auf in die Wälder von Uwinsa, wer Seide spinnen will.

Je mehr wir uns Tabora näherten, desto häufiger begegnet man Dörfern. Die Nähe der Station scheint die Leute mehr anzuziehen, als die Unannehmlichkeiten der Karawanenstraße sie zu verscheuchen. Zwei Tage vor Tabora holten mich Boten von Udjidji ein, die Briefe nach Tabora brachten. Sie erzählten mir, daß alle Gerüchte von Rebellen= einfällen auf deutsches Gebiet Mschensi = Kaffern=Geschwätz und erlogen gewesen wären. Meine Ahnung, meine Ahnung! Denn diese Möglich= keit hatte mir in allem Hin und Her meiner Überlegungen auch wiederholt vorgeschwebt. Mein einziger Trost war ein Korb mit Mangoäpfeln, die mir der gute Hauptmann Langheld entgegen= geschickt hatte und die am selben Morgen bei mir eingetroffen waren. Aber als ich ein halbes Dutzend im Magen hatte, wurde ich erst recht schwermütig. Natürlich ließ ich mich jetzt in meiner Marschdirektion auf Tabora nicht mehr aufhalten. Ich hätte auch gar nicht gewagt, meinen Leuten einen anderen Vorschlag zu machen, denn dann hätte ich wirklich den „Schrei der Entrüstung" gehört, den ich bisher nur aus Journalen kannte, wenn er von Zeit zu Zeit durch die gesittete Welt geht. Es wäre aber auch zu grausam gewesen, die armen Schächer erst ventre à terre zum Paradiese zu schleifen und sie so nahe der Pforte wieder zur Hölle zu verjagen; denn solche Gegensätze bildeten für ihren Geist die Wahl zwischen Tabora, „der wunderschönen Stadt" und einer langen Reise durch Barbarenländer. Übrigens stach mich selbst nach den mancherlei Entbehrungen der letzten Zeit und den trau= rigen Weihnachten die Aussicht in den gastlichen Räumen des Herrn Nicolaus alias Salo W., mich durch einige Früh= und Dämmerschoppen zu restaurieren, recht verlockend in die Nase. Herr W. nämlich, der Händler von Tabora, war ein sehr netter und aufmerksamer Wirt, bei dem man sich außerordentlich wohl fühlte; er hatte nur — außer der Furcht vor dem, was er seine Frau nannte, um derentwillen er 800 Kilo= meter tief ins Innere geflüchtet war — ein Gebrechen, er hatte einen Kompagnon, der augenleidend war. Er sah doppelt und das machte sich beim Einpacken der Waren und Ausschreiben der Rechnungen höchst unangenehm bemerkbar. Aber andererseits kannte W. diese Schwäche und antwortete mir einmal auf eine Andeutung in seiner treuherzigen

Art: „Was wollen Sie, Herr Doktor? Ein Gentleman geht nicht nach Tabora Handel treiben." Dagegen ließ sich nun nichts sagen. Übrigens bewahren ihm seine Bekannten, wie auch ich gleichwohl ein gutes An=denken. Der arme Teufel hat wenig Profit von seinen Profiten gehabt, denn nachdem er sich ein langes Leben in Afrika geplagt und endlich soviel zusammengespart hatte, um einigermaßen sorglos zu leben, ist er, wie ich jüngst hörte, auf der Heimreise gestorben. Von solchen Schick=salen, die ein deprimierend widersinniges Antlitz tragen, wimmelt es in Afrika. Die erstrebten Früchte mögen recht verschieden sein, die Trostlosigkeit, die in dem versagten Genuß liegt, ist allen gemeinsam und für alle gleich groß. Im Angesicht seines gelobten Landes sterben, kann höchstes Glück bedeuten, aber es kann auch ein sehr trauriges Geschäft sein. — — — — — — — — — —

Ich glaube, es war der achte Tag meines Eilmarsches, daß ich in Tabora ankam und von Herrn Langheld und den übrigen Herren, darunter dem durch seine „überlebensgroße", fast unnatürliche Länge und seinen guten Humor in der Kolonie unter dem Pseudonym „Bana Jussuf" überall bekannten und von Frida von Bülow im Tropenkoller literarisch ausgehauenen Baumeister Friedrich mit gewohnter Liebens=würdigkeit empfangen wurde. In den nun folgenden Wegeschauris wurde mir allgemein geraten, nicht wieder zum Malagarassi zurück=zukehren, sondern direkt nach Missugi, wohin bereits zwei Karawanen mit Tauschwaren für mich geschickt waren, zu marschieren. Ich fügte mich nicht ungern der größeren Erfahrung. Ein Zufall bestimmte dann die Wahl der weiteren Route. Es kam nämlich damals Monseigneur Gerboin, der Bischof von Uschirombo nach Tabora zu Besuch und schlug, als er von meinen Zweifeln hörte, mir vor, einen neuen Weg nach Uschirombo zu eröffnen, der bisher nur von Eingeborenen begangen wurde, aber für den kürzesten galt. Als ich die Karte daraufhin vor=nahm, sah ich, daß diese Route in den ersten Tagen der alten von Speke entsprechen würde, daß aber im übrigen tatsächlich keine direkte Verbindung mit Uschirombo eingetragen war. Danach faßte ich meinen endgültigen Entschluß. — — — — — — — — — —

Von Tabora hatte ich in früher veröffentlichten Briefen schon ein Bild, wenn auch nur in flüchtigen Strichen entworfen und es reizt mich auch nichts, jetzt die Konturen auszufüllen. Es ist der „Schwarm" der

Neger und ganz verständlicher Weise, weil sie dort stets sicher sind, eine große Menge Bekannter anzutreffen, weil der Markt ihnen ihre Lieb= lingsspeisen, die sie, wie z. B. Reis, in vielen Gegenden entbehren müssen, darbietet, weil das weibliche Element durch eine nicht geringe Zahl von in ihren Augen eleganter Damen vertreten ist und schließlich, aber nicht nebensächlich, weil durch die vielen durchziehenden Kara= wanen täglich Neuigkeiten importiert werden, die die Langeweile ver= scheuchen. Dies ist nämlich auch eine der vielen irrigen Anschauungen von der geistigen Verfassung des Negers, die Behauptung, daß er keine Langeweile kennt. Eher möchte ich das Gegenteil für richtig halten, daß sein ganzes Leben ein Kampf gegen die Langeweile sei. Ein Neger in zu kleiner Gesellschaft von Landsleuten ist immer tief unzufrieden mit seinem Geschick, und wenn er in der volkreichsten Gegend säße. Sie haben einen sehr drolligen Ausdruck dafür: sie leben dort im „Pori" (Wildnis). Mit diesen Worten klagen mir meine Leute oft ihr Leid und ein Boy, der ausriß und nach Tabora flüchtete, ließ mir sagen, er könne es nicht länger im „Pori" aushalten; diese Wildnis aber, mein Dorf „Bergfrieden", liegt umgeben von den Gehöften vieler tausend Einge= borenen. Ich wüßte eigentlich auch rein theoretisch nicht, warum der Neger nicht Langeweile empfinden könnte, da er weder zu den oberen noch unteren Zehntausend der menschlichen Intelligenz, sondern zu ihrem Mittelstand gehört. Und der bedarf überall viel äußerer Reize, um das Leben kurzweilig zu finden.

Tabora ist in den letzten Jahren in Verruf gekommen, u. a. durch die Schilderungen des Herrn General v. Trotha; aber ich meine nicht ganz mit Recht. Ich habe auch schon mal einen Herrn behaupten hören, der ganze Niagarafall sei ein Schwindel und ein echt amerikanischer Humbug. Warum? Der Mann war mit der aus seiner Kindheit ererbten Vorstellung nach Amerika gekommen, daß dort ein Weltmeer in Welt= tiefen stürze und verstand es nicht, diese Phantasie zu abstrahieren, um zu einem Genuß der Realität zu kommen. Auch Tabora war mit pom= pösen Worten wie „Handelszentrale", „Emporium von Innerafrika" usw. behangen worden; kein Wunder, wenn es dann den nüchternen Beobachter enttäuscht, besonders wenn er zu einer ungünstigen Zeit hinkommt. Denn das muß bei Herrn von Trotha der Fall gewesen sein, sonst wäre seine Beschreibung des Marktbildes anders ausgefallen; ich habe es wenigstens ein Jahr später ganz anders gefunden. Das heißt, ich habe natürlich auch nur Lebensmittel und „europäischen Tand"

verkaufen jehen, aber doch in jehr lebhaftem Abjaß wie auch die Ein=
nahmen der „Marktjteuer" bewiejen. Aber was jollte denn jonjt dort
verkauft werden, da größere Wertobjekte, wie Elfenbein, Rinder,
gewohnheitsmäßig nicht den offenen Markt aufjuchen. Ich glaube auch
gar nicht, daß Tabora jemals eine jo große Bedeutung gehabt hat, daß
man es heute im Verfall nennen könnte; es war immer, was es heute
noch ijt, die Kreuzungsjtelle der Karawanenjtraßen. Damit jteht und
fällt jein Wert.

Ich bezweifle aber, daß die Karawanenjtraße früher belebter war,
als jeßt, am allerwenigjten der Lajtentranjit. Die größeren Mengen (?)
Elfenbein wiegen nicht die heutigen Bedürfnijje der Europäer und
Truppen, die Erweiterung der Handelsbeziehungen und die Eröffnung
neuer Taujchgebiete auf. Auch das jpricht gegen Tabora, daß jeine
Araber heute fajt alle unvermögend jind. Aber ob jie je reich waren?
Nach meinen Erkundigungen haben wir jie bereits power vorgefunden,
und jo werden jie mehr oder weniger jchon lange vorher von der Hand
in den Mund gelebt haben, weil jie durchweg keine gewiegten Kauf=
leute jein jollen. In Summa, wenn Tabora jeinem alten Ruf nicht
entjpricht, jo liegt das höchjt wahrjcheinlich an dem alten Ruf und nicht
an Tabora. — — —

Wenn man Tabora auf der Nordjeite verläßt, jieht man ziemlich am
Ausgange der Stadt zur Linken die Tembe des Arabers Sjef bin Sjad,
des Wali, d. h. des Stadtoberhauptes, liegen. Der kleine, etwas ver=
trocknete Sjef gilt für verjtändig, praktijch veranlagt und loyal; er ijt
einer der wenigen vermögenden Araber, leijtet der Station jeden ver=
langten Dienjt, wird dafür auch von ihr gefördert und ijt gegen die
Europäer jtets liebenswürdig und gefällig. Daß an jolchem Wejen vieles
nur Schein, nur Oberfläche, nur Haut ijt, darf nicht wundernehmen,
denn Sjef ijt ein Kind des Orients. Ich jelbjt mußte dieje Erfahrung
machen, als ich jeine Gefälligkeit in Anjpruch nahm. Ich hatte ihm
nämlich einen Brief jeines Freundes, des Hauptmanns Leue gebracht,
worin er ihn bat, mir einen der Watujjijprache kundigen Dolmetjch zu
verjchaffen. Natürlich war er ohne Zaudern dazu bereit: Es hätte ja
gar nicht des Empfehlungsjchreibens bedurft, nur täte er es jo doppelt
gern und ich würde gewiß dem Bana Leue jchreiben, daß er jeinen
Wunjch ohne Zögern erfüllt hätte ujw. ujw. Er brachte mir auch jchon
nach vierundzwanzig Stunden einen Interpreten, einen ganz Vertrauen
erweckenden Jüngling. Daß ich einige Monate jpäter, als ich endlich

Gelegenheit hatte, seine Fertigkeit zu verwerten, entdecken mußte, daß
der Mann vom Kitussi soviel wußte, wie ich etwa vom Ungarischen —
und ich verstehe von dieser sympathischen Sprache außer Mikosch und
Gulasch und einigen verwandten Worten keinen Ton — und daß ich
ihn schleunigst den Staub meines Lagers von den Pantoffeln schütteln
lassen mußte, stellte der Zuverlässigkeit des guten Sjef ein weniger er=
freuliches Zeugnis aus. Aber solche Nichtigkeit kann das Gewicht seiner
Verdienste nicht herabdrücken. Sjef hat zweimal — in Uganda und
Tabora — den katholischen Missionären das Leben gerettet und sie in
seinem Hause mit eigener Gefahr geborgen und das wiegt viel, wobei
es ganz gleichgültig ist, ob er aus Edelmut oder Klugheit so gehandelt
hat. Gefördert hat er sich allerdings dadurch. Denn die Missionen haben
ihre Dankbarkeit auch auf die geschäftlichen Beziehungen übertragen,
so schwer es ihnen an sich ankommen mag, einen Feind ihrer christlichen
Propaganda und selbst Proselytenmacher zu unterstützen; denn der steckt
und muß ihn ihm wie in jedem gläubigen Mohammedaner stecken,
und wo sich bei den Negern besonders hartnäckige und scheinbar un=
überwindliche Vorurteile gegen Christen= und gegen Europäertum
finden, so haben sie immer ihre Wurzeln in Einflüsterungen von Mo=
hammedanern. Alle Kolonialvölker, Engländer, Franzosen und für die
letzten fünfzehn Jahre auch wir, wollen den Islamitismus mit Schonung,
Freundlichkeit, Toleranz und manchmal sogar Adjuvanz für uns und
unsere Kultur gewinnen. (Darin sind besonders die Franzosen in Algier
groß, die von Amtswegen Zuschüsse zu Mekkafahrten gewähren, d. h.
zur Stärkung des wirksamsten Bandes, das die islamitische Welt um=
schlingt.) Vergebliches Bemühen, verlorener Aufwand. Nur mit seinen
eigenen Waffen, mit Feuer und Schwert ist die Gefahr seiner Aus=
breitung zu unterdrücken. Aber für diese Aufgabe sind wir nicht gerüstet,
sind wir zu sehr geistig gehemmt durch allerhand Ketten und Schuhe,
trotzdem ein Blick in die Kulturgeschichte der Völker bis in die neueste
Zeit, bis heute, bis zu dieser Minute lehrt, daß mit der bisher ver=
folgten Methode der Mohammedaner unbekehrbar bleibt in Religion
und Politik. „Inconvertissables", wie die armen Mönche in Algier
seufzen, wenn trotz ihres vereinten Anstürmens von der Arx diaboli
nur hier und da ein kümmerliches Steinchen bröckelt. Nun könnte sich
und würde sich die europäische Welt, die in religiösen Dingen sehr
indolent und dadurch tolerant geworden ist, damit trösten, daß man
jedes Volk nach seiner Fasson selig werden lassen solle. Das ließe sich

hören, wenn der Islamitismus nicht eine ausgesprochen aggressive und vor allem jeder ihm unverständlichen Kultur feindliche Welt wäre. Wie oft hörte ich hier die lockende Rede von der Kultur, die der Moham= medaner mit sich bringt, wohin er seinen Fuß setzt. Geschichte studieren, meine Herren! Nichts täte uns mehr not. Ein Meer von Trümmern könnte man aus dem Treibsande Asiens und Nordafrikas graben, und daraus ein Denkmal der Kultur, die den Wegen der Mohammedaner folgt, zusammensetzen, das zu uns nicht sprechen, sondern schreien würde. Aber ich fürchte, es würden trotzdem nicht alle überzeugt werden, denn es gibt auch unter ihnen inconvertissables. — — — — — — — —

— — — — — — — — — — — Da kommt so ein junger Herr aus Deutschland, direkt aus der kleinen lothringischen oder polnischen Garnison heraus, in der er seinen Überschuß an Energie nicht verkümmern lassen will — denn das ist neben dem Ehrgeiz fast das einzige Motiv; nicht Schulden, nicht schlechte Streiche, wie oft geglaubt wird, — kommt in die Kolonie mit Anpassungsvermögen und scharfem Blick für die Not= wendigkeiten des Tages, aber meist ohne jene Sehweite, wie sie nur Reisen und das bunte Leben in fremden Welten erzeugen. Die meisten von ihnen gehen nun sehr bald ins Innere, und da ist es bedauerlich, daß sie die Küste nicht überspringen können. Denn von der Küste, wo es immer Leute gibt, deren Interesse und Mitteilsamkeit größer als die Kenntnis binnenkolonialer Verhältnisse ist, schleppt man zwar manches nützliche mit sich, aber auch manche falsche Wertung, manches Vorurteil, manches Prokrustesbett, nach dessen Maß dann viele nur allzu leicht und allzu unbewußt die Dinge der Wirklichkeit kürzen oder recken. Und ein solches sich immer wieder vererbendes Prokrustesbett ist auch die Ansicht von der kulturellen Mission des Arabers. Solcher= maßen beladen kommt nun der Offizier oder Beamte oder Forscher — die Person ist ja gleichgültig, wir ähneln uns alle darin — in das Innere und sieht nun zunächst, wie überall da, wo die Araber längere Zeit saßen, oder sitzen, die Landschaft freundlich verändert ist; er sieht große Mangoschamben, die mit ihren stattlichen Laubmassen ihn an heimische Parkanlagen erinnern, er sieht Datteln und Kokospalmen das Stadtbild überragen. Er findet vielleicht auch, da die Araber meist nur an Punkten sitzen, die irgend welche Handelsmöglichkeiten bieten, einen regen Markt, auf dem sich eine Menge stoffbekleideter Menschen ohne Scheu, vielleicht sogar etwas Spott im Blick, bewegt, und sein Auge erfreut sich, wieder einmal Männlein und Weiblein zu sehen, die offenbar ihrer Haut eine größere Pflege schenken, als die Eingeborenen der Dörfer, die er auf seinem Wege passierte. Sitzt er dann, nachdem er sich eine auf dem Markte erstandene ägyptische Zigarette mit auf dem Markt erstandenem Feuerzeug angezündet hat, auf der sauberen Veranda einer besseren Arabertembe, eine Tasse heißen Kaffees vor sich, so hat er nach langer Zeit wieder einmal das behagliche Gefühl, das ein Reisender in Ländern mit unwirtlichen Zuständen empfindet, wenn er wieder zum ersten Male den Luxus eines gut eingerichteten Hotels genießt. Und dann beginnt er zu vergleichen, und sein Geist schweift noch einmal den zurückgelegten Weg entlang. Er hat noch nicht vergessen, wie oft er unterwegs nach einem Schattenbaume geseufzt hat, er gedenkt der schmutzigen fellbekleideten Eingeborenen, die erschreckt davonliefen, wenn er sie anrief, der Weiber, die ihre heulenden Kinder an sich rissen, und sich und sie in ihren Hütten verbargen; er erinnert sich vielleicht der Wagogo, ihres wilden, phantastischen Ein= drucks, ihres penetranten Geruchs, den sie ihrem Waschwasser, dem Urin der Rinder verdanken, nnd noch dieses oder jenes anderen ab= stoßenden Erlebnisses und schließt mit der Überzeugung, wie unan= fechtbar das Urteil seiner Küstenmentoren über die Araber und ihre kulturelle Bedeutung sich bewährt hat und — das Prokrustesbett hat wieder ein Opfer gefordert.

Aber das Leben sorgt dafür, daß nach einiger Zeit eine korrektive Reaktion eintritt. Nach kürzerer oder längerer Frist sehen sich die meisten gezwungen, der verstümmelten Wirklichkeit die Glieder wieder anzufügen. Aber auch Dritte gibt es, die zu dieser nützlichen Operation sich nicht aufraffen können, weil sie geradezu unfähig sind, neue Ein= drücke richtig zu werten — intellektuelle Retina=Ablösung —; an diese dachte ich, als ich von Unbekehrbaren sprach, und es sind ihrer nicht wenige. Sie sehen nicht, daß jene gewinnenden Erscheinungen, selbst wenn man ihnen die Eigenschaft kultureller Errungenschaften zu= gestände, nur auf den kleinen Kreis der Araber und ihrer nächsten Umgebung beschränkt blieben, und daß der arabischen Indolenz jede Anstrengung, die über die Befriedigung der eigenen Bequemlichkeit und des eigenen Wohllebens hinaus auf die Eingeborenen wirken konnte, verhaßt war. Darum gibt es auch im Innern nicht nur keine Frucht, der die Araber in der langen Zeit ihrer Herrschaft irgendwelche nennenswerte Verbreitung verschafft haben, sondern sie haben auch für sich selbst so schlecht gesorgt, daß sie viele ihrer Lieblingsgenüsse, wie

Datteln und Kaffee, entbehren müßten, wenn sie nicht von der Küste und von den Ländern am Roten Meere und noch weiterher eingeführt würden.[1] Aber wenn auch all dies zum besten wäre, so hätte es von der Kultur doch höchstens den Namen geborgt. Denn einem Volke Kultur bringen, heißt doch wohl ganz etwas anderes, heißt doch wohl, seinen intellektuellen und ethischen Standard erhöhen. Es ist ja schwer, die verschiedenen Vorstellungen von Kultur unter eine Decke und Definition zu bringen, weil unsere Sprache für den Reichtum unserer Begriffs- und Empfindungswelt zu arm ist; bei weniger entwickelten Völkern ist es umgekehrt, da decken oft zwei oder drei Worte einen Begriff. Es ist auch schwer, weil Kultur etwas Relatives ist. Jedes Volk, auch das tiefstehende, hat „seine" Kultur, wenn auch Dünkel glaubt, er habe „die" Kultur. Viele sagen Kultur und denken Bequemlichkeit oder Luxus; oder sie sagen Kultur und denken schwedische Streichhölzer oder elektrisches Licht oder Eisenbahnen. Weil es Wagandahäuptlinge gibt, die mit Schreibmaschinen an das englische Gouvernement schreiben, lobt ein Bericht ihre Kultur, als ob es nicht gleichgültig wäre, womit sie ihre Gedanken ver- und fernmitteln, wenn sie nur überhaupt Gedanken zu vermitteln haben. Und einen Triddelsitz, der einen zweijährigen Kursus in Witzenhausen durchgemacht hat, nennen die Zeitungen, wenn er seine Stellung in Sumatra oder Tanga antritt, „Kulturpionier". Ich schätze die Bedeutung der gewiß sehr nützlichen und tüchtigen Schule an der Werra außerordentlich, aber Kulturpionier? — Du lieber Gott, wenn diese Fähigkeit so leicht zu lernen wäre, dann ginge ich gleich für mehr als zwei Jahre nach Witzenhausen. Äußerlichkeiten und technische Errungenschaften können höchstens mittelbar der kulturellen Förderung dienen, aber nicht das Ziel selbst bedeuten. Die Frage müßte also lauten: „Wie hat der Araber auf den intellektuellen und ethischen Hochstand der Völker, mit denen er in Berührung kam, gewirkt?", wenn wir ihre wahre Bedeutung für die Kultur der Neger verstehen wollen. Die Antwort ist leicht zu finden. „An ihren Früchten

---

[1] In Tabora gab es 1897 und 98 nur drei Kokospalmen. An Dattelpalmen befanden sich in meinem Besitz 32 Bäume, das war aber die größte Schambe, die es gab. Sicherlich waren keine 80 oder 100 Palmen in Tabora angepflanzt. Uganda-Kaffee kam zwar aus Kisiba, aber der gute Aden-Kaffee, wie ihn die Pères Blancs am Tanganika kultivieren, wird von der Küste importiert. Über Ananas erzählt Herr v. Trotha, daß er mit Mühe eine aufgetrieben hat, also „die Ananas" von Tabora. Das ist wohl alles charakteristisch genug.

sollt ihr sie erkennen." Haben die Neger, die mohammedanisch beein=
flußt sind, einen ihrer Aberglauben verloren, haben sie nicht vielmehr
viele neue zu den alten noch hinzu erworben? Ist die Stellung der
Frau bei ihnen würdiger geworden? Wer war es, der ganze Provinzen
entvölkert hat, um Sklavenschacher zu treiben? Haben sie sich ernsthaft
bemüht, dem Neger eine Religion zu geben, die ihm eine Erhebung in
guten, ein Trost in schlimmen Tagen ist? Oder haben sie sich statt
dessen nicht damit begnügt, ihn ein paar Äußerlichkeiten und tote
Formeln zu lehren und durch wahnsinnige Übertreibungen ihres Wertes
sein Seelenleben fast hoffnungslos zu veröden? Und gibt es schlimmere
Bollwerke gegen das Eindringen einer höheren Kultur als die Lehre
der Jünger Mohammeds? Man könnte dieser Kette noch Glied an
Glied anfügen, und jedes würde beweisen, daß die Araber teils ein=
flußlos geblieben, teils verderblich geworden sind, so daß daneben ge=
wisse Verdienste verschwinden, wie die Anleitung zu peinlicher Körper=
pflege, die Erweckung des Ekels vor allen Verrichtungen, die der
Europäer non turpia nennt, weil sie naturalia sind und einiges
andere. Wir haben glücklicherweise nicht so viel Araber in der Kolonie,
daß ihr Schaden unberechenbar wäre, aber wir sollten uns hüten, sie
irgendwie zu fördern, oder uns durch ihr sympathisches, liebenswür=
diges Wesen über die Abneigung gegen die ungläubigen unreinen
Fremden täuschen zu lassen, die sie ihren Kindern und ihrem Gesinde von
Jugend an suggerieren. Dem entgegenzuwirken, weiß ich allerdings kein
raschen Erfolg versprechendes Mittel. Auch die Schließung der Koran=
schulen, die überflüssig sind, weil es außer den Missionsschulen genug
neutrale Regierungsschulen gibt, würde nicht viel helfen und nur odiös
wirken. Überhaupt dürfen wir bei dieser Frage zweierlei nicht ver=
gessen: nämlich daß wir den Ast absägen würden, auf dem wir sitzen,
wenn wir den Islam mit den scharfen Waffen, die allein wirksam
wären, bekämpfen wollten. Denn ein großer Teil unserer schwarzen
Landsknechte ist mohammedanisch. Und zweitens: dadurch, daß dem
Bantuneger durch die Araber keine Vertiefung seines Seelenlebens, son=
dern nur Äußerlichkeiten und Formelkram gebracht wurden, blieb er
bisher auch von religiösem Fanatismus frei. Diesen künstlich durch klein=
liche Schikanen und Polizeimaßnahmen zu züchten, wäre ganz verkehrt.
Sollen wir deshalb die Hände in den Schoß legen? Gewiß nicht.
Schützen wir vor allem die Eingeborenen in den noch nicht infizierten

Gebieten, indem wir ihnen durch unſer Verhalten täglich und ſtündlich
zeigen, wie ſehr unſere Kultur der überlegen iſt, die der Jslam ihnen
bringen könnte. Damit ebnen wir auch der Saat derer den Boden,
deren Eifer und Opferwilligkeit wir das andere überlaſſen können,
den Dienern deſſen, der die Liebe war und auch der Heiden nicht vergaß.

Bergfrieden, im Mai 1899.

Vegetationsbilder.

Brief XIX.

Jch habe den Weg von Bagamojo nach Tabora in den Monaten
August und September zurückgelegt, also in der Zeit der höchsten
Trockenheit. Das hatte den Vorteil, daß ich Wege, die in der Regen=
periode unter Waſſer ſtehen oder grundloſer Schlamm und Schmuß
ſind, ohne Schwierigkeit überwinden konnte; den Nachteil, daß die
Waſſerverhältniſſe die denkbar ungünſtigſten des Jahres ſind. Es hat
aber auch noch den Nachteil, daß ich den Leſern dieſer Briefe keine
üppigen Landſchaftsbilder mit ſüdlicher Pracht und Glut der Farben
vorzaubern kann, ſondern dem trockenen Stoffe entſprechend meine
Darſtellung wählen muß. Gewiß, ich erlebte auch jene erhabenen
Stunden, in denen der empfindende Menſch zu ſpüren glaubt, wie ſeine
Seele unter dem Atem der Schönheit leiſe erſchauert; ich erlebte Abend=
röten, die auch die ödeſte Landſchaft verklärten, wenn die Sonne in
roten Dunſt gehüllt durch jede Spalte der Wolken eine Feuergarbe
entſandte, ſo daß die Erde, die Gräſer, die Bäume, das Lager und die
Menſchen in leuchtendes Gold getaucht ſchienen, bis ſie zuletzt als
blutrote Scheibe in einem Meer von goldbraunem Gewölk unterging.
Jch erlebte Morgenröten, wo die Luft klarer und reiner war als an
den kälteſten deutſchen Wintertagen, wo es in allen Farben glitzerte,
wohin ich ſchaute, wo die Netze der Spinnen koſtbaren Perlenſchnüren
glichen, in denen der Himmel ſich ſpiegelte, und köſtliche Mondſchein=
nächte mit ſtärkerem Zauber, als ihn die Märchendichter erſannen.
Das erlebte ich wohl und konnte mich nicht ſatt daran ſehen und ver=
gaß für Augenblicke über dem wunderbaren Schleier den welken,
kranken Leib, den er mit ſeiner Schönheit mitleidig deckte. Aber wehe,
wenn die Erde nackt dalag, im Winterſchlafe, aber nicht in friedlichem
Schlummer unter weißer, weicher Decke begraben, ſondern wie in
ſtarrem Krampfe, dem Fluche gelber Öde verfallen und ſchamlos die
kranken Blößen zeigend, ſo daß die Luft unter dem Fieberdunſt ihrer

heißen Glieder erzitterte. Dann war es immer dasselbe trostlose Wort, das sie mir zurief: „Öde", riefen die gelben Gräser, die spärlich die weite, bebend heiße Steppe bedeckten, und beugten sich noch tiefer unter den Strahlen der Sonne. „Öde", ächzte der Busch, der meilen= weit ohne Blatt und Blüte meinen Weg gleich grauen, hoffnungslosen Gefängnismauern einzwängte, und „Öde" schrie der Wald der Steppe und streckte seine von der Glut der Sonne und der Brände gedörrten Äste wie Mumienfinger zum erbarmungslosen Himmel. Als wenn dein Auge alle anderen Farben verloren hätte — wohin du schaust, gelb; nicht das Goldgelb unserer reifen Kornfelder, sondern ein fahles, schwefliges Gelb auf der Erde und am Himmel, den schwüle Dunst= wolken umhüllen; von der Sonne mit grellen, schmerzenden Strahlen durchleuchtet. Das ist das Bild, das die von mir durchzogene Land= schaft mit Ausnahme von wenigen glücklichen, von Flüssen durch= strömten Strichen Seele und Auge bietet, und ich habe, um beide Beziehungen zusammenzufassen, keine bessere Bezeichnung gegen= wärtig als „gelbe Öde".

Die auf meinem Wege verbreitetste Formation war die mit Sträuchern oder Bäumen bestandene Steppe, die je nach deren Dichte, Mischung und Eigenart ein sehr verschiedenes Bild gewährt. Reine Grassteppen ohne Strauch und Baum habe ich in nennenswerter Ausdehnung selten gesehen, meist an der Stelle ausgetrockneter Seen, auf Überschwem= mungsgebieten periodisch sehr starker, in der Trockenzeit versiegender Ströme. Wenn sie in der Regenzeit frisches Grün tragen, gewähren die nicht zu großen, von einem dunklen Waldrahmen begrenzten Strom= und Seebecken das Bild eines gepflegten englischen Parks. Ich hatte sie mir, als ich durch die gelben, verdorrten Steppen der großen Kara= wanenstraße marschierte, minder schön gedacht, weil die Gräser nie eine zusammenhängende Decke bilden, sondern wie in Tausenden von Töpfen in den Boden gesenkt erscheinen. 20—40 Halme entspringen immer gemeinsam, von denen die äußersten die jüngsten, kleinsten und grün sind, wenn auch die anderen in fahlem Strohgelb glänzen. Bei bedecktem Himmel oder bei durchfallendem Licht kommen sie wie der Boden zwischen den Büscheln zur Wirkung, und dieselbe Steppe, die ein ein= ziges welkes gelbes Feld ist, scheint eine Stunde später in junges Grün sich verwandelt zu haben. Am häufigsten sind hohe Gräser von großer Mannigfaltigkeit, die ihre Halme nach einer Richtung beugen und oft von einer kerzengerade aufsteigenden, schön stilisierten und in regel=

mäßigen Abständen kugelförmige Rispen tragenden Ähre überragt werden, die man in Ugogo und Unjamwefi in allen Hochgrassteppen findet. Strichweise fehr ausgedehnt (z. B. in der Nähe des Ruwu oder bei Ugunda) — in kleinen Flächen überall — auch in den Lichtungen des Mjombo=Waldes zu finden ist ein ca. 25 Zentimeter hohes dorniges Gras, das fehr dichtstehend bald eine roftbraune, bald eine graue Steppe bildet, je nachdem die grauen, dornentragenden Rispen die roftbraunen Halme verdecken oder zur Wirkung kommen lassen. Meine Leute nannten fie mwiba msuri (guter Dorn) und beschritten fie mit ihren abgehärteten Füßen unbekümmert, während fie mir Plage genug ver= urfachten.

Die Sträucher des von mir durchzogenen Gebiets find meist Akazien, die troß ihrer Widerstandsfähigkeit in den trockenften Gegenden fo kahl daftehen, wie alle anderen Pflanzen. Auch die Baumfteppe trägt vorwiegend Akazien, die nur felten hochftämmig find, meist auf knor= rigem, vielfach gekrümmtem Stamm eine Unzahl um alle Achfen fich drehender Äfte haben, die ein fo unruhiges Gewirr bilden, daß das Auge fich nach einem Ruhepunkt fehnt, den es endlich in einem der Bäume findet, die durch Kraft, Schönheit oder Sonderbarkeit fich vor= teilhaft von dem Baumgefindel der Akazien unterscheiden und verdienen, daß wir uns mit ihnen beschäftigen. Den ftärkften Eindruck machten auf mich wie auf jeden Neuling die Taufende von Boraffus= und Dum= Palmen.

Warburg schreibt in dem vortrefflichen Englerschen Werke über die Pflanzenverbreitung in Oftafrika: „Reifende im Steppengebiet haben übrigens darauf zu achten, daß fie nicht die Deleb= oder Boraffuspalme mit der dort gleichfalls unverzweigten Hyphaene oder Dumpalme ver= wechfeln." Ich glaube, daß das gar nicht möglich ift. Selbft ganz jung haben fie schon ihre Charaktermerkmale.

Schon die Blätter der ganz jungen Boraffus haben den schönen polierten, festen Stiel und die fteifen, breiten Blätter, die fpäter, wenn der Baum herangewachfen ift, ihm die prächtige Blattkrone geben, während die Dumpalme immer zerzauft ausfieht. Während der Stamm der Boraffus prachtvoll und ernft wie eine dorifche Säule aus einem Guß geformt zu fein scheint, in feiner Anschwellung fo viel künftlerisches Prinzip liegt, daß man den Eindruck hat: So, nur fo konnte diefer Stamm gebildet werden — hat die Dumpalme, je älter um fo mehr, etwas schiefes, wackliges, gebrechliches an fich. Und wirklich: eine ge=

funde Borassuspalme bricht der stärkste Sturm nicht ab, die Dumpalme aber, selbst die durchschnittlich kräftigeren am Sindi erreichen alle ihr Ende durch den Wind und stehen dann als unschöne Stangen wie die alten Kokus oder wilden Dattelpalmen in der Landschaft. Auch die Farbe des Stammes ist bei beiden verschieden. Der eine im schönen Silbergrau, leicht ringförmig schattiert, glatt, der andere wie rauchgeschwärzt, zer= fressen, so daß die Fasern bloßliegen und rauh.

Sehr zahlreich am Ugalla und Sindi ist die wilde Dattelpalme; die schlanken Stämme mit den zierlich gefiederten Blättern und den dichten Trauben goldleuchtender Früchte bieten ein ungemein anmutiges Bild.

Unter den Bäumen der Steppe wird von den Reisenden neben den Palmen am häufigsten der Affenbrotbaum erwähnt, den man noch vor wenigen Jahren für einen aussterbenden Rest einer vergangenen Periode hielt. Das ist heute widerlegt. Wie viele andere Bäume Afrikas steht er einen großen Teil des Jahres leblos da, aber wenn seine Zeit kommt, dann schmückt er sich mit einem so prächtigen Gewande weißer Blüten, daß er mit jedem an jugendfrischem und lebendigem Aussehen wetteifern kann.

Ich liebte den Baum sehr wegen seiner kraftvollen Erscheinung. Wie aus Stein gehauen, reckt er seine Äste zum Himmel, die wie Drachenklauen gekrümmt und mit Schuppen und Warzen besetzt sind. In Deutsch= land würden sich unzählige Sagen und Gebräuche an ihn knüpfen. Er wäre nicht der Vertraute der Burschen und Dorfschönen, und die Bauern, die vom Wirtshaus heimkehrten, schlügen wohl ein Kreuz, wenn sie in winterlichen Mondscheinnächten seine prachtvolle Silhouette vom Schnee oder Himmel sich abheben sehen, aber unter ihm hätte die Dehm getagt, in seinem Schatten hätte Lohengrin für Elsa gekämpft, in seine Höhle hätte die Hexe den Soldaten geschickt, um das Feuerzeug zu holen, und noch viele andere Gespinste hätte unser Volk um seinen Stamm gewoben.

Sein Gegenstück, aber gerade so typisch wie er für die afrikanische Landschaft, ist die Kandelaber=Euphorbie. Mit ihrer steifen, gezierten Erscheinung steht sie da, als hätte sie ein Kunstgärtner des empire oder der Zeit Louis XVI. erfunden. Auf den Stichen eines Chodowiecki zwischen Plantanenalleen und regelrecht beschnittenen Taxushecken würde sie nicht störend auffallen. Ihr Name ist sehr bezeichnend. Ein Querschnitt gäbe das Bild eines vielarmigen Kandelabers nach Art des siebenarmigen Leuchters von Jerusalem. Ich könnte mir nichts schöneres

denken, als einen Wald von Kandelabereuphorbien, die brennende
Kerzen tragen. Man findet sie in der Glut der Steppen, wie im schattig=
sten Dickicht, umsponnen von tausend Schlingpflanzen, oder auf felsigem
Bergkamm, dem Winde preisgegeben. Wie alle Euphorbien fürchtet
sie der Neger, weil ihr Milchsaft schwere Augenkrankheiten erzeugen
soll. Meine Affen sind anderer Ansicht und spielen ganz vergnügt auch
in Euphorbien, gleichviel, ob der Saft sie bespritzt oder nicht. Interessant
ist, wie ihr Stammstück, älter werdend, rasch seine Kanten und grüne
Farbe verliert, sich rundet und schließlich braun und hart ist, wie die
anderer Bäume.

Hinter Mpapua beginnt die Schirmakazie häufig zu werden, bald
licht in der Steppe, bald in dichten Wäldern. Sie erinnert etwas an die
Pinie und wie diese kann man sie gern den „Phantasten unter den
Bäumen" nennen. Ich liebte sie besonders, wenn ich von einer Höhe z. B.
bei Mpapua auf einen Wald von Schirmakazien hinabsah wie auf eine
grüne Wetterwolke oder wenn sie sich einen Berg gleich Nebelstreifen
hinaufzogen oder die Lagerfeuer von unten sie erleuchteten, daß ihre
feinsten Verzweigungen sich vom Nachthimmel abhoben. Sie werfen
auch in der Trockenzeit ihre dunkelgrünen winzigen Blättchen nur zum
kleinen Teil ab und geben dadurch der Steppe, wenn man sie wie in
Ngombia von einem Hochplateau unter sich liegen sieht, ein frisches
freundliches Aussehen.

Schließlich möchte ich noch die Kigelia erwähnen, ein Baum mit stark
nach oben strebenden Ästen und Früchten, die wie Würste an bis zwei
Meter langen Stielen hängen, daher sein Name Leberwurstbaum. Es
gibt übrigens Kigelien, deren Früchte kürzer und dicker sind und mehr
denen der Adansonie gleichen. Auch die Kigelia fängt erst südlich von
Tabora an, häufig zu werden, um am Ugalla an den Waldrändern
wie in der Steppe massenhaft aufzutreten.

Leider wird die angenehme Situation, an anderen Bäumen als den
verkrüppelten Akazien sein Auge zu weiden, nicht sehr häufig längs
der großen Karawanenstraße geboten. Aber selbst wenn alle die er=
wähnten Bäume fehlen, wird Gras=, Strauch= und Baumsteppe dem
Reisenden zum herrlichsten Park, wenn er ein paar Wochen durch
dichten Busch gezogen ist.

Ich fühle mich außerstande ein Bild der Trostlosigkeit zu entwerfen,
die ein Buschland in der Trockenheit bietet.

Als ich es zuerst an der Grenze von Ugogo traf, bekam ich eine

ganz falsche Vorstellung von ihm, da sah ich hunderttausende von
1 bis 1½ Meter langen grünen Bajonetten aus der Erde starren,
umsponnen von Euphorbien und Schlinggewächs, die ein Durch=
dringen vollkommen unmöglich machen. Dies Sansevieradickicht,
das meilenweit das Land bedeckte, durch das die schmalen Pfade
der Eingeborenen führten, sah ich später nie wieder. An seine Stelle
trat der dornige Strauch, der Akazienbusch. Wo er licht ist, über=
wiegen oft die Bäume die Sträucher, der dichte enthält vornehmlich
hohes Gesträuch. Zwanzig bis dreißig Stämmchen schießen wie eine
Raketengarbe nach allen Richtungen aus dem Boden, und schon
einen halben Meter über ihm treten sie mit den benachbarten Garben
in Verbindung. So entsteht eine Mauer, die den Blick auf fünf bis
zehn Schritte im Umkreis beschränkt. Denn auch nach vorwärts zu
schauen ist unmöglich, weil die Pfade gleich Schlangenwindungen ver=
laufen. Selbst in der Nähe der Stationen, wo für Wege viel getan ist,
schließt sich der Busch meist rasch zusammen, oder man sieht auch nicht
viel besseres, zwei lange graue Wälle von welken, bestaubten, gedörrten,
blatt= und blütenlosen dornigen Ästen. Wo einmal eine rote einer Zahn=
bürste ähnliche oder eine weiße Blüte mit ausgefransten Blumenblättern
sichtbar wird, erscheint sie dem Reisenden wie ein holdes Wunder. Es
ist schwer, die Stimmung zu beschreiben, die sich seiner allmählich be=
mächtigt. Die meisten setzen sich stumpfsinnig auf ihr Reittier und lassen
Kopf und Arme hängen; wer den Weg aufzunehmen hat, gerät durch
die vielen Windungen und die Unmöglichkeit, sich zu orientieren, in
gelinde Verzweiflung; ich hielt es für das klügste, ein gutes Buch in
die Hand zu nehmen und lesend zu marschieren, bis ich merkte, daß die
Sonne über meinem Scheitel stand.

Die Akazien sind so recht die Parvenus unter den afrikanischen
Pflanzen. Sie sind emporgekommen, wo andere sich nicht halten konnten,
weil sie besser gerüstet sind für den Kampf ums Dasein und weil sie
durch Veränderung ihrer ursprünglichen Eigenschaften sich den ungün=
stigen Verhältnissen anzupassen verstanden. Es wäre eines eingehenden
Studiums wert, all diesen Prozessen nachzugehen und die Grundzüge
zu einer „Wirtschaftsgeschichte des afrikanischen Busches" zu liefern.

Und kommt man nun nach dem Marsch ins Lager, das meist von dem
Schmutz der Hunderttausende starrt, die dort schon gelegen haben, dann
erwartet uns kein frischer Trunk, sondern undurchsichtiges graues

 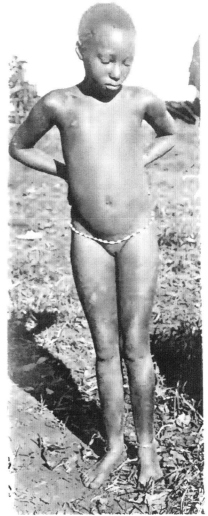

a.

b.

Ruandamädchen:

a. bäurisch, b. adlig.

Wasser, das erst mit Alaun gereinigt, dann gekocht und wieder abge=
kühlt wird; schattige Bäume sind, wenn man die alten Lagerplätze mit
ihrem Unrat meidet, selten. So wandert man mit Tisch und Stuhl um
irgend einen Strauch herum, je nach dem Stande der Sonne, jeden
Schatten ausnutzend; denn im Zelt ist ein Aufenthalt unmöglich. Blickt
man auf, so sieht man das „liebliche" Bild des Busches oder der Steppe
in ihren kleinen Variationen. So kommt es, daß man sich von schönen
Orten, wie Kilossa und die ganze Mukondogwa oder Tabora so schwer
trennt und daß die Tage, die ich am Ugalla erlebte, mir wie ein einziger
langer Gottesdienst vorkamen. Auf wen aber die Öde der Trockenheit
und der Karawanenstraße so wirkt, daß er Reue empfindet, das schöne
Deutschland verlassen zu haben, der hätte freilich besser getan, zu Hause
zu bleiben und sich redlich zu nähren. So lange ich arbeiten kann und
ein Ziel vor mir habe, so lange rufe ich in die traurigste Wüste: Never
give up.

Im Lager von Malagarassi.
Am heiligen Abend 1897.

Von Tabora nach Ujchirombo.

Brief XX.

Die jechsundzwanzig Tage — einen Ruhetag mitgerechnet — die ich von Tabora nach Ujchirombo marjchierte, waren zwar für mich jelbjt unterhaltend, weil das mehr als thüringijche Staatengemenge durch die fajt täglich jich ablöjenden Gejichter von Ober= und Unter= häuptlingen und durch die große Zahl zum Teil jehr wohl gehaltener Rejidenzen immer neue Anknüpfungen und Studienobjekte bot; jie waren auch — wenngleich ohne jede geographijche Senjation — von kolonialem Interejje, weil jie unjere Kenntnijje um ein Gebiet bereicher= ten, das von einer relativ jehr dicht jitzenden und auffallend liebens= würdigen und lebhaften Bevölkerung bewohnt wird, aber jie bieten dem, der einen größeren Kreis mehr die Früchte jeiner Muße als jeiner Arbeit mitgenießen lajjen möchte, einen jpröderen und zu harmlos bunten Schildereien weniger anreizenden Stoff.

Wenn ich das Tagebuch diejes Wegabjchnittes durchblättere, jo finde ich viel Wechjel, aber auch viel Eintönigkeit im Wechjel, und zum Schluß überwiegt die Empfindung daß, wenn die Namen nicht wären, die den Lejer fajt niemals interejjieren, dieje Reije einem ringförmigen Wandeldiorama gliche, das jich vor dem Auge der Zujchauer mehrmals um jeine Achje gedreht hat. In jo regelmäßiger Folge kehren die gleichen Landjchaftsbilder immer wieder. Das wäre aljo wenig lockend, wenn nicht in die nüchternen Aufzeichnungen hie und da kleine lujtige Epijoden wie Rojinen in einen etwas jade jchmeckenden Kuchen ein= gejtreut wären. Rojinen aus Kuchen herauszuholen — „Nejter juchen" nennen das die Kinder in manchen Gegenden — ijt mir jtets eine an= genehme Kurzweil gewejen und jo will ich gleichjam auch heute tun; will die eigentliche Wegjchilderung noch jtraffer als jonjt zujammen= fajjen, aber doch zum Kern des ganzen Gewebes machen, jo wie durch die Taue der englijchen Marine jener farbige Faden läuft, der dünnjte zwar, doch der Mittelfaden, den man nicht herausziehen kann, ohne das ganze Gewirke zu zerjtören.

1.—5. Tag. Tabora, das seine Bewohner nicht so, sondern wie auch das ganze Sultanat, Unjanjembe heißen, liegt im Mittelpunkt einer Landscheibe, über die einige Stunden nach jedem Pfeil der Windrose zahlreiche Gehöfte, Weiler und kleine aber auch größere Dörfer regellos ausgestreut sind. Von dem Grunde der Scheibe erheben sich hie und da niedrige Hügelketten, die meisten davon sehr kahl und viele mit Granit= trümmern besät, die fast auf allen Seiten die Stadt in weitem Kranze umgeben. Felder, auf denen, als ich nach Norden aufbrach, Mais und Maniok standen; helle Bananenhaine und dunkle Mangoschamben; dazwischen Grasflächen oder verwachsenes verwildertes unbenutztes Ackerland; hie und da eine Anmut und Kraft vereinende Dattelpalme oder eine breitästige Ficus; versprengte freiliegende Hütten oder größere, von hohen Euphorbienhecken eingehegte Komplexe, aus deren Dunkel der dumpfe Ruf der Wildtauben oder das Flöten der rotbäuchigen Cossypha schallt; auch Rinderherden, von mageren Watussihirten mit langen Stäben behütet; oder Kleinvieh unter der Aufsicht von nackten Bübchen, die den Ziegen immer wieder mit Steinwürfen die Maisfelder verleiden müssen; von irgendwo her der Metallklang von Schmiede= hämmern oder der hölzerne Ton von Axthieben oder das Stampfen der Stößer in den Getreidemörsern; Rufen, Singen, Kindergeschrei und Hundebellen — das ist das Bild, und die Stimmung der Landschaft, wie sie die ersten Tage meines Marsches mir boten.

Ich war damals etwas verdrießlich, denn ich hatte mir aus der Zahl der Träger zwei neue Boys heraussuchen müssen, einen für meinen braven Maskathengst, den andern für meinen persönlichen Dienst. Den einen hatte ich fortjagen müssen, weil er am Tage betrunken und nachts besoffen war, oder manchmal auch umgekehrt, und weil ich nach sechs= monatelanger Beobachtung noch nicht herausbekommen hatte, ob er oder sein Hütling der größere Esel war. Um ihn tat es mir infolgedessen nicht leid, denn für einen Dummkopf, den man fortschickt, finden sich immer leicht zwei als Ersatz; umsomehr verdroß es mich, daß mein Page Kibana sich von mir getrennt hatte, und ob er gleich ein großer Gauner vor dem Herrn war, so wußte er doch gerade wegen seiner vielen Diebereien in meinen neunzig und mehr Lasten besser als ich Bescheid, so daß ich selten in Verlegenheit kam und Kibana das Ge= wünschte, wenn es überhaupt noch vorhanden war, zu finden wußte. Ich hätte ihn darum auch kaum freiwillig entlassen, umsomehr als mir schon in Europa unehrliche Dienstboten immer noch lieber als dumme waren, denn gegen die einen kann ich mich wehren, gegen die anderen aber schwerlich — doch er dachte anders und entließ mich, seinen Herrn. Noch dazu am letzten Abend vor der Abreise. Ich hatte nämlich durch Zufall entdeckt, daß Kibana meine vakante Bettwäsche für sich und seine Gattin als Unterlage benutzte und sie gelegentlich auch an gute Freunde verlieh, und durch diese kommunistische Gesinnung in meinem seelischen Gleichgewicht etwas alteriert, führte ich mit dem Jüngling in meinem Zimmer eine etwas turbulente Szene auf, in deren Verlauf Kibana wie ein schlecht verstautes Faß im Lagerraum eines schlingernden Schiffes von Wand zu Wand rollte. Als er auf diese Weise einmal durch den Rahmen der offenstehenden Tür gewirbelt wurde, verschwand er und hielt sich bei Freunden versteckt, bis einige Meilen zwischen ihm und seinem Herrn lagen. Übrigens ließ ich ihn gar nicht suchen.

Nach dem ersten Nachtlager entdeckte ich beim Aufbruch, daß sich dem Schwanz der Karawane genau soviel Weiber wie früher, eher noch mehr, anschließen wollten, als wäre nie nach schweren Wehen im Sindiwald der Befehl geboren worden, daß, sobald wir die Straße von Tabora erreichen würden, „man vom Liebsten was man hat, muß scheiden". Zwar hatte ich stillschweigend die Frist prolongiert, als be= schlossen war, daß wir alle Tabora noch einmal sehen sollten, aber vorausgesetzt, daß der Tag des Weitermarsches von dort der letzte Termin sein würde. Als ich nun sah, daß die Leute sich den Teufel um meine Anordnungen gekümmert hatten, befahl ich auf der Stelle allen Weibern umzukehren. Nur die Frau meines Koches durfte uns begleiten, weil sie angeblich ihren Mann in der Arbeit für mich unterstützte. Das gab nun ein großes Wehklagen unter den Männern, denn sie hatten darauf gerechnet, daß die Weiber ihre persönlichen Bündel und Lasten tragen würden. Aber erst recht jammerten die Weiber und als ich befahl, den Abschied von ihren Gatten zu beschleunigen, wußte manche nicht gleich, wer alles ihr Gatte sei, weil sie geglaubt hatte, daß sich das schon während der Expedition von selbst arrangieren würde. Manch eine wurde auch falsch und frech und manch andere sah ich in weitem Abstand dem Zuge folgen, so daß ich zuletzt auch falsch wurde und die Nach= zügler durch ein halbes Dutzend unbeweibter und deshalb uninteressierter Askaris ein Stück Weges nach Tabora mit einiger Nachhilfe zurück= begleiten ließ. Wie mir diese nachher erzählten, sollen die Weiber fürchterlich getobt haben. Sie verwünschten mich, meine Ahnen im Grabe und meine ungeborenen Kinder und Kindeskinder. Sie ver=

wünschten das Land, aus dem ich kam und ganz Europa und das, wohin ich meinen Fuß setzen würde. Sie verwünschten ihre Männer und sich selbst und ihre Mütter, weil sie sie geboren und alles was lebte und webte — sie verlangten nämlich fast alle noch Geld von ihren „Männern" für geleistete Kammerdienste, aber die, als sie sahen, daß es doch mit der Trennung ernst wurde, wurden auf diesem Ohre taub, ergriffen schleunigst ihre Lasten und flüchteten, Furcht vor meinem Zorn bei längerem Säumen heuchelnd, behend an die Spitze der Karawane in meine Nähe, wo sie vor jeder Bedrängnis sicher waren. Hinc illae lacrimae und daher jene wilden Ausbrüche der Ver= zweiflung.

Am dritten Marschtage wurde die Gegend schon menschenleerer. Wir nähern uns der Peripherie von Unjanjembe. Die alten, am Hochwuchs der Wolfsmilchhecken und der Milumbabäume kenntlichen Gehöfte werden seltener; Buschpori beginnt das wellige Gelände zu bedecken und Steppenwald, in dessen frisch gerodeten Lichtungen Neusiedelungen stehen; auf den Feldern sah man noch vielfach gefällte Bäume, meist Kigelien oder die geschwärzten Stümpfe verkohlter Stämme. Wir über= schreiten den Grenzfluß von Ulikampuri, dessen breites versumpftes und verschilftes Bett nur eine schmale Rinne und hie und da trübe Wasserlachen unterbrechen, und lagern in der Nähe am jenseitigen Ufer, auf dem unser Pfad in unzähligen Krümmungen zwischen pinien= ähnlichen Schirmakazien und von Ameisen wimmelnden Flötenakazien, bedächtig jedem Hindernis ausweichend, sich weiterschlängelt.

Wir waren nicht allein in diesem Lager, denn ein paar hundert Schritt tiefer im Pori hatte sich bereits die kleine Karawane eines Arabers niedergelassen. Ich muß den Arabern unserer Kolonie die Gerechtigkeit widerfahren lassen, daß sie freundliche Herren sind, meist mit taktvoll zurückhaltendem Wesen, sympathischen Manieren und ehrfürchtig gegen ihre Gäste.

Mein Lagergenosse war ein hellfarbiger, etwas gelbsüchtiger Mann in mittleren Jahren, mit dünnem Vollbart und mageren, sonngebräunten Händen, übrigens ein armer Teufel und Agent vom Sjef bin Sjad. Er besuchte mich gleich nach dem Essen, blieb ein Viertelstündchen und schwätzte von dem und jenem. Er hatte etwas Elfenbein von Wassumbwa=Händlern gekauft und klagte über die schlechten Zeiten; daß der Ankauf von Jahr zu Jahr teurer und der Erlös in Sansibar von Jahr zu Jahr geringer würde. Ich versuchte, ihm auf seine Bitte eine Erklärung zu geben, warum der Weltmarktpreis des Elfenbeins gesunken sei und vertröstete ihn auf eine bessere Zukunft. Dann empfahl er sich und lud mich zu sich ein, dem ich in der Dämmerstunde Folge leistete. Araber haben um ihr Zelt fast immer noch einen Zaun aus Bambusstöcken, zwischen denen sie weißen Stoff ausspannen. In diesen kleinen Vorhof trat ich ein, noch rechtzeitig genug, um seine unverfälscht schwarze Gattin mit fürchterlich entwickeltem Vor= und Hintergebirge in das niedrige Zelt kriechen zu sehen. Mein Wirt forderte mich zum Sitzen auf und wies mir einen Stuhl an, den üblichen Schusterschemel, aber sehr breit — offenbar nach den Maßen der Dame des Hauses ge= arbeitet und von ihr allmählich spiegelglatt poliert. Da ich aber merkte, daß er noch angewärmt war, zog ich vor, mich neben dem Araber auf eine bunte Strohmatte zu plazieren. Nach einiger Zeit verschwand er im Zelt und kehrte mit einer Rindenschachtel zurück, aus der er Datteln und eine Flasche Scherbet herauskramte, von dem er mir einen halben Becher voll einschenkte. Gott verzeih's ihm, denn es schmeckte wie ein besseres Domitiv, ob es gleich nach Rosen und Minze duftete; umso besser mundeten die Früchte. Ich war beschämt, denn ich hatte ihm bei mir nichts angeboten und hätte doch recht gut aus meinem Mundwasser und einem paar Tropfen Lawendelgeist kein schlechteres und ihm sicherlich angenehmes Getränk zurechtbrauen können. Zur Beruhigung meines Gewissens schickte ich ihm noch denselben Abend eine Büchse Jam, den Araber sehr lieben und etwas Tabak.

Der eintönige Marsch der nächsten Tage ist rasch beschrieben. Hügel= land mit stärkeren Steigungen als bisher, viel Wald, mehr oder minder dicht und stellenweise von Lichtungen mit Gesträuch unterbrochen. Zwischen den Bäumen viel Felsblöcke oder nackte Granitplatten. Zuletzt niedriger Busch, hie und da von Borassuspalmen überragt und Ankunft in der Tembe Kwa mhuma. Ansiedelungen lagen sonst nicht am Wege, nur einmal die Reste eines verlassenen Gehöftes. Lager in der Nähe der Tembe in einer Gruppe von Ficus und Hyphänen; unter meinen Leuten ein neuer Blatternkranker, den ich nach Tabora schickte, wo er bald darauf starb.

Von diesem Platz nahm ich eine Erinnerung mit, die mich noch oft in der nächsten Zeit in häßlichen Träumen heimsuchte. Ein Einge= borener kam zu mir und bat mich um Arzenei. Als er auf meine Frage nach der Art seiner Krankheit seinen Fellschurz ablegte, sah ich einen Fall jener abscheulichen Elephantiatiden vor mir, wie ich ihn bisher nur aus Abbildungen kannte. Ein greulicher Anblick, wie ihm der Leibesauswuchs breit wie ein Benzinballon bis zu den Waden herab= hing und von einem, um den Hals laufenden Stützband getragen wurde, um die Bauchhaut zu entlasten. Ich mußte mich trotz meines Arzttums voll Ekel abwenden und beschränkte mich darauf, dem Ärmsten ein Almosen statt einer Arznei zu geben, denn wer und was konnte da helfen?

Aber rasch ein lustigeres Bild. Am vierten Tage — wir hatten kaum das Lager verlassen — stürzten mein Führer von Tabora und die zwei Askari, die mir dicht voranschritten, plötzlich zur Seite, und der vorderste faßte einen Graupapagei, der am Wege auf einem Strauch saß, vergnügt vor sich hinpfiff und sich willig einfangen ließ, denn die Schwingen waren ihm beschnitten. Offenbar hatte ihn dieser Tage eine Karawane verloren. Natürlich sofort Streit unter meinen Leuten, wer ihn zuerst gesehen habe. Wir machten Halt, denn es war wichtig genug, und ich fragte, wer als Erster das Heureka ausgerufen hätte. „Der Führer" gaben alle zu. „Schön", sagte ich zu dem Mann, „nun kann es sich also nur noch um dich oder um mich handeln; denn wenn ich dich nicht für diese fünf Tage verpflichtet hätte, säßest du ja jetzt in Tabora und hättest keinen Papagei finden können; ist es so?" „Ewallah, Bana" bestätigte er mit etwas langem Gesicht.

„Schön", sagte ich noch einmal, „jetzt höre und urteile selbst, ob ich ein gerechter Richter bin. Du weißt, daß die Papageien sprechen können; so möge er selbst entscheiden. Ich werde ihn also fragen, ob er bei dir bleiben will; antwortet er mit ja, so sollst du ihn haben; schweigt er aber und bejaht er meine Frage nicht, so gehört er mir."

Ein Beifallssturm meiner Leute, die dem fremden Führer den Fund nicht gönnten, erschütterte den Wald, und nur der Führer grimassierte sauersüß. Ich brauche wohl nicht zu verraten, wie das Schicksal meine Weisheit belohnte; der Papagei antwortete in der Tat nicht mit „ja", trotzdem ich ihn dreimal fragte, sondern pfiff weiter und rief höchstens mit tiefer Bauchstimme seinen eigenen Namen Kassuku. So ging er also in meinen Besitz über und ich erfreute mich seiner. Die Herrlichkeit dauerte aber keine vierundzwanzig Stunden, denn am nächsten Morgen war der Kassuku verschwunden — der Führer aber auch.

6.—11. Tag. Der sechste Marschtag war ein Nachmittagsmarsch. Nachdem wir eine sehr sumpfige Steppe gekreuzt hatten, traten wir in dichten Busch ein, in dem hie und da Grasinseln oder nackte Eisenstein=

flächen lagen. An einzelnen Stellen sperrten geradezu koloffale Termiten=
haufen den Weg. Nach zwei Stunden endete der Bufch und vor uns
dehnte fich eine weit nach Norden fanft geneigte Steppe, mit leicht ver=
teilten Sträuchern und Bäumen, die die Abendfonne mit unerfchöpflichen
Goldmaffen übergoß. Fern im Weften erhoben fich blaue, graziös ge=
formte Hügelketten, während andere vor uns im Norden näher lagen.
Auf fie hielten wir zu. Aber fo hurtig wir auch in der kühlen Dämme=
rung dahinfchritten, fie wollten und wollten nicht an uns heranrücken.
Die Nacht bricht herein und in mattem Mondfchein marfchierten wir
weiter, fchweigend, von der feierlichen Ruhe der fchlafenden Landfchaft
beklommen und nur bei plötzlichen Weghinderniffen fliegen die War=
nungsrufe wie Feuereimer die Trägerkette entlang, bis fie den letzten
Mann erreichen. Endlich geht es durch dichten Bufch langfam bergan
und beim Licht von Magnefiumfackeln fchlagen wir die Zelte im Hof
einer kleinen Tembe auf, die in Dunkel gehüllt fchlummernd neben
uns liegt.

Am andern Morgen befichtigte ich zunächft unfer Lagerdorf, deffen
Bewohner erft in der Frühe gewagt hatten, die nächtlichen Gäfte zu be=
trachten. Es war eine große Tembe mit zahlreichen Rundhütten im Hof
und gehörte Mfomma, dem jungen Sultan von Unjambewa, deffen
Jkurru (Refidenz) eine Stunde weftlich lag. Ich ließ noch einmal den
Blick nach Süden über das Steppen= und Bufchland bis zu den Bergen
von Ulikampuri zurückfchweifen. Im Often und Norden liegen auf
Schußweite mit Felsblöcken befäte kahle Hügel, die die Kuppe diefes
Plateaus bilden. Im Weften auch wieder Bufch und Hügel und hie und da
weiße fandige Streifen. Diel, viel Pori, und doch war Unjambewa einft eine
wohl befiedelte Provinz; aber wehe dem Land, deffen Herrfcher ein Kind
ift. Mfomma ift ein Junge und dazu, wie ich glaube, ein ziemlich dummer
Junge, der fich von gewiffenlofen Miniftern beherrfchen läßt und mehr
noch von den Zauberern und auf diefe Manier feine Untertanen in
glücklichere Diftrikte vertreibt. Ich hatte den Sultan fchon in Tabora
kennen gelernt, wo er zum Schauri zitiert war, weil feine Minifter ein
Weib — natürlich eine Hexe — mit gefpreizten Beinen an Pfähle ge=
bunden und zwifchen fie ein Feuerchen angezündet hatten. Sie wollten
fie nur „anröften", aber die Vorfehung erfparte ihr die Qual, folcher=
maßen weiter zu leben und befreite fie durch den Tod von ihren Henkern.
Wir wollen nicht zu ftreng fein, denn es ift fo, wie ich fchon einmal an=
führte: die Neger und wir leben nicht in dem gleichen Jahrhundert;

auch gibt es noch heute in Europa unzählig viel Leute, deren geistiger Verfassung eine Hexenverbrennung nicht sehr ungeheuerlich erscheinen würde, wenn sie nur kirchlich sanktioniert wäre.

Bei all den Stämmen, die man unter dem Sammelnamen Wanjam= wesi zusammenfaßt, sind abergläubische Ideen und ihre Vertreter, die Zauberer, besonders mächtig; daher sind sie auch vom Islam wenig berührt worden. Ob sie dem Christentum zugänglicher sein werden, muß sich erst zeigen. Die Katholiken sind mit ihren Anfangserfolgen zufrieden; die Arbeit der Protestanten in Urambo hat total versagt, was vielleicht zum Teil an der Unzulänglichkeit des englischen Mis= sionars lag. — — — — — — — — — — — — — — —

Während die Karawane direkt westlich nach dem Ikurru Msommas marschierte, ging ich noch einmal den Weg zurück, soweit ich ihn nachts nicht hatte aufnehmen können und strebte dann auf Umwegen dem= selben Ziele zu über Felder und Grassteppen, durch Busch mit viel jungen Hyphänen und Euphorbien und an kleinen von Bananen um= schlossenen Dörfern vorbei mit sorgfältig gehaltenen Tabakskulturen in eingehegten Beeten. Msomma erwartete mich im Lager, war nett und freundlich und schenkte mir ein Rind und — eine Heuschrecke. Er hatte aber recht, der gute Junge, denn er machte mir wirklich eine Freude damit; es war nämlich eine jener merkwürdigen Riesengespenst= heuschrecken, ein Schulexempel für jenen dunklen Vorgang, den man Mimikry nennt. Nicht nur täuschte sie ein ganzes Konglomerat von Blättern, Blättchen und Knospen vor, nein, sie war auch entzückend in der zarten Farbenharmonie von hellgrün, rosa und karmin, die leider im Tode viel von ihrer Schönheit einbüßte.

Am achten Reisetage marschierte ich in das Ikurru des Mlimassunso, dem Ukumbi gehört, und blieb den neunten Tag dort. Zuerst führte der Weg wieder über welliges, bebautes Terrain, über Strauchsteppen und durch Busch; dann wurde es reizvoller. Wir passierten eine Parkland= schaft mit schönem, kurzem Rasen und dunklen Baumbosketts, darunter viel von Schlingpflanzen umsponnene Kandelaber=Euphorbien, in deren Schatten reichlich Arrowroot gedieh. Nachdem wir später lange durch dichten Wald mit sandigem Boden gezogen sind, und zuletzt über Wiesen und Felder, die unter Wasser stehen, kamen wir, begleitet von einer Menge Volks, die bald zurückbleibt, bald vorausspringt, in der schönen schattigen Residenz an. Ich blieb in dem sauberen Dorf zwei Nächte, weil ich mir den rechten Fuß etwas verknaxt hatte. Ich hatte nämlich nach dem an sich sehr berechtigten Grundsatz gehandelt:

„Warum soll ich denn beim Gehen
Nicht auch in die Ferne sehen?
Schön ist es auch anderswo
Und hier bin ich so wie so".

Daß der Weg, der durch „hier" führte, stellenweise mehr Löcher hatte,
als ein preußischer Wachmantel, hatte ich leider übersehen. (Ich konnte
aber in Afrika vom ersten Tage an — und dieser Eigenheit bin ich all
die Jahre über treu geblieben —, an keinem Loch vorübergehen, ohne
mindestens mit einem Fuße zu untersuchen, wie tief es sei. Und diesen
überneugierigen Fuß hatte ich mir diesmal verstaucht.)

Ich blieb übrigens nicht ungern diesen Tag bei Mlimassunjo, denn
es saß sich angenehm in seinem kühlen, allerdings auch etwas feuchten
Hof unter den weit ausladenden Milumbabäumen. Der bärtige Mli=
massunjo, eine breitschultrige, kraftvolle Gestalt, saß nebenan in einer
großen, nur als Unterhaltungsraum dienenden, nach zwei Seiten offenen
Hütte und seine beiden Frauen spielten mit ein paar reizenden zutrau=
lichen Kinderchen, die wie kleine Äffchen auf den beiden aus Lehm ge=
mauerten Bänken, die sich halbkreisförmig den Wänden anschmiegten,
lustig herumtollten. Es war ein schwarzes Familienidyll, an dem ich
mich mit Auge und Herz erfreute. Das Jkurru lag inmitten von Mais=
feldern, die eine enorme Fläche bedeckten. Der Unterschied zwischen dem
von einem Knaben und dem Eigennutz seiner Ratgeber mißhandelten
Unjambewa und Ukumbi, wo die Minister neben dem im besten Mannes=
alter stehenden Mlimassunjo einflußlos sind, sprang so recht in die
Augen, und ich glaubte es dem Sultan gern, daß immer neue Wanjam=
bewa hierher übersiedelten. Denn den Negern geht es auch nicht anders,
wie anderen Völkern; sie können auf die Dauer wohl Strenge ertragen,
aber einem Willkürregiment unterworfen sie sich nur mit Zähneknirschen
und entziehen sich ihm endlich, wenn ihnen der Schutz eines Stärkeren
winkt.

In den nächsten beiden Tagen durchquerte ich Ukumbi; man führte
mich mit Absicht nicht durch den bevölkertsten Teil des Landes, sondern
mehr östlich auf einem nicht sehr begangenen Wege. Mein nächstes Ziel
war die zwanzig bis fünfundzwanzig Kilometer nördlich gelegene Neben=
residenz Mininga. Vom Marsch des ersten Tages ist nur der Übergang
über den Kwandefluß bemerkenswert, der hundertzwanzig Meter breit
nach Westen strömte. Er war brusttief und nur die letzten zwanzig Meter
mußte man auf einer Knüppelbrücke überschreiten bezw. überkriechen.

Wenn Brücke ein Ding ist, das zwei Ufer verbindet, so war auch dies eine Brücke. Entstanden war sie dadurch, daß man ein paar Dutzend Stämme mit unbehauenen Ästen neben und übereinander häufte und sie ließ, wie sie gerade fielen. In die Gabelung wurden kleinere Äste und in diese noch kleinere und so fort ganz regellos und willkürlich ge= worfen, bis ein unbeschreibliches Holzgewirr ein paar Meter über dem Wasserspiegel aufragte. Das war die Brücke. Indes: ich kam glücklich hin= über. Die Ziegen als sehr gewandte Kletterer und auch die Träger kamen unbeschädigt am jenseitigen Ufer an. Für die Rinder war die Passage natürlich unmöglich. Bei solchen und ähnlichen Gelegenheiten, wie z. B. auf schmalen Felspfaden an Abgründen vorbei, bewähren sich die Küsten= leute vortrefflich. Nur eine Last mit Getränken stürzte ins Wasser, wurde aber herausgefischt und nur eine Flasche Rotwein zog einen Moment über die schmutziggrauen Fluten des Kwande einen purpurfarbenen Strich. Neben dem Hauptarm waren noch zahlreiche Nebenarme und ein großes Überschwemmungsgebiet zu passieren, in dem die Eingebo= renen ihre Reiskulturen angelegt hatten.

Am Abend des zweiten Tages kam ich in Mininga an. Der letzte Teil des Weges brachte in die ewigen Busch= und Myombowald=For= mationen willkommene Abwechslung und steigerte sich in der Nähe der Residenz zu einem wundervollen Panorama. Weithin dehnt sich, sanft ansteigend nach Norden und Nordosten, dichter Wald und klettert zuletzt die Hänge einer Bergkette hinauf, die stellenweise von den nackten Felskämmen einer zweiten Kette überragt wird. Und mit solcher Kraft erhöhte die Abendsonne das natürliche Rot des Gesteins, daß ich beim ersten Anblick einen Moment verwirrt stehen bleibe und nach der Ursache der Gluten suche, die wie Flammenströme aus dem vorgelagerten Waldgebirge zu brechen scheinen. Freundlicher ist der Blick nach der anderen Seite. Hier neigt sich die Steppe in ganz leisem Abstieg, bis auch ihr die blauen Berge eine Grenze setzen; aber was ihr Charakter und schönsten Schmuck zugleich verleiht, das sind zahl= reiche Borassuspalmen, deren herrliche Formen sich wie Bronzegüsse als Silhouetten vom westlichen Himmel abheben. Auch viele abge= storbene und vom Sturm geköpfte sind darunter, namentlich dort, wo das Land gebrannt und gerodet ist, und wie die ernsten Säulen zer= fallener Tempel überragen sie die Ebene. Vor den Bergen, die sich im Nordwesten mit graziöser, tief eingebuchteter Kammlinie fortsetzen, zieht ein weites Tal, in dem versteckt in schwarzem Park von Euphor=

bien und Feigenbäumen und, von den hellen Scheiben der Maisfelder und Bananenschamben umschlossen, zahlreiche Dörfer liegen, von denen nur der Rauch, der als feiner, blaßblauer Schleier von der feuchten Luft auf die Baumkronen niedergedrückt wird, verrät, daß sie Men= schen und Leben beherbergen.

Ich lagerte in dem Dorf eines hinkenden Unterchefs von Mlimassunso. Da sich in Mininga mein Weg mit dem kreuzte, den vor etwa vierzig Jahren Speke und Grant genommen hatten, so bat ich, mir einige, mindestens fünfzig Jahre alte Leute zu bringen, die sich gewiß des Europäerbesuchs als eines seltenen Ereignisses, das sich seitdem erst durch meine Anwesenheit wiederholte, erinnern würden. Unmöglich. Unter den schätzungsweise dreitausend Menschen, die hier und in naher Umgebung wohnten, seien wohl einige alte Leute da, aber sie wären zu gebrechlich, um rasch hierher gebracht zu werden. Ich war frappiert, denn damals waren mir die Verhältnisse, die ich früher geschildert habe, noch nicht in vollem Umfange klar geworden, und ich glaubte die Ursache des Fehlens von Greisen in der ehemaligen Nachbarschaft Mirambos gefunden zu haben, jenes unruhigen Kopfes, den man etwas pompös den Napoleon von Ostafrika genannt hat.

12.—16. Tag. In den nächsten Tagen — ich will den Leser nicht durch immer wiederkehrende Aufzählungen von Busch= oder Strauch= und Baumsteppen, von Mnombo= oder Msimawald, von Feldern und Dörfern ermüden — kamen wir, nachdem wir einen Zipfel des Landes Ukunne passiert hatten, nach Mlära, einem Tributärstaat von Ujogo, dann nach diesem und über Uschetu nach Ulungwa. In Mlära und Ujogo waren zwei kleine Knaben Sultane, der eine mit Haaren wie ein Schnürenpudel. Die vielen Kinder, die man auf afrikanischen „Thronen" findet, illustrieren auch, was ich von der Lebensdauer der Neger erzählte. In Uschetu dagegen war ein älterer Herr am Ruder, der mit den heutigen friedlichen Zeiten sehr zufrieden war; weniger mit dem Zipperlein, das ihn plagte. Die Gegend wurde mit jedem Tage reicher an Siedelungen, namentlich zwischen Uschetu und Ulun= gwa, wo ich in wenigen Stunden 54 Dörfer zählte. Das Jkurru von Uschetu liegt allerdings noch etwas einsamer; der Hauptort nach allen Seiten von bewaldeten Bergen umschlossen. Merkwürdig sind am Wege die flachgewölbten, etwa zwanzig Meter hohen und ein paar hundert Meter langen Granitkuppen, die größtenteils nackt oder auf angewehter Erde spärliches Gras und ein stark nach Terpentin duftendes, klebriges, rot=

braunes Kraut tragen. Das Terrain war meist hügelig; vielfach waren
überschwemmte Wiesen oder Sümpfe zu überschreiten, deren Boden man
durch parallel aneinandergereihte Äste etwas Festigkeit gegeben hatte.
Am 16. Tage waren zwei Flüsse zu passieren. Die Kasimana, an der
von den Eingeborenen Salz gekocht wird, und der Grenzstrom, die ca.
60 Meter breite, rasch fließende Ulungwa, über die wir uns mit Hilfe
einer mit einem Tau verbundenen Strickleiter hinüberzogen. Die Be=
völkerung war allerorts über die Maßen liebenswürdig. Mehrere
Tage lang schickten uns die Sultane reichlich Lebensmittel nach. Dabei
waren die Leute keineswegs einfältig und stupid. Im Gegenteil, sie
schienen mir intelligenter als alle Neger, die ich bisher auf meinen
Reisen kennen gelernt hatte. So erinnere ich mich z. B. an einen
Büchsenmacher, der alte Gewehre vortrefflich erneuerte, indem er nicht
nur die Holzteile, sondern auch einzelne Eisenteile ersetzte, z. B. Korn,
Visier und selbst Hähne. Und wie halten die Leute ihre Gewehre, meist
uralte vierzig= und mehrjährige Vorderlader englischen Fabrikats! —
Ein preußischer Kompagniechef würde zufrieden sein, und das ist gewiß
kein kleines Lob.

Auch sehr zutraulich waren die Leute, und als sie auf irgend eine
Weise gehört hatten, daß ich ein Arzt und dunkler Wundertäter bin,
strömten die Kranken von allen Seiten herbei, um sich bei mir Rat und
Arzenei zu holen. Ich glaube auch damals manchen Schmerz gelindert
und manche Wunde geheilt zu haben. Nur einer hätte besser getan, sich
meinen Händen nicht anzuvertrauen, und dies kam so: Als ich in
Uschetu lagerte, kam da ein Männlein Ende der Dreißiger, stellte einen
Korb mit süßen Kartoffeln vor mich hin, beugte das Knie, klatschte
dreimal in die Hände und bat mit großem Wortschwall, ob ich nicht
seine linke Wange von einer entstellenden Geschwulst befreien wollte.
Warum eigentlich? Es war ein harmloses Fibrom, wie ein halber
Apfel groß, machte ihm keine Schmerzen, bestand seit seiner Kindheit
— warum also? Ich weiß es noch heute nicht, denn er hat es mir nicht
verraten; offenbar war er eitel, und weil ich ein paar Tage vorher
einem Mädchen einen haselnußgroßen Tumor von der Stirn entfernt
hatte, wünschte er das gleiche für sich. Ich dachte zwar: „Junge, Junge,
wenn das nur nicht schief geht." Als er aber immer wieder drängte,
ließ ich mich doch erweichen. Er setzte sich also auf einen Stuhl, und ich
machte zunächst, weder Mut in der Brust noch siegesbewußt, einen
riesigen senkrechten Hautschnitt; — aber, aber — der Mann blutete

gleich wie ein geschächteter Bulle. Die zwei Arterienfänger, die ich be=
saß, hingen bald; aber da spritzten noch an fünf, sechs anderen Stellen
stoßweise kleine Fontänen. Als ich sie endlich soweit hatte, daß sie ver=
siegten, waren beide, Operateur und Operierter, am Ende ihrer Kraft,
nur daß des einen Nasenspitze kreideweiß, die des anderen fahlgrau
geworden war. Es fiel mir bei diesem ungewöhnlichen Blutreichtum
nicht ein, noch weiter zu schneiden, sondern ich flickte die Wunde mög=
lichst rasch wieder zu, so daß der Hügel durch die Schnittlinie in zwei
Hälften geteilt wurde, streute dich Jodoform darauf und hüllte den
Kopf so in Watte und Binden ein, daß es dem Patienten unter keinen
Umständen möglich war, die Wunde zu besichtigen. Der Unglückliche saß,
während ich ihn vermummte, mit verglasten Augen da, klatschte aber
gleichwohl unaufhörlich mit den Händen und dankte mir heißen Herzens,
daß alles so rasch von statten gegangen war. Ich befahl ihm zum Schlusse
noch, die nächsten acht bis zehn Tage um keinen Preis den Verband
zu öffnen — denn bis dahin dachte ich doch mich so weit entfernt zu
haben, daß mich seine Rache nicht mehr erreichen könnte, wenn er ent=
deckte, daß er zu seiner alten Apfelgeschwulst nun noch eine riesige
Narbe im Gesicht sein Leben lang tragen muß.

Merkwürdig, was für ein chirurgisches Pech ich in Afrika habe:
Neulich wollte ich einem Träger einen Backzahn reißen und war
schließlich froh, daß ich die Kinnlade wieder mitsamt dem Zahn ein=
renken konnte. Ein andermal eröffnete ich einem Kinde einen Abszeß,
aber so tief ich auch einschnitt, es wollte nichts als Blut heraus=
kommen. Und nun das Fibrom; es scheint, daß auch aller schlechten
Dinge drei sein müssen. „Es ist der Fluch der Heidelberger Gans",
schrieb ich damals in mein Tagebuch. Nun habe ich es hier wiederholt,
und nun bin ich eigentlich eine Erklärung dafür schuldig. Zwar ist diese
buchstäblich so erlebte Historie nicht afrikanisch, aber ich gestatte mir
gleichwohl diesen kurzen Appendix, schon damit ich ob dieser chirur=
gischen Untaten etwas gerechtfertigt vor einem hohen Adel und p. t.
Publikum dastehe. Also recht kurz!

Ich war Student im sechsten Semester und wohnte in Heidelberg bei
einem Schneider, der, wie sich das für einen Schneider nicht anders
schickt, schwindsüchtig und mit sehr ergiebigem Kindersegen verheiratet
war. Der arme Teufel lag fast stets im Bett, und als ich eines Tages
nach Hause kam und meine Wirtin schluchzend vorfand, wollte ich ihr
schon kondolieren; aber es war noch nicht so weit, sondern ein anderes

Unglück war geschehen. Die Frau Schneider stopfte nämlich in ihrer freien Zeit Gänse und hatte einer unseligen Gans einen Kloß in die falsche oder eigentlich in die richtige Kehle gesteckt, so daß sie, d. h. die Gans, am Ersticken war. Ich besah mir den Unglücksvogel mit kritischen Blicken. Er saß auf einem Tisch in der Schlafstube und wurde von den tränenden Kindern festgehalten, während der Schneider auf seinem Schmerzenslager mit letzter Kraft über den „Leichtsinn" seiner Frau trübe Betrachtungen anstellte. Bereits fiel der Gans der Kopf ab= wechselnd auf die eine oder andere Seite. Aber wozu war ich sechstes Semester und wozu hatte ich theoretische Chirurgie gehört?

„Weinet nicht," sagte ich also salbungsvoll, „ich werde diese freund= liche Gans retten, indem ich ihr den Luftröhrenschnitt mache."

Alles blickte mit einem Gemisch von Vertrauen und Hochachtung bald mich, bald die Gans an. Ein feines Federmesser besaß der Schneider, eine Metallhülse von meinem Bleistift sollte als Kanüle dienen. Und nun los. Der Schnitt: vorzüglich; aber die Kanüle will nicht halten; also tiefer hinein und etwas Gewalt angewendet. Nun saß sie fest, wundervoll. Im selben Augenblick aber machte die Gans einen Japser, sah mich mit einem Auge vorwurfsvoll an, legte sich sanft auf die Seite und verschied, während sich der Schneider gramvoll der Wand zukehrte. Bei der Sektion stellte sich heraus, daß die Kanüle quer durch Luft= und Speiseröhre in der Wirbelsäule saß. Daher der anfangs so rätselhafte Tod. Ich konnte seit jenem Tage lange Zeit keine Gans ohne Gewissensbisse ansehen, und so oft ich später ein chirurgisches Mißgeschick erlebte, wußte ich, daß es der Gänsefluch war, der auf mir lastete.

Bergfrieden am Kiwu=See, Ende Oktober 1899.

Brief XXI.

17.—18. Tag. Der Leser hat mich im vorigen Brief bis zum Über=
gang über den Ulungwafluß begleitet. Auf dem rechten Ufer begann
das gleichnamige Sultanat, das neunte, seitdem wir Tabora verlassen
haben. Alle diese Gebiete sind nicht so klein, wie man glauben könnte,
sie sind umfänglicher als die thüringischen Staaten, aber da ihre größte
Ausdehnung in ostwestlicher Richtung läuft, so konnte mein im wesent=
lichen südnördlich gerichteter Marsch ihrer viele kreuzen, ohne daß
durch die kürzere oder längere Passage ein Maßstab für die wahren
Größenverhältnisse gewonnen wäre. Von Ulungwa z. B. trennte mein
Weg nur die äußerste Südwestecke ab, von Ukunne die Spitze eines
Keils und dies noch öfter.

Am anderen Ufer beginnen wieder Felder und Dörfer einander ab=
zulösen. In dieser Gegend, wo drei Gebiete — Uschetu, Ulungwa und
Ulewe — zusammenstoßen, ist ein solcher Konflux von Niederlassungen,
daß sie für die Etablierung einer Mission wie geschaffen wäre. Aber
die Missionare lassen sich in der Auswahl ihrer Plätze manchmal von
Gesichtspunkten leiten, die ein unbefangener Beobachter nicht begreift.
Auf die Katholiken, die wenigstens ihre Mißgriffe korrigieren, komme
ich später noch zurück. Die Protestanten scheinen aber einen viel un=
glücklicheren Blick zu haben. Da sitzen sie z. B. seit mindestens fünfzehn
Jahren in Kilimani Urambo —, die ersten zehn Jahre durch ein
englisches Missionarspaar vertreten. Und trotzdem in dieser langen Zeit
kaum ein Eingeborener für die christliche Lehre gewonnen wurde,
bleiben sie hartnäckig dort, während die Katholiken Jahr für Jahr die
besten Plätze in Ruanda und Urundi in Beschlag nahmen, wo sie nach
zehn Jahren Tausende von Neophyten um sich geschart haben werden.
Mir ist dies Verhalten unbegreiflich. Lesen denn die Leiter der evan=
gelischen Propaganda nicht die katholischen Missionszeitschriften? Oder
nicht einmal die Berichte der amtlichen Kolonialzeitung? Als ich nach
Afrika ging, kamen auch zwei Missionsehepaare nach Urambo. Welche
Erfolge hätten diese jetzt hinter sich haben können, wenn sie meinen
Fußspuren in das Innere von Ruanda gefolgt wären. Aber es scheint
beinahe, daß dem schönen Hause in Urambo zuliebe die fruchtbarsten

Träumerei.

Äcker verschmäht und dafür der steinigste Boden umsonst mit Schweiß gedüngt wird.[1]

In Ulungwa lagerte ich am Eingange eines großen Dorfes neben einem alten Baum, unter dem eine lange Bank in den Boden ein= gelassen war. In seinem Schatten pflegen die Dorfbewohner täglich bei Tabak und Pombe ihr Schwätzchen zu machen oder zeitweise ihre Be= ratungen abzuhalten. Als Sultan stellte sich mir ein älterer wohl= beleibter Herr vor, der ebenso wie sein nicht minder gutgenährter Sohn einer stark jüdischen Physiognomie und der Behäbigkeit eines Kom= merzienrates sich erfreute. Je mehr ich nach Norden kam, desto häufiger zeigten sich bei den Vornehmen Spuren semito=hamitischer Abstam= mung, denn Watussi hatten einst in all diesen Ländern geherrscht, bis sich das Volk gegen seine Zwingherren erhob und sich ihrer ent= ledigte. Der Alte hatte eine ungeheure Fettgeschwulst im Nacken, ver= langte aber mit keiner Silbe ihre Entfernung, was ich ihm auch sehr verübelt hätte, denn ich hatte Nase und Gemüt noch von der letzten Operation voll, die noch nicht viel mehr als 24 Stunden und zwei Meilen hinter mir lag. Nachdem wir eine Viertelstunde harmlos parliert hatten, gestand er, nur ein Unterchef des Sultans zu sein, und bald darauf erschien dieser auch selbst, Kirogassia, ein etwa neunzehn= jähriger Jüngling, gewachsen wie ein Ephebe und Eigner einer selt= samen Schönheit. — — — — — — — — —

Wie weit entfernte sich sein Bild und das so vieler anderer von der verbreiteten Volksanschauung, die sich einen „Mohren" nur mit blutroten, wurstartigen, ein Riesenmaul einrahmenden Lippen vorstellen kann, einer kurzen dicken Nase, weißglänzenden runden Billardball=Augen und bekleidet mit Schurz und Kopfputz aus bunten Vogelfedern, also genau so, wie ihn in meiner Jugendzeit die Ladenschilder der Zigarren= händler zeigten. In Wirklichkeit findet man (und nicht nur unter dem Stamm der Watussi) viele Köpfe, die unserem Schönheitsideal sehr nahe kommen und auf manche Desdemona einen tiefen Eindruck machen würden. Ich gebe dabei gern zu, daß ein längerer Aufenthalt in Afrika die Urteilsfähigkeit über diese Frage einigermaßen ein= schränkt. Wie man sich nämlich an Eigenheiten seiner eigenen Gesichts= züge so gewöhnen kann, daß man sie gar nicht mehr bemerkt, so auch

---

[1] Heute arbeiten auch in Ruanda und Urundi evangelische Missionen, in Urundi die Neunkirchener, in Ruanda die Bielefelder unter Leitung meines vortrefflichen Freundes, des von Europäern und Farbigen gleich verehrten Pastors Johanssen.

an gewiſſe, auf den erſten Blick auffällige Typenmerkmale ſeiner Um=
gebung. So verliert der Afrikander nach einiger Zeit die Sehſchärfe für
die allzuvollen Lippen und die etwas zu breit geratene Naſe des
Negers, ja mehr noch, er vergißt ſelbſt die farbige Haut. Je ſchärfer
die Maſſe, die ihm, wenn er friſch von Europa an der afrikaniſchen
Küſte landet, ſo gleichförmig ſcheint, daß er verzweifelt, ſie je differen=
zieren zu können, ſich dem Betrachter auflöſt und in zahlloſe, durch
ſehr viele Merkmale individuell gekennzeichnete Phyſiognomien zer=
fällt, um ſo ſtärker treten für ihn die Raſſezeichen zurück und werden
(namentlich in Erinnerungs= und ſelbſt in Traumbildern) zugunſten
der jedem Einzelweſen originellen Züge unterdrückt. So kann es
kommen — und daß es ſo kommt, habe ich oft genug erlebt — daß
ein Geſicht ſchön gefunden wird, obgleich es die unſerem helleniſchen
oder germaniſchen Ideal widerſprechenden Eigentümlichkeiten der
Negergeſichtsbildung hat; aber nicht dieſe werden beachtet, ſondern
die individuellen: vielleicht ein lebhaftes Auge, ein zierliches Ohr, ein
edler Teint, die ſich dem Beſchauer zu einem harmoniſchen Ganzen
vereinen. Das ſicherſte Urteil ermöglicht die Photographie. So wie
viele Menſchen ihr eigenes Geſicht ſo ſchlecht kennen, daß ihnen ihr
Bild fremd und unähnlich ſcheint, ſo findet der Afrikander auf Photo=
graphien — oft zu ſeinem Erſtaunen — am Neger die auffallenden
Raſſezeichen wieder, die er am lebenden Modell zu überſehen ſich gewöhnt
hat; und ich perſönlich konnte oft genug in ſolchem Augenblick, z. B.
erſt jüngſt bei der Betrachtung eines Bildes meines mir leidlich hübſch
ſcheinenden Boys Mabruk, nicht den Gedanken unterdrücken: „Kerl,
du biſt ja doch ein richtiger Nigger." So ſehr hatte ich das über dem
Boy „Mabruk", ich meine über dem Einzel= und Eigenweſen, vergeſſen.
Mit anderen Worten: Man gewöhnt ſich in Afrika neben ſeinem alten
Schönheitsideal, das man für beſſere Zeiten wie einen Feiertagsrock in
den Kaſten ſchließt, allmählich an ein neues für den Werktag, das
durch gewiſſe Raſſeneigentümlichkeiten nicht beeinträchtigt wird, wenn
ſie das Bild nicht zu auffällig beherrſchen. Man glaube übrigens nicht,
daß ein intelligenter Neger ſeine Raſſezeichen ſchön findet. Je mehr ein
Geſicht durch eine ſchmale Naſe, durch wohlgeformte Lippen unſerem
europäiſchen Ideal ſich nähert, um ſo mehr gefällt es auch dem Neger.
Ich habe das wiederholt und auf vielerlei Weiſe geprüft. Das einzige
Raſſemerkmal, das ihn nicht übel dünkt, iſt die farbige Haut, voraus=
geſetzt, daß ſie nicht zu dunkel iſt. „Schwarz iſt ja ſchön," ſagen ſie,

„aber so schwarz wie dieser X., das ist nicht mehr nett." Ich komme
auf diesen Punkt bald noch einmal zurück, wenn ich ein paar Worte
über „Albinos" sage. ⸺ ⸺ ⸺ ⸺ ⸺ ⸺ ⸺ ⸺ ⸺ ⸺ ⸺

Kirogassia, mein Wirt, zeichnete sich durch ganz besonders edle Züge
aus; die schmale gerade Nase, der feingeschnittene Mund, vor allem
aber Teint und Hände, verrieten seine vornehme Abstammung. Es ist
kein leerer Wahn, daß eine aristokratische Herkunft in der Erscheinung
ihrer Träger sich spiegelt, soviel Ausnahmen die Regel in Europa haben
mag, ohne daß man jedesmal nötig hätte, an einen pater incertus
zu denken. Auch afrikanische Aristokratengeschlechter, die in jahr=
hundertelanger Folge keine körperlichen Arbeiten zu leisten hatten,
weder Sonnenglut noch Unwetter sich aussetzten und ihre Haut
durch tägliches Salben geschmeidig machten, vererben ihren Enkeln
in immer wachsendem Maße edle Körperformen und insbesondere
Wohlbildung der Hände und des Teint, deren Feinheit allein schon
verraten, daß die Vorfahren ihrer Eigner über die rauhe ungepflegte
Masse ein Herrenrecht geübt haben. Auch die Ernährungsweise spielt
eine große Rolle. So wie bei den Bienen aus denselben Eiern sich
Arbeiterinnen oder Königinnen entwickeln können, je nachdem die
jungen Larven in kleinen Zellen mit gewöhnlicher Nahrung oder in
großen Weiselwiegen mit den feinsten Fruchtsäften versorgt werden, so
züchtet sich der Neger aus demselben Stamme sein Arbeitsvolk und
seine in den besten Wohnstätten mit bester Speise genährten Fürsten
heran. Es ist schwer, solche Königshaut zu beschreiben. Es ist, als wenn
auf ihr ständig der milde Glanz der Abendsonne läge, oder besser noch,
als ob eine Abendsonne sie von innen heraus durchleuchte. Ein gold=
brauner Ton mit einer Spur Olivfarbe, weich wie zartester Sammet
für die hinübergleitenden Finger.

Aber genug der Dithyramben, stimmen wir die Leier auf einen
nüchterner klingenden Ton herab, denn es gilt auf Schusters Rappen
sich zu schwingen, um zu schauen, was hinter jenen Hügeln sich verbirgt,
die jetzt im Morgenschimmer vor uns liegen.

In aller Frühe erschien Kirogassia pünktlich, um sich von mir zu ver=
abschieden, worauf wir zusammen aufbrachen und ein Stück Weges
zusammen gingen. Dann, während er sich in der Nähe des Flusses hielt,
marschierte ich mehr nördlich, aber noch lange sah ich seine durch das
lange weiße Hemd noch schlanker erscheinende Gestalt von Zeit zu Zeit
zwischen den Gräsern auftauchen. Nun senkt sich sein Weg, immer

seltener blitzten und funkelten die Silberstickereien seines schwarzen ärmellosen Kisibao zu uns herüber und zuletzt glitt nur noch sein brennend roter Fez, von der Sonne grell beleuchtet, wie eine wandelnde Mohnblume über die Spitzen der Maisstauden.

Nachdem wir ein paar Stunden durch flachhügeliges Terrain auf Feldrainen und gewundenen Strauchsteppenpfaden gezogen waren, kamen wir wieder an den Ulungwa= (oder vielleicht zu einem Nebenfluß), der hier von Süden herströmend die Grenze von Uschetu bildet. Jenseits der schmalen aber tiefen Furt erwartete mich der Sultan Jako und brachte mich zu seinem Dorf. Da dies aber keinen Schatten bot, — es war erst vor wenigen Jahren erbaut worden, weil die Umgebung des alten durch schonungslose Kultivierung ausgesogen, nicht mehr genügend Frucht trug — so gondelte ich noch einmal den Weg zum Flusse zurück und suchte mir ein Lager auf der Ulungwaseite, von woher ein im Grünen verstecktes Dorf mir zuwinkte. Ich winkte wieder und fand bald darauf meine kühnste Hoffnung erfüllt, denn ich konnte mein Zelt in einem saubergefegten Hof unter einen Baum stellen, der sich dicht über dem Boden gabelte und mir nicht nur ein kühles Dach gewährte, sondern auch mit zwei vielfach verzweigten dichtbelaubten horizontalen Ästen das Zelt von beiden Seiten her umarmte. Nicht ohne Grund erwähnt dies der gewissenhafte Chronist. Denn auf einem dieser Arme spielte sich in der folgenden Nacht eine Tragödie ab, die mich eines Kameraden beraubte, der seit Beginn meiner Reise mir manche Trübsal weggeblasen hatte.

„Was ist der Affe für den Menschen?" fragt Zarathustra den Pöbel auf dem Markte. Und er gibt ihm selbst die Antwort: „Ein Gelächter oder eine schmerzliche Scham." Über die Scham bin ich rasch hinweg= gekommen, denn wenn wirklich meine Vorfahren vor fünfzig oder hundert Jahrtausenden so oder so ähnlich ausgesehen haben, so teile ich das Schicksal mit Cäsar, Goethe und anderen Größen, abgesehen davon, daß es ein schlechter Charakterzug sein soll, sich seiner Ahnen zu schämen. Um so mehr freue ich mich der Affen als vieler Gelächter. Affen und Papageien sind in Afrika die einzig möglichen Hausfreunde; Hunde gibt es nicht, sondern nur Köter, und selbst diese haben mit ihren europäischen Vettern nur den Namen gemein. Vom fünften Lebens= monat an beginnen sie einen langen Schlaf, der bis zum Tode andauert und nur täglich ein paarmal zum Herunterschlingen ihres Fraßes und zum Kratzen ihrer meist räudigen Haut unterbrochen wird. Von An=

hänglichkeit so gut wie keine Spur. Zwar gibt es auch Herren, die „Perlen" haben, aber meist sind es solche, denen alles zu Perlen wird, was sie anrühren und besitzen, die immer die besten Boys haben, die treusten Hausdamen, die kräftigsten Reittiere, den reichsten Bezirk, die intelligentesten Eingeborenen, die anhänglichsten Askaris usw. Es gibt merkwürdig zufriedene Menschen in diesem Jammertal, die an allen Dingen eine Butterseite sehen. Ich erinnere mich eines solchen Allgenüg= samen, der von der Wahnidee befallen war, seinem Köter das „Pfötchen= geben" beizubringen und der nach einigen Monaten voll von Mühsal und Hundegeheul es so weit gebracht hatte, daß er auf das Kommando „gib Pfötchen" seine eigene Pfote dem Köter gab und es nicht einmal merkte. Aber eines Tages schlug auch ihm wie allen die Stunde der Erkenntnis, und als ich den Hund vermißte, ward mir die Antwort, er sei an Verdauungsstörung gestorben. Sie sterben nämlich alle an Ver= dauungsstörung und mit wunderbarer Plötzlichkeit. Wer sich aber die Mühe nehmen würde, gleich nach dem jähen Hinscheiden die Patronen des Besitzers zu zählen, der würde immer finden, daß nur noch „x minus 1" vorhanden sind. Das nennen sie Verdauungsstörung und es muß in der Tat schwer sein, eine Kugel im Hirn zu verdauen. Übrigens will ich aus Gerechtigkeitsgründen zweierlei nicht verschweigen, nämlich erstens: daß in Gegenden, wo die Eingeborenen Jäger sind, sie sich auch allmählich eine bessere Rasse herangezüchtet haben, die zur Jagd tauglich, im Hause unerträglich ist; und zweitens: daß fast alle Hunde Ortssinn haben und selbst eine viele Tage lange Strecke nach einmaligem Passieren wieder zurückfinden (namentlich wenn eine Hündin sie zurücklockt). Im ganzen machen die afrikanischen Hunde den Eindruck, als ob sie erst relativ kurze Zeit zu Haustieren erzogen wären; an die Abstammung vom Schabrackenschakal erinnert noch jetzt die oft sehr starke Rückenmähne und die fast ausnahmslos weiße Schwanzspitze. Kreuzungen mit importierten europäischen Hunden geben zwar sofort eine ungleich angenehmere Art, doch glaube ich, daß das bessere Blut in den Nachkommen bald wieder unterdrückt wird. Auf= merksamkeit verdient auch die ungeheure Fruchtbarkeit der afrikanischen Hunde im Verhältnis zu den europäischen. (Die Hündin eines Feld= webels in Usumbura warf vierzehn Junge auf einmal; meine eigene Hündin zehn Junge. Solcher Beobachtungen gibt es viele.) — — —

Chef des Distriktes und Haupt des Lagerdorfes war ein Albino — ein msungu ja barra, d. h. ein Weißer des Binnenlandes, wie diese

Leute vielfach von den Küftennegern genannt werden. Die Haare feines
Kopfes und großen Vollbarts waren ebenfo unnatürlich ftrohfarben
wie die der europäifchen Albinos, auch kniff er die lichtfcheuen Augen
ebenfo zu wie fie. Im übrigen erinnerte die ftark gekrümmte Nafe eher
an arabifche als an Bantuherkunft. Alle diefe Leute find den Negern
höchft widerwärtig, vor allem wohl wegen der, überdies durch Sklero=
dermie krankhaft veränderten, Haut. Ich glaube, daß, wenn fie von
Jugend auf ihren Körper gegen die Einwirkung der Sonnenftrahlen
fchützen würden, ihre Haut ein weniger häßliches Anfehen haben würde.
Ich fah einige Tage fpäter ein Albinokind, das einige Monate alt war
und noch ein fehr niedliches zarthäutiges Baby war. Die Mutter, die
fehr betrübt war, daß ich ihr keine Arznei geben konnte, war ebenfo
wie der oben erwähnte Häuptling überzeugt, daß der Zauberfpuk
irgend eines Feindes Schuld an dem Leiden habe. Ich wunderte mich,
daß folche Kinder überhaupt aufgezogen werden, weil andere mit viel
kleineren oder überhaupt keinen Fehlern getötet werden, z. B. bei
vielen Stämmen folche, denen die oberen Schneidezähne zuerft wachfen.
Aber in folchen Dingen zeigt fich das fcheinbar Widerfpruchsvolle des
Negercharakters, der aber in Wahrheit keinen Widerfpruch enthält,
weil in folchen Dingen nicht ein individueller Wille, fondern Glaube,
Tradition, Dogma beftimmend find. Übrigens würde auch ein Neger,
der unfere Bräuche nicht kennt, vieles an uns widerfpruchsvoll finden,
z. B. daß die Damen erfchrecken, wenn man fie zufällig im Negligé
überrafcht, während fie umgekehrt oft uns erfchrecken, wenn fie im
Ballfaal ungleich mehr von dem, was wir ihre Reize nennen, unferen
Blicken enthüllen. Und doch liegt in diefer und ähnlichen Erfcheinungen
für den kein Widerfpruch, der ihre Gründe kennt.

Es ift fehr wichtig, fich deffen auch den Negern gegenüber bewußt
zu fein. — — — — — — — — — — — — — — — —
Ich werde fpäter, wenn ich auf das engbegrenzte Gebiet zu fprechen
komme, dem feit Jahren meine Arbeit gehört, und das ich, ach, noch fo
wenig kenne, daß ich faft täglich neues erfahre und alte Irrtümer be=
richtige, noch öfter Gelegenheit haben, folche fcheinbaren Widerfprüche
aufzudecken und zu erklären. Das ift durchaus nicht fo nebenfächlich,
denn folange wir nicht über all die Völker, die wir beherrfchen, in
gründlicher Weife orientiert find, ift all unfere koloniale Arbeit ein
Tappen im Dunklen. Diefe Erkenntnis ift zwar glücklicherweife an den
einflußreichften Stellungen unferer Kolonialverwaltung und kolonial

interessierter Institute die obwaltende — und deshalb, soweit die schmalen
Mittel es gestatten, Förderung wissenschaftlicher Tätigkeit — aber sie muß
auch die Lokalbehörden und subalternen Funktionäre durchdringen;
einem Teil ist sie wohl geläufig, aber nicht der Mehrzahl, geschweige denn
allen. Und auch diese Bescheidung müssen die Geister üben, daß die Er=
forschung eines Volkes keine Arbeit von heute auf morgen, sondern
daß es nötig ist, mit langem, kritischem Bemühen all den Gängen und
Irrgängen ihrer Seelen zu folgen und bis in ihre verstecktesten, dunkel=
sten, unzugänglichsten Höhlen und Schlupfwinkel hineinzuleuchten, um
sagen zu können, wozu selbst dann noch Mut gehört: „Dies ist die Wahr=
heit". Dann wird auch das unselige Dogma keine Anhänger mehr finden,
daß wir einen Stamm erst dann für kulturwillig und entwickelungsfähig
halten dürfen, wenn wir ihn einmal gründlich gezüchtigt haben. Schießen
ist leichter als Sprachen und Ethnographie treiben, aber es trägt auch
weniger Früchte. Will ich nun sagen, daß bei Feindseligkeiten mit den
Eingeborenen die Schuld immer an dem Europäer liegt? Gewiß nicht!
Auch die Schwarzen sind Menschen und sehr schwache Menschen und
mißverstehen den Weißen nicht minder oft, als er sie, aber da wir zu
ihnen gekommen sind, ohne gerufen zu sein und da wir ihnen (schon
aus Klugheit) Vermittler zu einem von höheren Idealen erfüllten
Dasein sein wollen, so ist es an uns, sie uns verstehen zu lehren, indem
wir zuerst lernen, sie zu verstehen. Ich erinnere mich eines sehr wahren
Wortes aus dem Kolleg meines verehrten Lehrers Herrn von Luschan,
als er auf manche traurige Erscheinung in der neueren Kolonialgeschichte
der europäischen Völker zu sprechen kam. Er machte mit Recht darauf
aufmerksam, daß es nur selten angeborene Bestialität, sondern meist
ethnographische Unkenntnis gewesen sei, die manche Personen zu ge=
wissen unerfreulichen Exzessen hingerissen habe. Allerdings fügte er hin=
zu, gäbe es auch Menschen, deren Charakter ein ihr ganzes Leben lang
dauerndes Studium der Ethnographie nicht sehr ändern würde, so daß
aus ihren Reisewerken schließlich nur zu lernen sei, daß die Hütten der
Eingeborenen in diesem Gebiet besser brennen als in jenem. Das klingt
gewiß hart, ist aber wahr, und verheißt uns in gewissem Sinne eine
tröstliche Zukunft. Es gibt nichts Logischeres als primitive Naturvölker,
die wir oft mit Unrecht die „Wilden" nennen. Aber um ihre Logik zu
verstehen, müssen wir das Erdreich erkennen, aus dem sie ihre Nahrung
zieht. Dann verschwinden auch die Widersprüche und die Mißverständ=
nisse, die nur zu oft Grund zu Konflikten gegeben haben. Daß diese

von Jahr zu Jahr seltener werden, hängt gewiß auch nur mit unserer wachsenden Kenntnis und dadurch wachsenden Geschicklichkeit in der Behandlung der Eingeborenen zusammen und infolgedessen auch mit ihrer wachsenden Kenntnis von unserem Charakter.

Woran liegt es denn, daß die Missionare im allgemeinen mit den Negern so gut auskommen, und ihr Einfluß in vielen Gebieten größer ist, als der der Verwaltungsbeamten? Ich meine, nur an ihrer Sprach=kenntnis und der durch sie vermittelten Einsicht in die Sitten und Cha=raktere der Eingeborenen. Oder weiß jemand eine bessere Erklärung dafür? Nur komme man mir nicht mit dem Einwand, daß die Vertreter des Gouvernements wegen ihrer amtlichen Tätigkeit (Steuern, Arbeits=auflagen usw.) bei den ihnen unterstellten Völkern weniger beliebt sind. Denn einmal gibt es Gegenden, in denen von den Schwarzen noch sehr geringe Opfer gefordert werden und zweitens darf man nicht unter=schätzen, was die Missionare an Leistungen aller Art von ihren Schütz=lingen verlangen. Außerdem aber kommt den Regierungsvertretern zu=gute, daß sie nicht wie die Missionare gezwungen sind, tief in Sitten und Gewohnheiten einschneidende Lehren zu propagieren.

Nein, nur durch ihre Sprachen= und Landeskunde haben die Missio=nare einen Vorsprung; in allem andern haben sie nichts vor Offizieren, Forschern und Beamten voraus. Den Glauben, daß sie alle von höchsten Idealen erfüllte, fehllose Menschen sind, begierig den Märtyrertod für ihre Lehren zu erleiden, habe ich längst aufgegeben. Es gibt auch unter ihnen Gerechte und Ungerechte, Herrschsüchtige und Milde, Fanatiker und Tolerante, Daseinsverächter und Lebensfrohe wie in jedem andern Stande. — — — — — — — — —

Ich erwähnte oben, daß Konflikte mit den Eingeborenen von Jahr zu Jahr seltener werden. Daß militärische Züchtigungen nicht die ausschlaggebende Ursache davon sind, zeigt, daß wiederholt gerade in Gebieten, die oft Strafexpeditionen verfallen waren, immer wieder Unruhen entstehen. Mir fällt, wenn ich an so manchen Konflikt denke, der sicher und zweifellos aus — bisweilen beiderseitigem — Mißverstehen entstanden ist (ich könnte sehr viel Beispiele dafür an=führen) jedesmal das Gleichnis von dem Wanderer ein, der den in der Sonne schlafenden Hund tritt, wie es der Dichter schildert, dessen Worte ich so oft und gerne anführe: „Wie ein Wanderer unversehens auf ein=samer Straße einen schlafenden Hund anstößt, der in der Sonne liegt; wie da beide auffahren, sich anfahren, Todfeinden gleich, diese zwei zu

Tode Erschrockenen — — — und doch und doch, wie wenig hätte ge=
fehlt, daß sie einander liebkosten, dieser Hund und dieser Wanderer!"

Ich bemerke mit einem gewissen Schrecken, daß ich wieder einmal vom
einfachen ins zehnte und vom hundertsten ins tausendste gekommen bin,
daß ich nur ein weniges von Albinos erzählen wollte, und mich statt
dessen in weisen Betrachtungen über den Negercharakter und die Be=
deutung der Ethnographie ergehe und mit Zarathustra ende. Es geht
bei mir oft umgekehrt zu, wie bei den römischen Mahlzeiten, ich be=
ginne nicht ab ovo, aber ich kehre a malis ad ovum zurück. Bin ich
geschwätzig? Es wäre kein Wunder, Geschwätzigkeit ist das Laster aller
Einsiedler. Aber es ist noch ein anderes. Ich halte es für beide Teile,
d. h. für Leser und Verfasser für vorteilhafter, jede Ideenassoziation so=
fort zu fixieren, sobald sie auftaucht, als Dinge, die doch einmal gesagt
werden müssen, an anderer Stelle unorganisch einzuschieben und mir
Situationen auszuklügeln nach dem Sekundanerschema: „Nicht nur
Cäsar war ein großer Feldherr, sondern auch Friedrich der Große spielte
die Flöte," oder nach der Methode jenes Försters zu handeln: „Fiel da
nicht ein Schuß? Da fällt mir eine Geschichte ein." Notabene fiel nie ein
Schuß. Niemand wird leichter vom Hauptweg abgelenkt, als der, welcher
fremde Völker und fremde Kulturen beobachtet. Man nehme der größ=
ten einen, Bastian; ihm strömen die Gedanken so reich zu, ihm assozi=
ieren sich die Ideen mit solcher maniakalischen Leichtigkeit, daß er ihrer
oft nicht mehr stilistisch Herr wird und an die Aufmerksamkeit der Leser
durch parenthetische Sätze, die oft das Satzgefüge überwuchern, außer=
ordentliche Anforderungen stellt. Da sind wir kleineren doch rücksichts=
vollere Menschen. Fällt mir etwas Parenthetisches ein, so lege ich es
auf meinen Spinnrocken, spinne den Faden fein säuberlich ab und lasse
das Rädchen lustig schnurren.
            „Schnurren"
      gellt ihm ein langes Echo spottend nach.
   Übrigens bedarf es für den intelligenten Leser keiner Rechtfertigung,
weil er dies Buch im Gegensatz zu anderen Reisebüchern nicht als Menu,
sondern à la carte genießen wird. — — — — — —

Aber jetzt will ich noch einmal für einen Sprung zu den Albinos zu=
rückkehren. Sie sind wie erwähnt, dem Neger widerwärtig und zumeist
ob ihrer Haut willen. Es ist nicht das Weiße der Haut, das ihm eklig

ist, denn die Europäerhaut stößt ihn nicht ab, wenn sie ihm auch nicht sonderlich sympathisch ist; es sind auch nicht in erster Reihe die viel= fachen Entzündungen, sondern überhaupt das Krankhafte, Anomale, Widernatürliche der Farbe im Gegensatz zur gesunden, normalen Euro= päerhaut, so wie uns an jungen Mädchen Röte sehr gut gefällt, wenn sie auf den Wangen, aber nicht ganz so gut, wenn sie auf der Nase sitzt. Die Haut spielt überhaupt in dem Schönheitsideal der Neger eine große Rolle. Ich sagte schon früher, daß ein intelligenter Schwarzer auf seine Rasseabzeichen nicht sehr stolz ist, daß er eine schmale Nase für schöner als eine breite, einen kleinen Mund — aber nur, wenn die Lippen nicht zu schmal sind — für schöner als einen großen hält; nur die farbige Haut zieht er der pigmentlosen des Europäers durchaus vor, und ich gestehe, daß ich seinen Geschmack in dieser Beziehung für gar nicht schlecht halte. Insbesondere vom Standpunkt des Malers aus betrachtet, gewährt die farbige Haut durch die Art der Lichter= und Schattenverteilung einen unendlich größeren Reiz als die weiße. Und wie mannigfaltig nuanciert ist der Teint der Neger, denen ich auch darin zustimme, daß eine hellfarbige Haut schöner ist als eine dunkel= farbige. Würde man es glauben, daß es Negerdämchen gibt, die um ihren Teint nicht minder besorgt sind als unsere Damen? Aber ich hörte erst dieser Tage die Klage einer Bibi, die des Reisens müde war und es damit motivierte, daß sie an Gesicht, Armen und Brust zu sehr von der Sonne verbrannt werde. Tatsächlich sind auch die bedeckten Teile der Haut immer um einen Grad heller als die ungeschützten. Ich möchte nicht unerwähnt lassen, daß in dieser Beziehung der Neger vielleicht da= durch beeinflußt ist, daß Hellfarbigkeit Kennzeichen der Vornehmen, Dunkelfarbigkeit (entstanden durch Einfluß der Sonnenstrahlen auf Generationen von Feldarbeitern) Kennzeichen der Geringen ist und daß infolgedessen das soziale Ideal das ästhetische gefärbt hat. — — —

Da ich gerade vom „Färben" spreche, möchte ich nicht unerwähnt lassen, daß, wenn ich die farbige Haut für künstlerisch schöner als die weiße halte, bei mir das moralische Ideal vielleicht das ästhetische ge= färbt hat. Denn — ich muß das mit aller Entschiedenheit betonen — die schwarze Haut ist unendlich, aber unendlich sittlicher als die weiße. Der n . . kteste Neger wirkt nie so unbekleidet wie sein weißer Bruder im gleichen Kostüm. (Für etwas differenzierte Sinne gibt es ein Ana= logon in dem Eindruck von Bronze= und Marmorstatuen.)

In einer Zeit aber, wie der heutigen, wo der Satan der Fleischeslust wieder unter uns umgeht wie ein brüllender Leu und Menschen, die eine verderbte Presse zu großen Künstlern stempelt, in der Darstellung des N..kten geradezu scheußliche Orgien feiern, als sei die Scham schon zu den Hunden entflohen, ist es doppelt Pflicht aller Gutgesinnten für die sittliche schwarze Haut und gegen die ruchlos weiße einzutreten.

Ich lasse nun wieder einige Zeilen aus meinem Tagebuch folgen: Mein Albinowirt war ein sehr merkwürdiger Kauz. Ich sah mit Verwunderung, daß er sein Essen selbst kochte und als ich ihn nach dem Warum fragte, antwortete er trübselig, daß ihn keine Frau zum Manne haben wolle, Sklavinnen aber besitze er nicht. Ich riet ihm nach Tabora zu gehen, wo die Weiber weniger heikel wären und für Geld jede Ware zu haben wäre. Er fand die Idee ausgezeichnet und meinte, ich solle ihm das Geld dazu geben. Als ich daraufhin schwer= hörig wurde, wandte er sich wieder eifrig seinen Töpfen zu. Seine Leute nannten ihn Pendakula, oder zu deutsch: „Vielfraß", wörtlich: „Speisenliebhaber". So wie andere im Trunk, so betäubte er seinen Schmerz im Essen, und wenn er sich den Bauch bis zur Speiseröhre mit Ugalliknödeln vollgestopft hatte, dann breitete sich ihm wieder ein freundlicher Schimmer über die Zukunft.

> „Friß ihn aus den Fraß der Labe
> Und vergiß den herben Schmerz
> Balsam fürs zerrissene Herz
> Wundervoll ist Ceres Gabe."

Heute nacht wurde ich durch Lärm gestört. Ich hörte einen Affen schreien, den Posten rufen, Leute aus den Zelten herauslaufen, so daß ich Licht machte und ins Freie trat. Dort bot sich mir ein jämmerlicher Anblick. Der Affe Makanga, der keine drei Schritte von meinem Bett entfernt auf einem der horizontalen Äste geschlafen hatte, war von einem Leoparden überfallen und fürchterlich zugerichtet worden. Da er an einer Kette befestigt war, hatte die Bestie offenbar an ihm gezerrt und ihn von den Schultern quer über die Rippen bis zum Leib hin zerfleischt, so daß die Därme auf der Erde schleiften. Er winselte in seiner kläglichen Art, wie er auch sonst tat, wenn er unzufrieden war und sprang trotz der gräßlichen Wunde wie schutzsuchend einem Askari auf den Arm. Ich gab dem armen Tier rasch den Gnadenschuß. Wunder= barerweise war das Weibchen, das sich gar nicht beruhigen lassen wollte, unverletzt, trotzdem sie wie allnächtlich in der bekannten engen, drollig und rührend nett anzuschauenden Umarmung geschlafen hatten. Solche Dinge erinnern von Zeit zu Zeit daran, wo man sich befindet und haben den einzigen Nutzen, daß sie die Vorsicht wachhalten. Noch viele Tage verlangte das Weibchen klagend nach ihrem Genossen und bekam erst allmählich die alte Munterkeit wieder.

18.—23. Tag. Von den nächsten sechs Tagen, in denen wir durch die beiden Sultanate Alt= und Neu=Ulewe marschierten, ist nicht viel zu berichten. Die erste Hälfte des Weges war meist schwach wellig und führte durch viel Pori, meist Myombo mit Lichtungen, in denen toter Wald steht, bisweilen viel Unterholz, üppige Farren, Krautvegetation und tief ausgetretene Elephantenspuren im aufgeweichten Boden. Die zweite Hälfte war genau so, nur waren die Hügel etwas weniger flach. Nur einmal schliefen wir nicht im Pori, sondern in einem größeren Dorf in Neu=Ulewe, dessen Sultan, ein ruhiger Mann in mittleren Jahren, mich besuchte. Seinen Namen habe ich vergessen, aber des Mannes erinnere ich mich noch sehr gut, weil ich ihm eine Zigarre an= geboten hatte, bei deren Genuß ihm schlecht wurde. Ich bitte danach aber nicht die Güte des Krauts einschätzen zu wollen, das wäre unge= recht. Nein, man kann das häufig an den Eingeborenen beobachten, daß sie, die selbst sehr starke Pfeifenraucher sind, deren Tabak mir oft viel zu schwer ist, keine Zigarre, ja nicht einmal eine Zigarette vertragen. (Die Küsten= und Safarineger rauchen dagegen beides mit Vorliebe und klauben jeden Stummel vom Wege auf.) Ich weiß nicht, woran das liegt; ich glaube, daß auch Auto=Suggestion mit im Spiele ist, weil sie schon von vornherein das unbekannte Kraut mit Mißtrauen betrachten.

Am 22. Tag wurde — ich schlief in einem Pori — meine Nachtruhe wieder gestört; diesmal durch einen Ameisenüberfall. Das ist sehr fatal, aber zum Glück hatte ich sie zufällig schon bemerkt, ehe sie in mein Bett eingedrungen waren. In solcher Situation muß man das Zelt mit einer Waberlohe umgeben, worauf bald Ruhe eintritt. Vorher ist es aber für ein wohlwollendes Gemüt sehr amüsant, das Tanzen der Leute zu beobachten, die gebissen bald das eine, bald das andere Bein hochziehen, als schritten sie über glühenden Rost.

Am 23. Tage kam ich in das Jkurru des Sultans Ntalano von Ugombe, eines äußerst fidelen Herren. Ntalano ist ein Christ, aber eine Art „Renommierchrist". Bei Sultanen drückt die Mission klugerweise und nur nicht häufig genug ein Auge und mehr als eins zu, weil seine

Taufe die Propaganda unter seinen Leuten sehr erleichtert. Ntalano bat mich bald, ihm ein Mittel zu reicherer Fortpflanzungsmöglichkeit zu geben, aber als ich ihm darauf sagte, er solle zunächst mal ein Jahr sich des Pombegenusses enthalten, dem er mehr als nötig ergeben war, da sah er mich mit einem merkwürdig wehleidig=komischen Blick an und erwiderte mit leisem Kopfschütteln: „Hapana Bana", „lieber nicht, Herr!"

Die letzten Tage führten durch die gleiche Landschaft wie die ver= gangene Woche; Hügelland mit Wald oder auch sumpfige oder trockene Strauchsteppen, und so blieb es bis zu meiner Ankunft in Uschirombo. Die Besiedlung war die letzten neun Tage sehr ungleich gewesen, doch kann dies an dem von mir gewählten Wege gelegen haben. Wenigstens behaupteten die Führer, daß die Bevölkerung abseits dichter säße. —

Ich habe in den letzten Briefen, wie von vornherein beabsichtigt, die eigentliche Marschschilderung möglichst straff zusammengezogen, um den sonst unvermeidlichen Wiederholungen zu entgehen. Ich möchte aber rückblickend noch einige Besonderheiten erwähnen, die mir fast vom ersten bis zum letzten Tage dieser Expedition aufgefallen sind, die ich im weiteren Verlauf meiner Reise nicht mehr beobachtet und bisher gar nicht oder nur streifend erwähnt habe. Das ganze von Wanjam= wesi und weiter nördlich von ihren Verwandten, den Wassumbwa be= wohnte Gebiet ist durch besonders schöne Dörfer ausgezeichnet. Was ihnen in unseren Augen den besonderen Reiz verleiht, ist der reiche Schatten, den sie dem Wanderer bieten. Der Weiße lernt diesen Vorzug in Afrika schätzen. Es gibt dort viele Völker, denen am Schatten gar nichts gelegen ist und die sich selbst von den wenigen Bäumen, die sie besitzen, fernhalten. Anders die Stämme zwischen Tabora und Uschi= rombo. Fast jeder Hüttenkomplex hat zum mindesten einen Baum, unter dem die Anwohner ihre geselligen Zusammenkünfte abhalten, und unter dem oft eine primitive Bank steht. Die größeren und älteren Dörfer aber verschwinden in einer Fülle von Euphorbien und Ficus, so daß man aus der Vogelperspektive auf sie wie auf heimische Park= anlagen hinabblickt. Oft ziehen sie sich in drei Reihen um das Dorf oder die Tembe, so daß zwei konzentrische kreisförmige Alleen entstehen. Da die Art des Lagers natürlich einen großen Einfluß auf die Stim= mung des Reisenden ausübt, so verdanke ich diesen Dörfern eine Zahl schöner Stunden und nicht selten fesselten sie mich so, daß ich mich nur schwer von ihnen losriß, und deshalb viel Nachmittagsmärsche in mein Programm aufgenommen wurden.

Im Pori, das ja meist hochstämmiger Mgombo=Wald war, trafen wir sehr oft sonderbare Zeichen, die offenbar mit dem Geisterglauben der Eingeborenen zusammenhängen; so sah man vielfach Stöcke, an deren Spitze drei Grasschwänze herabhingen oder dünne Stämmchen waren zum Torbogen über den Weg verbunden; auch die Bänke, auf die wir häufig im Walde stießen, waren nicht dem Ruhebedürfnis ent= sprungen. Weiter nördlich kamen auch noch primitive Kreuze hinzu, die in der Nähe solcher Zeichen wahrscheinlich von christlichen Einge= borenen als Protest gegen die „Götzen" aufgestellt waren. Einige Mal fiel mir auf, daß Bäume von zeltartig schräggestellten Staketen umgeben waren; ich hielt dies für eine Grenzmarke, aber die Führer sagten, es sei eine Eigentumsmarke und tatsächlich waren auch jedesmal Merk= male früherer Gehöfte in der Nähe. Solchermaßen soll der Besitzer sein Wiederbesiedlungsrecht an dem alten Platz zu erkennen geben. Er= wähnenswert sind ferner an zwei Stellen beobachtete Jagdzäune, die sich jedesmal durch ein großes Gebiet des Poris erstreckten und aus zwei, einen rechten Winkel bildenden Schenkeln bestehen. Von der offenen Seite her wird das Wild angetrieben, und was in den Winkel hineingerät, findet natürlich keinen Ausweg mehr. Übrigens schien es mir, als ständen diese Zäune noch aus früheren Zeiten, und als seien sie schon lange nicht mehr benutzt worden.

Endlich möchte ich noch eine Erscheinung erwähnen, die an sich er= freulich sein könnte, weil sie für die wachsende Ausbreitung der Bevöl= kerung spricht, aber gleichwohl ein peinliches Gefühl in mir wachrief, so oft auch mein Verstand dagegen rebellierte; ich meine den fast täglich sich mehrmals wiederholenden Anblick toter Wälder. Will ein Eingeborener eine neue Ansiedlung anlegen, so ist das erste, daß er den Wald mordet, aber nicht mit ehrlichen, schweißkostenden Axt= hieben, sondern auf bequemere, fast heimtückisch anmutende Art. Er schält nämlich von den Bäumen ein großes Stück Rinde rings um den Stamm ab und überläßt sie dann ihrem Todeskampf. Dies langsame Absterben hat etwas Tragisches an sich, etwas, das mich im Innersten verletzte, und oft war es mir, wenn ich in der Dämmerstunde spazie= rend plötzlich auf solche Lichtung trat, die schweigend in den milden Gluten der lichten Abendsonne lag — denn auch die Vögel fliehen diese Sterbenden, deren welkendes Laub ihnen keinen Schutz mehr bietet — als müßte ich ihnen tröstend zureden und sie über die Gefahr hinweg= täuschen, wie ich es in meinem Leben so manchem sterbenden Menschen getan habe. Das tat ich nun freilich nicht, aber immer trug ich von solchen Gängen ein schmerzliches Gefühl heim, als hätte ich unvermutet eine facies hippocratica erblickt. — — — — — — — — — —

Am 26. Tage meines Marsches hatte ich einen Hügelkamm erreicht, und als ich auf der anderen Seite hinabsteigen wollte, blickte ich in eine Steppe, die weit nach Norden sich dehnte. Zwischen dieser und dem Fuß der sanftgeneigten Hügelkette lag ein riesiges Dorf, von einer mehrere Kilometer langen Euphorbienhecke umschlossen, und dicht hinter diesem schimmerten im Schein der klaren Februarsonne große, weiße Gebäude, die überragt wurden vom Zeichen dessen, der Besitz von diesem Lande genommen, überragt wurden vom Kreuze. Und gerade als die Glocke, die den Angelus läutete, ihre hellen Klänge hinauf zu den Bergen und hinab in die Ebene sandte, erreichte ich die Mission Mariahilf von Uschirombo, in der die weißen Väter von Afrika seit Jahren eine segensreiche Tätigkeit entfalten.

Bergfrieden, Ende Oktober 1899.

Zum Alexandra=Nil.

Brief XXII.

Erst am 25. März setzte ich meine Reise von Uschirombo aus fort. Es war ursprünglich eine sehr überflüssige Vorsicht, die mich dort verweilen ließ. Ich hatte auf dem Marsch ins Innere — vielleicht auch schon an der Küste — einen Bericht von Ramsay gelesen, in dem er schrieb, daß ihm sein Faltboot in Ruanda große Dienste geleistet hätte, ja, daß von ihm wiederholt das Vorwärtskommen der Ex= pedition geradezu abhängig war. Als ich dann den vom Viktoriasee kommenden Hauptmann Herrmann traf und hierüber mit ihm sprach, riet er mir, an die Station Muansa zu schreiben, wo ein von ihm vor Jahren hingeschafftes transportables Boot unbenützt verschimmele. Mich darauf berufend und unterstützt von Hauptmann Langheld hatte ich von Tabora aus dem Bezirkschef von Muansa meine Bitte unter= breitet und den Wunsch ausgesprochen, man möge das Boot auf meine Kosten nach Uschirombo schicken. Als ich es dort nicht vorfand, glaubte ich zunächst an eine Verzögerung meiner Botschaft und beschloß zu warten. Die unfreiwilligen Reiseferien benützte ich, um mein Karten= material zu bearbeiten. Als aber vierzehn Tage verstrichen waren und weder Boot noch Bote eintraf, verlor ich fast jede Hoffnung. Aber wie es so geht und besonders in Afrika geht, wo das Gefühl für den Wert der Zeit sich rasch abstumpft — verschob ich immer wieder meinen Ab= marsch in Erwägung, daß, wenn ich solange gewartet habe, es auf einen oder zwei Tage mehr oder weniger auch nicht ankäme; überdies hatte ich meine kartographische Arbeit so weit vorwärts gebracht, daß ich sie nun auch ganz zum Abschluß bringen und nach Deutschland senden wollte.

Aber endlich mußte ich doch wieder weiter, und so brach ich am 25. März nach Westen auf, um eine neue unerforschte Route nach Missugi einzuschlagen, wo mich eine Karawane mit Tauschwaren er= wartete. Zwei Tage vor meiner Abreise erhielt die Mission einen Brief des Chefs von Muansa mit der Bitte, ein Schreiben an mich, der dort irgendwo „in Winterquartier" liegen sollte, weiter zu befördern. Darin

ſtand, „daß das Boot defekt und untauglich ſei, ſo daß es mir nichts
nützen könnte; wäre es aber tauglich, ſo würde er es mir auch nicht
ſchicken, weil er es dann ſelber brauchen könnte." Das war durchaus
verſtändlich. Weniger verſtändlich war, daß er zu dieſer Überlegung
vier Wochen und mehr brauchte. Aber: habeat sibi!

Die Station Mariahilf iſt eine der älteſten der weißen Väter auf
deutſchem Gebiete. Wer ſich für ſie intereſſiert, kann ihre Beſchreibung
in dem Buche des Grafen Goetzen nachleſen. Ich werde vielleicht nicht
mehr Gelegenheit haben, über die Miſſionen im Zuſammenhange zu
ſprechen; ich beſchränke mich trotzdem heute darauf, an dieſer Stelle
dem Biſchof von Uſchirombo, Monſeigneur Gerboin, den Ausdruck
meines Reſpekts und meinen warmen Dank für die liebenswürdige
Gaſtfreundſchaft, die er und ſeine Mitarbeiter mir gewährten, nieder=
zulegen.

Im ganzen habe ich von der Arbeit der Miſſionare in Afrika den
Eindruck gewonnen, daß ſie den Völkern nützt und der Regierung
mittelbar Dienſte leiſtet. Beſonders gilt das von der Geſellſchaft, die ich
aus nächſter Nähe beobachten konnte, von den weißen Vätern von
Afrika. Vom egoiſtiſch=deutſchen Standpunkt muß ich allerdings be=
dauern, daß zuviel Ausländer, namentlich Franzoſen in ihr tätig ſind;
ein Bedauern, das die Einſichtsvollen unter ihnen teilen. Niemand
kann aus ſeiner nationalen Haut heraus, und man kann nicht von
einem lange vor 1870 geborenen Franzoſen fordern, daß er viel Sym=
pathien für eine Kolonie des proteſtantiſchen Kaiſerreichs übrig habe.
Immerhin ſind mir Franzoſen noch lieber als manche vieldeutigen
Elſäſſer mit deutſchem Fell und franzöſiſchen Eingeweiden. Denn: „ich
liebe alles, was hell blickt und redlich redet."

(Heute, wo ich inzwiſchen mehr als ein Jahrzehnt dieſe Miſſion aus
nächſter Nähe in Ruanda beobachtet habe, zwingt mein Pflichtgefühl
mich, zu ſagen: nie haben die ausländiſchen Väter irgend etwas getan,
was als Feindſeligkeit gegen die deutſche Regierung anzuſprechen
wäre. Im Gegenteil: von Jahr zu Jahr mehr habe ich als Reſident in
Ruanda den Miſſionen beider Konfeſſionen, insbeſondere ihren Leitern,
zu danken, daß ſie meine Verwaltungspolitik unterſtützten, manchmal
ſelbſt dann, wenn ſie ihr nicht mit vollem Herzen beiſtimmen konnten.
Männern wie Biſchof Hirth und Paſtor Johanſſen, um nur einige
Namen zu nennen, werde ich ſtets eine dankbare Erinnerung be=
wahren. 1. November 1913.) — — — — — — — — —

Von den Märschen der nächsten Wochen kann ich nicht viel be=
richten. Die Tagebücher aus jener Zeit sind, wie ich schon früher
erwähnte, mit einigen anderen in jenem furchtbaren Unwetter westlich
der Vulkane, das ich später beschreiben werde, zugrunde gegangen.
Zur Auffrischung meines Gedächtnisses besitze ich nichts als meine
Karten und Routenbücher. Während von anderen Perioden, deren
Tagebücher von dem gleichen Schicksal betroffen wurden, gleichwohl
vieles so frisch in meinem Gedächtnis haftet, als sei es gestern erlebt,
ist meine Erinnerung für die Einzelheiten des ganzen Marsches von
Uschirombo bis Missugi und von dort bis zum Alexandra=Nil wie er=
loschen. Nur Bruchstücke und traumhaft verworrene Bilder sind mir
haften geblieben, in die ich ohne Hilfe meiner Karten und Routen=
bücher nie Ordnung bringen könnte.

Die ersten Tage passierten wir die Landschaft Utamballa. Ich er=
innere mich da eines Lagers in Jgalli, einem alten Dorfe mit einem
Park von Zitronenbäumen, mit deren Früchten ich Kisten und Kasten
füllte. Der Sultan war ein alter Mann, aber wie aus der stattlichen
Zahl seiner Frauen und Babys hervorging, noch sehr emsig mit der
Erfüllung der Aufgabe beschäftigt, die sonst Obliegenheit der Jugend
ist. Ein Scherz, den ich mir machte, erregte ungeheure Sensation. Ich
erkannte nämlich in seiner Umgebung auf den ersten Blick einen
Mann, dessen Porträt Graf Goetzen in seinem Reisewerk als „Haar=
loser Mann aus Uha" abgebildet hat. Ich ließ den Mann, einen
Mtussi, aus der Reihe der übrigen heraustreten, verdeckte vorher das
Bild mit einem Bogen weißen Papiers, schrieb mit einem Bleistift be=
schwörende Zeichen in die Luft und zog, während ich die Augen der
Zuschauer durch solchen Hokuspokus ablenkte, das Papier fort, so daß
jetzt das Bild in seiner ganzen Schönheit zutage trat. Die Jdentität des
Konterfeis wurde von allen mit starker Verblüffung konstatiert, wäh=
rend meine eigenen Leute sich über die Dummheit der „Barbaren" ins
Fäustchen lachten. Natürlich verlangte jetzt der Sultan auch, daß ich
ihn abbilde, aber ich retirierte hinter die Ausrede, daß diese Leistung
so anstrengend sei, daß man sie nur einmal am Tage machen könne.
Das ganze war ein sehr billiger Witz, aber da er mir und den Zu=
schauern Vergnügen bereitete, war sein Zweck erfüllt; freilich „Kultur=
pioniere" sollten anders handeln.

Vom 26.—28. März querten wir die Landschaft Ulumbaga, die in
lockerer Abhängigkeit zu dem größeren Runsewe steht. Der Weg führte

meist über flache Hügel durch dichten Wald (Mnombo und Msima ge=
mischt), der in der Nähe der Siedelungen vollkommen gerodet war.
Unsere Lager befanden sich in den Hauptdörfern des Häuptlings. In
dem einen von ihnen sah ich eine Szene, die mehr an den Orient als
an das Innere Afrikas erinnert; es erschien nämlich ein blinder
Bettler, geführt von einem Knaben, und führte mit abscheulichen
Grimassen und Gliederverrenkungen plärrend eine Art Tanz auf, der
den Trägern, die ja selbst an den schrecklichsten Mißbildungen immer
nur die Komik der Karikatur sehen, großes Vergnügen bereitete.

Die letzten Tage dieses Monats marschierten wir durch Runsewe.
Das ist ein großes flaches, ganz mit Mnombowald bedecktes und an
unserem Wege fast gar nicht besiedeltes Land.

Jenseits von Runsewe folgte der Nordzipfel von Uha, das sich südlich
bis zur großen Karawanenstraße erstreckt und in seinem zentralen Teile
stark bevölkert ist. Wir aber zogen tagelang durch Pori und erst am
fünften Tage, als wir die Ebene verließen, und in das Bergland ein=
traten, zeigten sich wieder Ansiedelungen. Die Märsche wurden von
Tag zu Tag beschwerlicher, weil die Hänge immer steiler wurden und
als wir am 7. April in das östliche Urundi gelangten, zeichneten sich
in allen Windrichtungen die Kämme riesiger Ketten vom Himmel ab.
Am 9. April erreichten wir Missugi, den vorgeschobensten Posten der
abendländischen Kultur.

Kümmerlich genug sah es hier aus. Die Missionsstation, die aus
einem Paar Lehmhütten bestand, war etwa neun Monate vorher ge=
gründet worden, aber schon nach kurzer Zeit hatten die beiden Patres
sie bei Nacht und Nebel verlassen und waren zum Tanganika geflüchtet,
weil sie noch unbekannt mit der Lügen= und Verleumdungs=Sucht der
Warundi und Wanjaruanda dem Gerede von einem drohenden Überfall
durch einen benachbarten Häuptling allzu bereitwillig Glauben geschenkt
hatten. In Wirklichkeit nahm er das Gerät der zu seinem größten Erstaunen Geflohenen in Verwahrung und lieferte es den von Uschirombo
aus als Ersatz gesandten neuen Missionaren aus. Schlimmer erging es
mir. Ich hatte, wie früher erwähnt, Tauschwaren unter Führung eines
meiner besten Leute nach Missugi senden lassen und fand die ca. achtzehn
Lasten hier wohlverpackt vor; aber als ich sie öffnete, stellte sich heraus,
daß jede Last ein Drittel oder gar die Hälfte weniger enthielt, als die
beigefügten Rechnungen angaben. Ich habe nie eruieren können, wem
ich das zu verdanken hatte. Meine Reklamationen bei dem Händler in

Tabora hatten gar keinen Erfolg; die Sachen waren von seinem
Kompagnon verpackt worden, von demselben, von dem er einst zu mir
gesagt hatte: „Ein Gentleman geht nicht nach Tabora Handel treiben."
Den Führer der Karawane, meinen Träger Uledi konnte ich leider nicht
vernehmen, weil er sich die Wartezeit durch ein Techtelmechtel mit
einem Urundiweib verkürzt hatte und auf Rat der Missionäre geflohen
war, um der Wut des beleidigten Gatten zu entgehen.

Mein Aufenthalt in Missugi war nicht sehr erfreulich, weil ich zirka
zehn Tage sehr mit meinem Magen zu tun hatte und so schwach war,
daß ich kaum laufen konnte. Ende April aber war ich wieder so weit
bei Kräften, um marschieren zu können. Der Marsch durch die Land=
schaft Ujogoma begann gleich sehr anstrengend, weil wir eine hohe
Kette in mehrtägigem Anstieg überwinden mußten. Am fünften Tage
(29. April) hatten wir den höchsten Punkt (ca. 2000 m) erreicht und
damit die Wasserscheide zwischen Malagarassi und Ruwuwu und zum
ersten Male im Innern Afrikas sah ich Gewässer, die dem Nilsystem
angehörten. Von da oben aus blickte man in eine sehr merkwürdige
Formation. Im Nordosten lag ein Kessel, der ein paar hundert Quadrat=
kilometer groß war, dessen Boden von niedrigen flachen Hügeln be=
deckt war. Seine Hauptachse schien von Südosten nach Nordwesten zu
gehen.

Seitdem wir das Gebiet von Urundi betreten hatten, auch schon die
letzten Tage in Uha, bildeten Papyrussümpfe das charakteristische
Merkmal der Landschaft. Oft liegen Bäche, die kaum zwei Meter breit
sind, in einem Tal von Papyrus, das mehrere hundert Meter breit ist.
Aber nicht nur die Haupttäler werden von ihm ausgefüllt, sondern er
dringt auch in alle Nebentäler und steigt selbst die Furchen und
Schluchten hinauf, so daß von einer Höhe gesehen, das Land einem
riesigen Netz grüner Bänder gleicht, in dessen Maschen die Berge wie
Inseln liegen. Ich habe manches seltsame und schöne Landschaftsbild
in Afrika gesehen; ich habe die unsägliche Melancholie kennen gelernt,
die auf verbrannten, bebend heißen Steppen liegt, wenn die Strahlen
der untergehenden Sonne blutrot den flimmernden Dunst durchbrechen;
ich habe auf kongostaatlichem Boden die Herrlichkeit und die Schrecken
des Urwaldes bis zur Neige gekostet; ich habe mich an der heiteren
Anmut zentralafrikanischer Seen erfreut und die grandiose Wunderwelt
der Vulkane angestaunt; ich kenne die herbe Größe der Flüsse, die
schweigend den Schatten der Galeriewälder durchströmen und die Tragik

der von allen guten Geistern verlassenen Lavawildnis und doch muß
ich sagen, daß kaum eine dieser Landschaftsstimmungen sich meinem
Geiste tiefer eingeprägt hätte, als das Bild einer solchen Papyrusland=
schaft. Sie ist immer wechselnd, nicht nur mit der Jahreszeit, sondern
fast mit jeder Stunde des Tages und dem Einfallswinkel der Sonnen=
strahlen; sie ist anders bei klarem und bei trübem Wetter, des Morgens
anders als des Abends. Stundenlang konnte ich von der Höhe eines
Berges auf sie hinabblicken und ward nicht satt zu schauen, wie die
violetten Schatten der wandernden Wolken über die grünen Gefilde
zogen oder wie der Wind mit ihnen spielte, so daß erst eine leise Unruhe
in ihnen wie in einer dichtgedrängten Herde entstand, bis er zum Sturm
anschwoll und lange tiefe Furchen zwischen sie pflügte, die sich immer
wieder schlossen und wieder öffneten und wieder schlossen. — — — —
Die östlichen Teile von Urundi sind nicht so bevölkert wie die
zentralen und westlichen. Übrigens hatten damals die Warundi eine
Gewohnheit, die leicht zur Überschätzung ihrer Zahl führen konnte.
Rechts und links über dem Weg, den die Karawane ziehen muß, sitzen
sie in großen Haufen, vor sich Pfeil und Bogen, und überragt von
einem Wald von Lanzen blicken sie neugierig auf die Vorbeiziehenden
hinab. Sobald aber der letzte Mann sie passiert hat, laufen sie in großem
Bogen wieder voraus und nach einer Viertelstunde zieht man an den=
selben Bögen und Speeren vorbei, sieht man auf denselben Stirnen und
Schultern die Sonne sich spiegeln. Das wiederholt sich lange Zeit und
wer nicht darauf achtet, wird leicht geneigt sein, dieselben Leute öfter
zu zählen. Ich mußte bei diesem Vorgang immer an meine erste
Universitätszeit denken, wo wir Studenten im freiwilligen Statisten=
Dienst als Ritter, Knappen und Volk ähnliche Manöver aufführen
mußten.
Die Warundi des Ostens sind — auch im Gegensatz zu denen des
Zentrums und Westens — sehr wenig propper in Kleidung und Hütten,
salben ihre Haut auch weniger sorgfältig und haben vor dem Wasser
wie es scheint eine besondere Scheu. Ich entnehme einem geretteten
Blatt meines Tagebuchs vom 28. April einige dahinzielende Be=
merkungen. Ich war an diesem Tage in den oben erwähnten Kessel
hinabgestiegen und durchquerte dessen westlichen Zipfel; dabei mußte
ich einen kleinen Bach überschreiten. Es machte den Eindruck, als sei
er an der Furt nur knietief; beim zweiten Schritt aber versank ich bis
zur Brust in einem Loch und konnte nur mit Mühe meine Uhr retten;

dabei faßen auf der anderen Seite etwa fünfzig Warundi, von denen
keiner feinen Mund aufgetan hatte um mich zu warnen. In der Nähe
diefes Baches lagerte ich und ließ am Nachmittag eine Brücke über ihn
schlagen. Dazu forderte ich die Warundi auf, mir Holz zu bringen. Aber
trotzdem ich diefe Verkehrsverbefferung doch nur für fie ausführte und
gefehen hatte, daß fie felbft die größten Umwege machten, um trockenen
Fußes über den Bach zu gelangen, ließen fie fich die Brückenhölzer an=
ftändig bezahlen. Viele machten es fo, daß fie einen dünnen Baumftamm
bei fich trugen, ihn über den Bach warfen, mit Hilfe ihres Speeres
hinüberbalancierten und am jenfeitigen Ufer die Brücke wieder mit fich
fchleppten. Jedenfalls ungemein praktifch.

Am nächsten Tage begann wieder ein steiler Aufstieg; jenfeits der
Höhen fenkte sich das immer von zahlreichen Tälern mit Papyrus=
fümpfen zerschnittene Gebirge weniger steil und wir fahen eine Land=
fchaft, die wieder an die letzten Tage vor Miffugi erinnerte. So blieb
fie auch in der folgenden Zeit. Es waren genußreiche Tage und noch
fchönere Abende, wenn die Sonne das Gold ihrer letzten Strahlen auf
die Papyrustäler fchüttete und der rotbraune Graswuchs der Hänge
fich wie Bronze von dem leuchtenden Rot des Lateritbodens und den
großen weißen Quarzblöcken abhob, die wie Marmortrümmer über
ihn zerstreut waren. Zahlreiche Bosketts von dunklen, dichtbelaubten
Sträuchern und Bäumen gaben der Landschaft einen parkähnlichen
Charakter; und wundervoll wirkten die unendlich verfchiedenen Nuancen
des Grün vom hellsten faft gelbem der Ulesifelder und dem lichten
filbrigen der Bananenhaine bis zum dunkelsten faft fchwarzem vieler
Sträucher und Bäume. Und über all das hinweg fchweift der Blick zu
den in blauen Fernen verfchwimmenden Bergen, deren Kämme oft in
grotesker Weise gezackt find.

Politifch gehört das Gebiet zu Uffui ja Kinanira, fo genannt zum
Unterfchied von dem östlich gelegenen größeren und bevölkerteren Uffui
ja Kaffuffura. Der Sultan, den ich in feiner hoch auf einem lang ge=
dehnten Rücken gelegenen Refidenz Kefa befuchte, ist ein junger hübfcher
Mtuffi von etwa zwanzig Jahren; er empfing mich, den ersten Europäer,
den er fah, fehr freundlich, umgeben von feinem Hofftaat, unter dem
mir ein, nicht über einen Meter großer Zwerg, eine Art Hofnarr, auffiel.
Trotzdem Kinanira fowohl bei meinem Befuch wie bei feinem Gegen=
befuch von mehreren hundert Kriegern umringt war, zeigte er fich doch
fehr ängstlich und fuhr erschreckt zufammen, fo oft ich zufällig eine un=

vorhergesehene Bewegung machte. Ich hielt mich nur einen Tag bei ihm auf, dann zogen wir weiter. Meine Träger waren während meiner ganzen Reisen nie so zufrieden wie in Ussui, wo sie für eine Bagatelle eine Fülle von Lebensmitteln einhandeln konnten. Überall am Wege standen Wassui, um der Karawane etwas zu verkaufen; besonders reich ist das Land an Hühnern, von denen man für eine Kette roter Perlen, im Werte von etwa einem Pfennig, zwei erhielt. Eine Folge davon war, daß im Lager vom Aufschlagen der Zelte an bis zur anbrechenden Nacht Hahnenkämpfe tobten, wobei der unterliegende Teil sofort geschlachtet wurde. Auf Stoffe legten die Eingeborenen wenig Wert; wenn ein Träger mit vieler Mühe für zwei Meter Zeug eine Ziege erstanden hatte, so konnte er mit ihrem Fell ebenso viele Vegetabilien kaufen, wie er für den Stoff bekommen hätte. Ein besonders findiger Kopf kam daher auf die Idee, sich erst mit Zeug eine Ziege zu erhandeln und dann einen Dummen zu suchen, bei dem er das Fell gegen eine gleiche Quantität Stoff eintauschen konnte; dann hätte er sich damit wieder eine Ziege gekauft und so fort in infinitum. Aber er hatte sich zu früh über die Torheit der „Barbaren" gefreut, denn seine Versuche scheiterten kläglich.

Auf die fetten Tage von Ussui folgten die mageren von Karagwe, wo wir durch fast unbewohntes Gebiet zogen, über lange breite flache Rücken mit Steppengras und lichtem Baumbestand, eine riesige Weidefläche für zahlreiche Nashörner. Nirgendwo habe ich diese plumpen Kolosse so häufig angetroffen wie auf diesen Hochebenen. Die Jäger von Karagwe stellen ihnen mit Wolfsgruben und häufiger noch mittelst einer Art Guillotine nach, einem starken, in einen schweren Stamm eingelassenen Speer, der an einem Baum aufgehängt ist und von dem Tier durch Zerreißen der Schnur ausgelöst wird.

Am 11. Mai erreichte ich mein vorläufiges Ziel, den Kagera, den von Stanley Alexandra=Nil getauften Quellstrom des Viktoriasees. Schon die letzten Tage vorher hatten wir zu unserer Linken einen Blick auf das mächtige Papyrustal des Ruwuwu gehabt und nun sahen wir es in das noch größere des Kagera einmünden. Wer von den beiden Strömen der mächtigere war, ließ sich aus dieser Ferne nicht feststellen. Da wir ohne Führer marschierten, waren wir auf einen falschen Weg geraten und lagerten an diesem Tage unterhalb der Vereinigung der beiden und unterhalb der engen Schlucht, durch die der Kagera bricht. Uns gegenüber bildete das Ufer eine senkrecht abstürzende Wand von nacktem Sandstein, die wie die Subkonstruktion einer mächtigen Burg wirkte. Sie war durch senkrechte Furchen in einzelne, verschieden große Blöcke geteilt, Sträucher und Schlinggewächs wucherten an ihrem Fuß und hingen von ihrem flachen Dache herab, auf dem eine dichte Vege= tation von Schirmakazien und anderen Bäumen Nahrung fand.

Am nächsten Tage zogen wir auf schwindligen Pfaden an Abgründen vorbei den Strom aufwärts, sahen unter uns die beiden Fälle in 10 und 15 Meter tiefem Sturze gegen die Wände des engen Bettes wüten und fanden nach manchen Irrwegen durch Busch und Dickicht einen guten Lagerplatz dicht über der Vereinigung der beiden Flüsse auf den sanft geneigten Abhängen eines menschenleeren Plateaus.

Aber wie über den Fluß kommen? Weit und breit war keine Seele sichtbar und meine nach allen Seiten ausgeschickten Patrouillen brachten niemand zu mir, weil sie in stundenweitem Umkreis nur ein paar ver= lassene Hütten gefunden hatten. Jenseits des mehrere Kilometer breiten Sumpftales sah man wohl zahlreiche Siedelungen, aber unsere Rufe drangen nicht hinüber und unsere Signalschüsse scheuchten drüben keine Fliege auf. So saßen wir denn und warteten den ersten, zweiten und dritten Tag. Ich nährte meine Leute mit dem Fleisch von Ziegen, von denen ich durch die Geschenke der Häuptlinge in Urundi und Ussui ein paar hundert aufgestapelt hatte; aber lange durften wir hier nicht sitzen, denn es gehört viel dazu, einhundertfünfzig Menschen zu ernäh= ren. Überdies herrschte unter dem Vieh eine in diesen Gebirgsländern sehr verbreitete Klauenseuche, an der täglich ein Dutzend und mehr zu= grunde gingen. Während der Nächte, die übrigens sehr, sehr kalt waren, weil aus den ungeheueren Sümpfen zu unseren Füßen nach Sonnen= untergang in dichten Schwaden die Nebel aufstiegen, entzündeten wir mächtige Scheiterhaufen, um den Eingeborenen drüben in Bugufi ein Signal zu geben. Aber sie wußten auch ohnedies schon längst von unserer Anwesenheit, nur wollten sie eine so große Horde Fremder nicht in ihrem Lande haben. Täglich lief ich einige Male die paar hundert Schritte zum Fluß hinab, der 35 Meter breit in reißendem Lauf seine lehmgelben Fluten dahinwälzt.

Was sollte ich also tun? Wie der Bauer in der Fabel auf das Ab= fließen der Gewässer warten? Hinüberschwimmen? Aber außer mir selbst fand sich keiner dazu bereit, und ich selbst hätte es auch nur im höchsten Notfalle getan, weil wir nicht wußten, ob nicht in dem Schilf verborgen Krokodile lauerten und weil jenseits des Stromes mehrere tausend Meter

breit Papyrus unter Wasser stand, durch den hindurch zu kommen mir
zunächst rätselhaft blieb. Nun ersann ich allerhand abenteuerliche Fähren
und Flöße aus Bäumen und Reisekörben, aber das schwere Holz sank, sobald wir es ins Wasser schleppten unter, und die Körbe waren boshaft
genug das Gewicht der wenigen, die sich probeweis hineinzusetzen
wagten, nicht zu tragen.

Gegen Abend des dritten Tages schlug uns die Stunde der Erlösung.
Ein paar Brennholz suchende Träger waren auf zwei der gleichen
Beschäftigung nachgehende Weiber gestoßen und hatten sie trotz ihres
Widerstrebens ins Lager gebracht; sie waren wie Tag und Nacht oder
wie Sommer und Winter. Ein schlankes, hübsches, im Lenz der ersten
Jugend blühendes Frauchen und eine zahnlose, zum Skelett abge-
magerte Alte. Sie gehörten einer einzelhausenden Fischerfamilie an,
die irgendwo hier in der Nähe ein verstecktes Dasein führte und mit
Angeln und Reusen ihrem Berufe nachging. Als ich den Weibern meinen
Wunsch, über den Fluß gesetzt zu werden, vortrug, versicherten sie, daß
sie sofort ihre Männer und Brüder mit Kähnen herschicken würden.
Aber ich kannte den zu Unbegreiflichkeiten in unserem Sinne geneigten
Charakter vieler Eingeborener und fürchtete, daß bei mangelhafter
Vorsicht diese rettende Ankerkette wieder zerreißen würde. Darum beschloß ich folgendes: Ich putzte die Alte mit unseren buntesten Tüchern
und schönsten Perlen so reich wie möglich heraus, machte sie so lieblich,
wie es bei dem vorhandenen Material überhaupt erreichbar war und
schickte sie, so verändert, in ihr Dorf zurück. Die jüngere durfte bis zu
ihrer Rückkehr unsere Gastfreundschaft genießen, ein Schicksal, in das
sie sich nach einigem Schmollen mit gutem Anstand fand.

Ich hatte ganz richtig taxiert; denn schon im nächsten Morgengrauen,
als noch die Schatten auf dem Lager und die Nebel auf den Sümpfen
schliefen, meldete mir der Posten, daß der Ehemann des zurückgebliebe-
nen Weibchens sich eingefunden und die Nachricht gebracht hätte, daß
zwei große, gut bemannte Einbäume auf dem Wege zu uns den Fluß
hinabführen.

Und so geschah es und damit ward ich von großer Sorge befreit.
Noch an diesem und dem nächsten, dem fünften Tage, wurde meine
Karawane, jeder Mann und jede Last für sich, über den Fluß gesetzt,
ich als erster, nachdem ich ein paar Stunden an der Mündung von
Kagera und Ruwuwu die Breite, Tiefe und Strömungsgeschwindigkeit
der beiden festgestellt und verglichen hatte. Der Ausschlag erfolgte zu

Gunsten des Kagera wie nach den Angaben von Goetzen, Trotha und Ramsay schon zu erwarten war und nicht für den Ruwuwu, wie Baumann berechnet hatte. Da mir bekannt war, daß Ramsay große Strecken des linken Kageraufer erforscht hatte, beschloß ich, auf der anderen Seite zu marschieren.

Wir setzten direkt an der Stelle über, wo der Ruwuwu in den Hauptstrom rechtwinklig einmündet. In den Winkel der beiden Gewässer schiebt sich ein riesiger Papyrussumpf, an dessen Spitze wir ausstiegen, um sofort bis zur Brust im Wasser zu versinken. Ich habe manchen Sumpf auf schlimmer Furt überwunden, aber dieser war wohl einer der schwierigsten. Mehrere Stunden brauchten wir, um die paar tausend Meter zurückzulegen, fast immer bis zum Leibe im Wasser, denn im ersten Teile des Weges strömten vom Kagera her dem Ruwuwu durch das Papyrusdickicht große Wassermassen zu, da das Ruwuwutal sich von Westen nach Osten senkt. Hierdurch scheint der Ruwuwu an der Mündung wesentlich größer, als er tatsächlich ist. Wiederholt man die Messungen beider Flüsse auch nur einige Kilometer stromauf, so tritt die Überlegenheit des Kagera als Hauptarm evident zu Tage. Nur an wenigen Stellen stand das Wasser knöcheltief und erst in der Nähe der jenseitigen Berge begannen niedrige Erhebungen mit Baum- und Buschbestand das Sumpfniveau zu überragen. Meist zwängten wir uns durch dichte Papyrusmassen, die sich hinter uns wieder schlossen oder, hoch über unseren Häuptern ragend, in den Lasten der Träger sich verwickelten. Da wo das Wasser stagnierte, hauchte es stickige, modrige Dünste aus und bei jedem Schritt färbte der Schlamm es schwarz, stiegen brodelnd Blasen auf und begleitete ein ächzender Laut das Herausziehen des versinkenden Fußes aus dem breiigen Grunde.

Drüben angelangt, bestiegen wir die sanftgeneigten Hänge und schlugen das Lager in einem kleinen Dorfe auf. Wir befanden uns in Bugufi, einem selbständigen Sultanat, dessen Bewohner sich von ihren Nachbarn, den Warundi, nicht sehr unterscheiden. In der nächsten Zeit folgten wir dem rechten Ufer des Kagera. So oft es ging, hielt ich mich in der Nähe seines ungeheuren Sumpftales, in dem inselförmig kleinere und größere Berge liegen. In vielen Windungen strömt der Fluß fünfzig Meter breit als silberleuchtendes Band durch das helle Grün des Papyrusbettes. Ich kreuzte hier die Route von Trotha, der in Bugufi einige Schwierigkeiten mit den Eingeborenen gehabt hatte. Ich konnte nicht über sie klagen, wenn sie auch im ganzen etwas reserviert sich verhielten, und nicht so lärmend wie die Warundi, deren Grenze wir nach einigen Tagen bei einem der vielen, von Sumpf erfüllten Täler überschritten. Ich mußte bald einen großen Bogen nach Süden machen, weil die riesigen Wassermengen, die in der Regenzeit durch den Kagera von Ruanda her transportiert werden, sich hier ein ausgedehntes Über= schwemmungsgebiet geschaffen haben. Zwischen ihm und dem großen Sumpftal des Kagera in Bugufi, liegt ein etwa 30 Kilometer langer Schlauch, der durch die von beiden Seiten eng zusammenrückenden Berge gebildet wird. Der Wasserstand des Überschwemmungsgebiets ist sehr verschieden. Als ich es passierte, umfaßte es einen kleineren und einen ca. fünfzig Kilometer langen See, den Ruguero, in dem viele hunderte von Schilfinselchen schwimmen. Von Süden her strömen ihm einige größere Bäche zu, die sich durch ihn in den Kagera ergießen, aber auch das ihn umgebende Sumpfgelände mit zahllosen Kanälen zerschneiden.

In den nächsten acht Tagen marschierte ich um den Rand von Sumpf und See erst nach Süden, dann im Bogen nach Norden. Es war zum Teil schauerliches Wetter, und ich kann mir nichts trostloseres denken, als diesen wie in endloser Ferne im Nebel und Regen verschwimmen= den Sumpf; diesen traurigen, wie eine große bleierne Scheibe daliegen= den See, den kein Nachen belebt; diese aufgeweichten Wege, die ein= tönig über lange, baumlose Grasrücken ziehen und durch triefende Bananenhaine, auf deren Blätter eintönig der Regen trommelt; und diese elenden Grashütten der Eingeborenen, die am Herdfeuer kauern und nur ungern, mit schlotternden Knien und krummen Rücken frierend ins Lager sich schleichen.

War aber das Wetter schön, so kamen sie in großen Massen und huldigten dem „Mami"[1] mit großem Wortschwall, rissen Gras aus und legten die Büschel mir zu Füßen — ein Symbol ihrer demütigen Unter= werfung — und bettelten stürmisch um kleine rote Perlen, mit denen sie so gern Hals und Brust sich schmücken. Wurden sie zu zudringlich, so fuhren ihre Häuptlinge, hochaufgeschossene Watussi, mit langen Stöcken dazwischen, die sie rücksichtslos auf Köpfe und Schultern der Plebs fallen ließen.

Eine besondere Freude bereitete es mir, wenn nachmittags, wie auf ein gegebenes Zeichen die Hügel ringsum lebendig wurden und von allen Seiten die Warundi, einer hinter dem anderen her, in vielfach

---

1 = König, Fürst.

geschweiften Serpentinen die Hänge hinabliefen, sich in der Mitte des Lagers zu Hunderten ansammelten und Leib an Leib gedrängt unter der Ägide eines Vorsängers einen stummen Tanz aufführten, bei dem die Füße in immer wechselndem Rhythmus bald in Daktylen, bald in Anapaesten, bald in Spondeen immer wilder den Boden stampften, bis zuletzt die schwarze, von einem Lanzenwald überragte Masse in eine fast undurchdringliche, dichte Staubwolke gehüllt ist, durch deren Schleier man das Weiße der Augen und die blitzenden Zahnreihen der lachenden oder ekstatisch zurückgeworfenen Köpfe schimmern sieht. Ein merkwür= diges Schauspiel, dem ich ohne Ermüdung eine Stunde und länger zu= schaute, die unerhörte Disziplin bewundernd, mit der diese Masse, dem leisesten Wink des Vorsängers gehorchend, agierte und so sicher dem raschen Wandel der Rhythmen folgte, daß es klang, als erdröhne der Boden unter dem Tritt eines einzigen Riesen. Und selbst die kleinen nackten Bübchen von sechs, acht Jahren ahmten ihren Vätern und Brüdern so geschickt nach, daß nur selten einmal einer in diesem pedalen Salamanderreiben nachklappte, in welchem Falle den beschämt Errötenden der zürnende Spottruf oder die rauhe Hand eines erwachsenen Zuschauers in den Hintergrund drängte. — — — — — — — — — — —

Im Nordwesten des Ruguero überschritt ich die wenig charakteristische Grenze von Urundi und Ruanda, ein kleines periodisches Gewässer, das sich in flachem Graben durch einen schönen, hochstämmigen Wald zieht. Aber die Verschiedenheit des Gebarens diesseits und jenseits der Grenze hätte mich ohne weiteres belehrt, daß wir ein neues Gebiet betreten haben. Kein lärmender Empfang mehr, kein Gelächter, keine Tänze, aber auch kein gassenjungenhaft lautes, zudringliches Wesen, sondern ein ruhiges, zurückhaltendes, ernstes, fast verdrossenes Be= nehmen. Im Lager täglich das gleiche Bild. Bald nach unserer Ankunft eine Deputation, die uns eine Kleinigkeit als Funguro, als Begrüßungs= geschenk des Ortshäuptlings bringt. Nachmittags erscheint er dann selbst mit seinen Verwandten und Freunden, alles schlanke, hohe Ge= stalten, mit edlen hamitischen Zügen und überreicht mir das Joshimano d. h. das eigentliche Gastgeschenk, in Form von Vieh, Lebensmitteln, Pombe und Brennholz. — — — — — — — — — — —

In der folgenden Woche marschierten wir an mehreren kleinen Senken vorbei, die in der höchsten Regenzeit durch Abflüsse des Über=

schwemmungsgebiets gefüllt werden, durch die menschenarme Provinz Bugessera. Die Anwohner dieser, von keinem ständigen Gewässer durch= flossenen und daher in der Trockenheit sehr dürren Landschaft nähren sich hauptsächlich von der Aufzucht von Kleinvieh und dem Handel damit, weil ihr Boden nicht sehr fruchtbar ist und überdies große Rudel von Wildschweinen, die in dem sehr ausgedehnten Busch= und Baum= pori leben, ihre Äcker häufig verwüsten.

Durch ein Mißverständnis des Führers kam ich von dem Kagera ab. Am 10. Juni sah ich, als wir einen Hügel erstiegen hatten, nicht weit vor uns das breite Sumpftal eines Flusses. Es war, wie ich bald feststellte, der Akanjaru, aus dessen Vereinigung mit dem Njawarongo der Kageranil entsteht. Wir strebten ihm zu und schlugen unser Lager im Schatten einer großen Kandelaber=Euphorbie auf sanftgeneigtem Abhange auf. Ich erfuhr, daß der Zusammenfluß der beiden genannten Ströme ein paar Stunden nördlich läge; bevor ich ihn aber aufsuchte, um festzustellen, welchem der beiden Flüsse als dem größeren und Quell= arm ich zu folgen haben würde, beschloß ich, einen Abstecher an den Hof des Königs von Ruanda, des Kigeri[1] — so lautete nach Graf Goetzen der Titel des Fürsten — zu machen, um ihn kennen zu lernen und festzustellen, ob es wirklich von mir ein so gewagtes Unternehmen sein würde, mich in seinem Lande für einige Jahre niederzulassen.

Aber darüber und über meine Erlebnisse in der Residenz im nächsten Briefe.

Am Kiwu, 1900, in der ersten Woche des Juni und neuer Gesundheit nach sieben schlimmen Monden.

---

[1] Der Titel jedes Königs von Ruanda ist, wie ich später feststellte, mami. Kigeri war der zweite Name von Luabugiri, wie jeder Ruanda=Mann zwei Namen trägt. So heißt der jetzige Fürst Juhi Msinga, sein Großvater Rugera Mutara usw. usw.

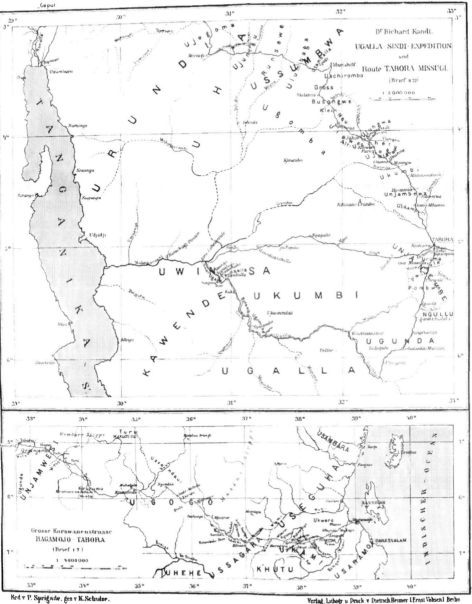

Red. v P. Sprigade, gez. v K. Schulze.

Verlag, Lithogr. u. Druck v Dietrich Reimer (Ernst Vohsen) Berlin